D1723206

ARGUMENTE

Herausgeber Anselm Winfried Müller,
Forschungsstelle für aktuelle Fragen der Ethik,
Universität Trier

Auf dem Hintergrund der öffentlichen Diskussion behandelt die Reihe ARGUMENTE Fragen der Ethik, die jeden betreffen. Jeder Band der Reihe ist einem klar umrissenen Thema gewidmet und fragt nach Maßstäben für einen zentralen Bereich des individuellen oder sozialen Lebens. Es werden Tendenzen unserer gegenwärtigen gesellschaftlichen Praxis beleuchtet, moralphilosophische Positionen diskutiert und Antworten argumentativ entwickelt. Das ergänzende Gespräch mit einer Persönlichkeit des öffentlichen Lebens unterstreicht den Bezug des jeweiligen Themas zur gesellschaftlichen Wirklichkeit.

Band 1

Anselm Winfried Müller

in Zusammenarbeit mit
Werner Greve
Yung-Yae Han
Klaus Rothermund

Ende der Moral?

Mit einem Gespräch
mit Hildegard Hamm-Brücher

Verlag W. Kohlhammer
Stuttgart Berlin Köln

Die Deutsche Bibliothek – CIP-Einheitsaufnahme

Müller, Anselm Winfried:
Ende der Moral? / Anselm Winfried Müller. In
Zusammenarbeit mit Werner Greve ... Mit einem Gespräch mit
Hildegard Hamm-Brücher. – Stuttgart ; Berlin ; Köln :
Kohlhammer, 1995
(Argumente ; Bd. 1)
ISBN 3-17-013543-0
NE: GT

Inhaltsverzeichnis

Vorwort

Dieses Buch ist ein Plädoyer für die Moral. Es ist für solche geschrieben, die ab und zu der Verdacht beschleicht, einer hoffnungslos verlorenen oder überholten Sache nachzuhängen, wenn sie in ihrem Denken und Handeln nach moralischen Maßstäben fragen; für solche, die keine Chance sehen, für ein gutes Leben ein gutes Wort einzulegen, das das Licht der Vernunft nicht zu scheuen braucht; für solche, die sich darüber klar werden wollen, welchen Einfluß Theorien der Moral auf die Praxis ausüben, ausüben können, ausüben sollen. Aber natürlich auch für alle, die einem Plädoyer für die Moral ein skeptisches oder schlicht ein neugieriges Interesse entgegenbringen.

Das Buch wird denen nicht gefallen, die ethische Fragen zwar ganz chic, den Versuch, sie zu beantworten, aber eher naiv und geschmacklos finden.

Es widerspricht den Stimmen, die ein Ende der Moral im herkömmlichen Sinn schon deshalb für unumgänglich erklären, weil unsere Zeit etwas anderes brauche: eine »neue Ethik«, die neuen Herausforderungen durch globale Probleme der Zivilisation gerecht wird. Solche Probleme, an denen die Reihe ARGUMENTE gewiß nicht achtlos vorübergehen wird, machen unseres Erachtens persönliche moralische Orientierung nicht überflüssig, sondern schwieriger und - wenn das möglich wäre - notwendiger.

Unser Ziel ist es, diese moralische Orientierung in ein günstiges Licht zu setzen. Insofern also werben wir für die Moral.

Jedoch ist unser Buch weder eine Predigt noch ein Werk der Kunst. Wer an einem besseren Leben Geschmack finden oder seine Phantasie moralisch ertüchtigen möchte, lese Kurzgeschichten von Tolstoi oder einen guten Roman. Unserer Werbung dienen als Medium Analyse und Argument.

Das erste Kapitel des Buches bietet eine grobe Bestandsaufnahme: In welchem Sinn und aus welchen Gründen könnte von einem Ende der Moral überhaupt die Rede sein? Von welcher Art sind die Einbrüche, die gegenwärtig die Moral zu diskreditieren und zu unterminieren scheinen? In welchen Phänomenen des gesellschaftlichen Lebens spiegeln sie sich?

Die letzte dieser Fragen verfolgt dann auch unser Gespräch mit einer Politikerin, die nicht nur das moralische Schicksal Deutschlands zeitlebens wach beobachtet, sondern auch zu moralisch brisanten Fragen unserer Demokratie und des öffentlichen Lebens immer wieder mutig Stellung bezogen hat: Frau Staatsminister a. D. Dr. Hildegard Hamm-Brücher äußert sich zur moralischen Bedeutung gesellschaftlicher Erscheinungen aus dem Bereich ihrer langjährigen persönlichen Erfahrung.

Kapitel 3 beschäftigt sich mit der Relevanz philosophischer Reflexion für verschiedene Komponenten der Moralverneinung, mit der wir gegenwärtig konfrontiert sind. Im Hinblick auf die Philosophiegeschichte sind hier Zusammenhänge aufzudecken und Theorien infrage zu stellen, im Hinblick auf die Zukunft Chancen und Aufgaben zu spezifizieren, denen eine Philosophie der Moral sich widmen könnte und sollte.

Zu den Aufgaben der Philosophie gehört, so meinen wir, heute insbesondere der Nachweis, daß verbreitete moralverneinende Argumente bei näherem Hinsehen nicht haltbar sind. Solche Argumente, die in Fragen der Lebensgestaltung Egoismus oder Subjektivismus empfehlen, prüft und kritisiert das vierte Kapitel.

Das Resultat wird im letzten Kapitel vertieft. Hier geht es um die Frage, wie vernünftig unsere alltäglichen moralischen Gewißheiten und die Begriffe sind, in denen sie sich artikulieren.

Bei all dem steht unmittelbar das Verständnis der Moral, nicht die Erläuterung moralphilosophischer Theorien im Mittelpunkt. Dennoch hoffen wir, auch Philosophen an diesem Buch zu interessieren. Denn was philosophische Theorien überhaupt für die Moral zu tun imstande sind: das ist uns sehr wohl eine wichtige Frage. Auch sind natürlich Ziele und Wege unserer eigenen Untersuchung im wesentlichen philosophischer Natur, und so schöpfen wir eifriger (und anerkennender) aus der Tradition europäischer Philosophie, als die unfußbenotete Darstellungsweise zunächst vermuten läßt.

An diesem Buch haben vier Autoren gearbeitet. Doch präsentiert es nicht eine Palette von Positionen, sondern einen Zusammenhang von Überzeugungen, die wir - nach ausgiebigem Austausch und gegenseitiger Korrektur - gemeinsam vertreten.

Neben den vielen, die auf diese oder jene Weise das Zustandekommen des Ergebnisses gefördert haben, gilt Herrn Jürgen Schneider unser besonderer Dank. Auf der Seite des Verlages hat er unsere Arbeit mit größtem Interesse, mit Anregungen und mit Geduld begleitet.

Ebenso danken wir an dieser Stelle Frau Dr. Hamm-Brücher noch einmal für ihren Beitrag. Das Gespräch mit ihr wurde im März 1995 geführt und in der für Kapitel 2 redigierten Fassung von ihr autorisiert. Bei der Redaktion des Gespräches war es uns wichtig, auch die autobiographischen Elemente ihrer Äußerungen beizubehalten, zumal sie für viele Menschen eines jener ermutigenden Beispiele sein dürfte, deren Fehlen sie im Gespräch bedauert und die sicher durch kein Argument zu ersetzen sind.

Trier, im Juni 1995   Werner Greve   Yung-Yae Han
                     Anselm W. Müller   Klaus Rothermund

1 Moralverneinung: Fragen und Beobachtungen

1.1 Nach dem Tod Gottes das Ende der Moral?

Dem ausgehenden 19. Jahrhundert hat Friedrich Nietzsche bekanntgegeben, Gott sei tot. Ist nach gut 100 Jahren die Moral für ein gleiches Schicksal reif? Unsere Vorfahren, so könnte man vermuten, haben in ferner Vergangenheit aus animalischen Vorformen so etwas wie Moral entwickelt, eine Regelung des Zusammenlebens, mit deren Hilfe sie der gegenseitigen Schädigung und Vernichtung einigermaßen entgehen konnten; und um diesen Erfolg zu sichern, haben sie schließlich an eine unabhängige, vielleicht sogar göttliche Autorität der Moral geglaubt. Aber diese Zeiten sind vorbei. Wir können, das ist die Meinung vieler, an keine Moral mehr glauben - ob wir das nun bedauern oder begrüßen mögen.

Und, so würden manche hinzufügen, wir brauchen auch für unsere gegenwärtigen Probleme keine Moral; soweit diese Probleme überhaupt zu lösen sind, genügen dafür gesunder Egoismus und Verstand, Versicherungen, staatliche Rechtsordnung, internationale Vereinbarungen und ähnliche Institutionen. Moral einfordern angesichts von Korruption und Gewalt? Ist das nicht Gesundbeterei, wo günstigstenfalls veränderte soziale, politische, wirtschaftliche Strukturen und notfalls kompromißlose Justiz etwas bewirken?

Seien wir also ehrlich: nehmen wir zur Kenntnis, daß wir im Festhalten an der Moral nur an das Produkt unserer eigenen Bedürfnisse und Ängste geglaubt haben; inzwischen ist solches Festhalten überholt, da es weder glaubhaft noch nötig ist.

Für Nietzsche war Gott der Feind des menschlichen Lebens. Denn der Mensch hatte, was an ihm groß und stark war (oder sein konnte), in seine Gottesvorstellung verlegt, um dann den eigenen Machtverzicht und alles, was an ihm klein und schäbig war, zur Tugend zu erklären. Der Tod dieses Gottes war aus dieser Sicht offenbar notwendig, damit der Mensch wieder leben bzw. in der Gestalt des Übermenschen erst zu seinem »höheren Selbst« gelangen konnte. Wenn der Mensch Gott »tötete«, so nahm er damit eine Projektion der eigenen Macht bzw. eine Kompensation der eigenen Ohnmacht zurück.

Und die Moral? Ist nicht auch sie im Grunde des Menschen Feind? Denn offenbar heißt sie uns verzichten, wo wir uns selbst verwirklichen wollen. Ist nicht auch sie eine Projektion, die wir durchschauen und ablegen sollten - soweit dies nicht bereits geschehen ist? Sigmund Freud hat uns doch gelehrt, aus der Stimme des Gewissens die Drohung der Eltern herauszuhören, deren Verbote wir als Kinder wohl oder übel respektieren mußten.

Diese Verbote sind es offenbar, mit denen wir auf dem Weg ins Leben unversehens unser inneres Steuerungssystem bestückt und belastet haben. Was spricht dagegen, daß wir diesen unmittelbaren Ursprung unserer Moral durchschauen und daß wir uns, wenigstens so gut wir können, von der eingebildeten Autorität befreien?

Freilich ist auf dem Weg ins Leben an die Stelle elterlicher Zurechtweisung und Bestrafung noch etwas anderes, nicht bloß Eingebildetes getreten: die unerbittliche gesellschaftliche Sanktion - vom Stirnrunzeln über die soziale Isolierung bis hin zur staatlichen Strafverfolgung. Aber muß man diese teilweise wohl unvermeidlichen Schranken der persönlichen Freiheit auch noch durch eine erhabene Deutung aufwerten, zur absolut gültigen Moral emporstilisieren und als den goldenen Rahmen ehren, in dem die Würde der Person erst so recht zur Geltung kommt?

Moral und Gewissen lassen sich - so sagen uns Verhaltensbiologen, Soziologen, Psychologen - aus Bedingungen des menschlichen Lebens und aus gesellschaftlichen und seelischen Mechanismen erklären. Solche Erklärungen treten an die Stelle philosophischer Versuche, moralische Normen zu begründen. Wir müssen uns, so scheint es, eingestehen, daß sich so etwas wie Wahrheit im Bereich moralischer Urteile nicht erweisen läßt. Und sofern der Ausdruck »gutes Verhalten« überhaupt noch einen Sinn haben soll, muß jeder einzelne selbst entscheiden, was er für ihn bezeichnet.

Im übrigen hat doch die Geschichte Nietzsche recht gegeben: Glaube an Gott wird immer mehr die Ausnahme. Ist es da Zufall, daß auch die Moral an ein Ende kommt? Man lese es nur bei Dostojewski nach: »Wenn Gott tot ist, dann ist alles erlaubt.« Gott war es doch wohl, der die Sinnhaftigkeit einer moralischen Orientierung garantierte, da Furcht vor ihm oder Liebe zu ihm die Befolgung seiner angeblichen Gebote motivierten?

Fragen nach dem Ende der Moral sind also für denkende Menschen unserer Tage höchst plausibel und aktuell: Hat Moral in unserem heutigen Selbstverständnis noch einen Platz? Ist sie nicht theoretisch und bald auch praktisch am Ende? Ihre Ansprüche scheinen von Philosophie und Wissenschaft widerlegt. Und in der Praxis der Menschen werden sie zunehmend abgelehnt oder schlicht ignoriert - ihre motivierende Kraft ist dahin. Hat Moral nicht angesichts veränderter Herausforderungen ausgedient? Was bleibt von ihren stolzen Maßstäben? Gibt es noch Gründe, sich moralisch zu verhalten?

1.2 Moralbegriffe

Wir wollen uns in diesem Buch auf Fragen wie die soeben formulierten einlassen. Wir wollen sie nicht nur diskutieren, sondern auch beantworten, und zwar auf der Grundlage von Argumenten.

Dazu ist es erforderlich, daß wir uns zunächst mit unseren Lesern über wichtige Aspekte des Themas verständigen: Was gehört zu unserem Verständnis von Moral? Was *ist* Moral - ob wir sie nun bejahen oder nicht?

Erste Assoziationen

Zum Stichwort »Moral« fällt nicht jedem dasselbe ein; und die Vielfalt der mit ihm verbundenen Assoziationen könnte sogar einen Verzicht auf den Ausdruck nahelegen. Jedoch steht eine bessere Terminologie nicht zur Verfügung. Und immerhin besteht Einigkeit darüber, daß es Maßstäbe des Verhaltens sind, die das Kernstück dessen bilden, was unter »Moral« zu verstehen ist.

Auch über typische Beispiele solcher Maßstäbe wird man sich unschwer einigen: Unmoralisch ist es, zu lügen, Geld zu unterschlagen, beim Examen zu betrügen, andere auszunutzen, sie ohne Not zu gefährden u.a.m.

Indem wir uns dem Begriff der Moral durch eine Aufzählung typischer Beispiele moralischer Normen nähern, scheinen wir die entscheidende Frage zu umgehen: Was macht denn diese Normen zu moralischen Normen? Auf diese Frage sollte die Philosophie eine Antwort haben!

Nun, unser alltägliches Verständnis des Moralischen wird zwar auch von einer langen philosophischen Tradition gespeist. Aber diese Tradition ist vielschichtig. Auf die Frage nach dem Wesen des Moralischen bietet sie verschiedene Antworten an, die einander teils bestätigen oder ergänzen, teils jedoch ausschließen.

Für unsere Zwecke wollen wir daher den Begriff der Moral durch Merkmale kennzeichnen, die der heute gängigen, wenn auch nicht einheitlichen, Verwendung von Ausdrücken wie »Moral« und »moralisch« entsprechen.

Den Anfang einer solchen Kennzeichnung können wir machen, indem wir die Moral bestimmen als ein Ganzes von Verhaltensnormen, die in einer Gesellschaft gelten. Ihre Geltung schlägt sich in manchen Einrichtungen des gesellschaftlichen Lebens (wie etwa Eigentum), insbesondere aber in Einstellungen der Individuen nieder. Moralische Einstellungen zeigen sich weitgehend in der Befolgung jener Normen, aber auch z.B. in der Beurteilung von Abweichungen.

Diese vorläufige, rahmenartige Bestimmung der Moral versuchen wir nun in einigen Punkten zu präzisieren. Allerdings gehen wir nicht davon aus, daß sich all das, was unser Sprachgebrauch der Moral zuordnet, zwanglos auf einen Nenner bringen läßt. Um so eher darf die Erinnerung an wichtige Faktoren genügen.

Soziale Normen

Wovon handeln moralische Normen, auf welche Verhaltensbereiche beziehen sie sich?

Klar ist, daß sie nur *wichtige* Aspekte des menschlichen Lebens regeln, was immer hier das Wichtige vom Unwichtigen unterscheiden mag. Wie lang man seine Fingernägel wachsen läßt und ob man sie färbt: das unterliegt keiner moralischen Beurteilung, es sei denn, Länge oder Farbe der Fingernägel erhielten durch besondere Umstände ein besonderes Gewicht.

Allerdings scheinen wir das moralische Gewicht unseres Verhaltens und seiner Folgen vor allem daran zu bemessen, wie es andere betrifft. Moral bedeutet Einschränkung: Willkür und Bequemlichkeit in der Verfolgung eigener Interessen werden *zugunsten anderer Personen eingeschränkt*.

Den Hintergrund des sozialen Charakters der Moral bildet vor allem die Tatsache, daß die Verhaltenstendenzen des einen mit denen des anderen leicht in Konflikt geraten. Denn *alle* brauchen zum Leben Dinge wie Wasser, Nahrungsmittel, schützende Behausung, dann auch Rohstoffe, Kenntnisse u.a.m. - Güter also, die nicht überall und nicht immer im Überfluß zu haben sind. Eine solche Situation führt zum Wettbewerb um derartige Güter sowie um die Mittel, ihrer habhaft zu werden. Aber auch da sind uns andere im Weg, wo wir nach Dingen greifen, die zum Leben nicht unbedingt erforderlich sind. Und überall neigen Menschen dazu, Konkurrenten auf Wegen auszuschalten, die von der Frechheit bis zur Tötung reichen. Es sieht so aus, als sollten moralische Normen - Forderungen der Gerechtigkeit wie etwa die Verbote von Diebstahl und Mord - unser Wettbewerbsverhalten zügeln.

Und noch etwas steht im Hintergrund einer vorwiegend sozial orientierten Regelung unseres Lebens: Vieles, wonach wir streben, ist nur durch das *Zusammenwirken* mehrerer zu haben. Auch deshalb sind Formen der Kooperation und der Gemeinschaft - wie z.B. Staat, Familienleben, Freundschaften, Verträge, Wirtschaftsunternehmen, Bildungseinrichtungen und, nicht zu vergessen: die sprachliche Verständigung - selber wichtige Güter.

Ein Verfechter der Moral wird in diesem Sinne sagen: Auch das Zusammensein und Zusammenarbeiten von Menschen ist auf Normen angewiesen. Ihre Befolgung - wie z.b. das Einhalten von Absprachen - sorgt dafür, daß Aufwand und Einsatz für gemeinsame Ziele dem einzelnen keinen Verlust bringen, sondern im großen und ganzen mehr als aufgewogen werden durch das Gute, das seine Beteiligung ihm persönlich erwirkt oder bedeutet. Befriedigendes Zusammenleben und Zusammenarbeiten verlangen Wohlwollen, Zuverlässigkeit, Einsatzbereitschaft, Großzügigkeit u.a.m.

Moral-Vokabular

Wenn Interessenkonflikt und gegenseitige Angewiesenheit der Menschen aufeinander als hauptsächliche »Arbeitsgebiete« der Moral erscheinen, so darf dies nicht zu dem Eindruck führen, unsere Vorstellung von Moral sei etwas Einheitliches, so daß die unterschiedlichen moralischen Normen nichts wären als Spezifizierungen einer Super-Norm etwa des Inhalts: »Man soll seine Mitmenschen respektieren« oder »Erweise jedem Wohlwollen«.

Zwar haben Moralphilosophen einen Teil ihrer Aufgabe darin erblickt, eine solche Super-Norm aufzustellen, aus der sich jeder vertretbare Maßstab unserer Moral deduzieren lasse. Aber selbst wenn einem von ihnen dies gelungen sein sollte, hat er dann *unsere Vorstellung von Moral* artikuliert? Jedenfalls artikuliert sich unsere Vorstellung von Moral zunächst einmal in einem bunten, gar nicht einheitlichen *Vokabular*.

Moralische Beurteilungen können zwar lauten: »Sie hat richtig gehandelt« oder: »Das wäre schlecht«. Aber erstens ist die Moral nur einer der Aspekte, unter denen wir etwas als *richtig* oder *falsch*, als *gut* oder *schlecht* bewerten - wie übrigens auch »sollen«, »dürfen«, »erlaubt« und vergleichbare Ausdrücke nicht nur in der Moral zuhause sind. Zweitens - und das ist noch wichtiger - gebrauchen wir meist ein viel differenzierteres Vokabular in den Zusammenhängen, die wir sozusagen nachträglich unter dem Begriff des Moralischen zusammenfassen.

Wir erkennen ein Verhalten z.B. als mutig, ehrlich, aufrichtig, dankbar, fair, respektvoll, großzügig, selbstlos, bescheiden, freundlich an. Besonders differenziert ist unser Wortschatz der Unmoral: Wir werfen Menschen vor, überheblich, unbeherrscht, egoistisch, unverantwortlich, herzlos, ungerecht, hinterhältig, unfair, taktlos, niederträchtig, schamlos, unbarmherzig, rücksichtslos, grausam, neidisch, gemein gehandelt zu haben - und manches sonst. Wir sprechen vom *Recht*, den an uns adressierten Brief zu öffnen, und von *Pflichten*, die uns aus Verträgen oder

Versprechen erwachsen oder einfach daraus, daß wir eines anderen Menschen Freund oder Ehefrau, Erzieher oder Beraterin sind. Viele Handlungsweisen bezeichnen wir unter Implikation der moralischen (nicht bloß gesetzlichen) Unerlaubtheit: Lüge, Verleumdung, Bestechung, Unterschlagung, Diebstahl, Vergewaltigung, Brandstiftung, Mord, Verrat u.a.m.

Mit solchen Ausdrücken arbeitet die alltägliche Sprache der Moral. Ihre Verwendung ist, genauer gesagt, Teil unserer *Praxis* der Moral. Zu unserem Alltag gehört nämlich nicht nur die Beachtung und Mißachtung moralischer Normen, sondern auch die Stellungnahme zu diesem Tun: Wir machen unserem Gegenüber Vorwürfe, erheben Einwände gegen Pläne, empfehlen Alternativen, argumentieren für und wider, kritisieren und verurteilen, rechtfertigen und verteidigen, bestehen auf unseren Rechten oder bitten um Verzeihung. In all dem stützen wir uns vorwiegend und entscheidend auf Gründe und Gesichtspunkte, die jenes Moral-Vokabular bereitstellt.

»Vorwiegend und entscheidend«. Denn natürlich bezeichnen wir ein Verhalten auch als ordinär oder dreist, als ungeschickt, plump oder lästig: wir beurteilen es aus den Perspektiven der Etikette, der Eleganz, der Bequemlichkeit etc.; auch ökonomische und technische Gesichtspunkte sind nicht immer zugleich solche der moralisch geforderten Klugheit. Doch alle diese Dimensionen der Beurteilung haben nicht das letzte Wort, *solange* unser »Moral«-Vokabular *tatsächlich moralische* Bewertungen artikuliert.

Das Wort »moralisch« allerdings gehört selbst nicht oder doch eher am Rande zu diesem Vokabular. Für *alltägliche Begründungen* ist es zu allgemein. (Noch vor wenigen Jahrzehnten verband man mit dem Ausdruck »unmoralisch« vorwiegend den Gedanken an sexuelle Verfehlungen. In dieser eingeengten Bedeutung gehörte er selbstverständlich zum Moral-Vokabular. Aber die begriffliche Einengung dürfte in dem Maß zurückgegangen sein, wie die Sexualität, noch vor den meisten anderen Lebensbereichen, moralische Fesseln abgeworfen hat.)

Die umfassenden Begriffe des Moralischen und des Unmoralischen sind eher Sache der *Reflexion*. Sie charakterisieren und kategorisieren die *Art* von Überlegung und Begründung, von Beurteilung und Argumentation, die auf das alltägliche Moral-Vokabular zurückgreift. Die moralische Stellungnahme selbst kann den Begriff des Moralischen entbehren.

Damit ist nicht gesagt, es gebe nichts *Gemeinsames* in dem, was wir mittels dieses oder jenes Ausdrucks moralisch beurteilen. Immerhin *gibt es* ja das Wort »moralisch« mit seinem umfassenden Anwendungsbereich. Die Schwierigkeit, das Gemeinsame dieses Bereichs zu charakterisieren, ändert daran nichts. Auch unser Buch bedient sich allgemeiner Kennzeichnungen wie »unerlaubt«, »gut«, »moralische Norm« usw., um Analysen und Argumente zu formulieren.

Nur sollte man die Vielfalt der Zusammenhänge und die Unterschiede der Bewertungsgrundlagen nicht vergessen, auf die das Moral-Vokabular verweist. Vor allem ist jede philosophische Theorie der Moral u.a. danach zu beurteilen, ob sie sich wirklich interpretierend und kritisierend *das* zum Gegenstand nimmt, was sich in der Verwendung unserer primären moralischen Ausdrücke *manifestiert*, und nicht statt dessen ein Gebilde, das sie unversehens oder unter dem Vorwand kritischer Reflexion der Moral in Wirklichkeit allererst *konstruiert*. (Wir werden auf dieses Thema unter 5.7 zurückkommen.)

Qualifizierung der Person

Solange wir unseren letztlich entscheidenden Wertungen die Maßstäbe der Moral zugrunde legen, sind es Eigenschaften wie Gerechtigkeit, Wohlwollen, Wahrhaftigkeit, Einsatzbereitschaft, Großzügigkeit u.a.m., die nicht nur Verhaltensweisen und konkrete Handlungen, sondern deren Subjekte selbst *qualifizieren*. Und zwar qualifizieren sie einen Menschen nicht für diese oder jene Funktion, sondern für ein Leben als menschliche Person unter menschlichen Personen. Wenn wir von einem *guten Menschen* sprechen, denken wir an solche Eigenschaften. Sie sind für menschliches Leben erforderlich, weil jeder versucht ist, seinen Anteil an den erwähnten knappen Gütern ungebührlich zu vergrößern und im Zusammenleben und Zusammenwirken seinen Anteil an den Lasten zu verkleinern.

Moralische Qualitäten scheinen demnach der Rücksicht auf die Interessen anderer zu dienen. Sie bestehen dann in der Bereitschaft zu den Einschränkungen, die ein anständiger Mensch der anderen wegen in Kauf nimmt. (Nicht zufällig sind gute Menschen beliebter als schlechte; vor allem übrigens, wenn sie aus Neigung, nicht aus bloßem Pflichtgefühl gut handeln!)

Aber nicht nur aus Rücksicht auf fremde Interessen schränkt man die Verfolgung der eigenen ein. Auch das eigene Wohl ist durch kurzfristige Neigungen und vordergründige Wünsche bedroht. Um dieses Wohl zu sichern und eigenen Schaden zu verhindern, braucht man ebenfalls qualifizierende Eigenschaften, z.B. Mut, Geduld und Klugheit.

Tatsächlich gibt es eine ganze Reihe von Eigenschaften wie die genannten, die einen Menschen in beiden Richtungen qualifizieren: einerseits dazu, andere zu schonen und zu fördern, andererseits dazu, die eigenen Interessen wirksam zu verfolgen. Diesem

Zusammenhang entspricht eine breitere Vorstellung des Moralischen, die in die Antike zurückgeht. Ihr Angelpunkt ist nicht die
Verhaltensnorm, sondern der Charakter: der Inbegriff der Eigenschaften, die eine Person in der beschriebenen Weise umfassend
qualifizieren.

Der Charakter eines Menschen bestimmt nicht nur sein
geplantes Handeln, sondern auch Haltungen und Einstellungen
zu Personen und Ereignissen, seine Weise, zu erleben, zu fühlen,
spontan zu reagieren, kurz: das ganze Sein eines Menschen. Was
die verschiedenen Seiten eines solchen Charakters zusam-
menhält, was ihm *Einheit* gibt, ist nicht eine Norm, sondern eine
Lebenssinngebung, eine Glücksvorstellung, eine Idee von
menschlicher Ganzheit und Vollkommenheit. Aus ihr ergeben
sich auch Normen. Aber zu diesen Normen gehören nicht nur
die Vorschriften und Verbote, die uns beim Stichwort Moral
sofort einfallen, sondern zunächst einmal Ideale der individuellen
und gemeinschaftlichen Lebensgestaltung.

Reste einer solchen Konzeption enthält auch unser heutiger
Begriff von Moral. Moralisches Verhalten, so sagen wir, ist eine
Sache des Charakters. Und dabei denken wir nicht nur an Eigenschaften, die das Verhalten anderer gegenüber bestimmen. So
gelten z.B. auch Torheit, Eitelkeit, Verschwendungssucht, Un-
mäßigkeit, Wehleidigkeit und Feigheit als Charakterfehler. Und
wenn sie einem Menschen Vorwurf oder Verachtung eintragen,
dann offenbar nicht nur, weil er damit auch anderen schadet.

Unbedingte Forderung

Die engere Konzeption des Moralischen, zweifellos vom christlichen Ideal der Hingabe vorbereitet, jedoch erst in der Neuzeit
voll entfaltet, basiert auf dem Bewußtsein eines unauflösbaren
Konflikts der Werte: Wie die Welt nun einmal ist, wird Rücksicht auf Rechte und Interessen anderer mich häufig daran hindern, auch selbst auf meine Kosten zu kommen und mein Glück
zu finden. Etwas salopp gesagt: Wer ein gutes Leben haben will,
sollte besser keines führen; und wer ein gutes Leben führt, wird
kaum eins haben.

Vermutlich ist es vor allem dieses Bewußtsein einer Unvereinbarkeit von Ansprüchen, das der Ablehnung von Moral
zugrunde liegt, die heute um sich zu greifen scheint und den
Gedanken an ein Ende der Moral suggeriert. Zunächst einmal
jedoch ist dieses Bewußtsein, wo es auftritt, Anlaß zu der Frage:
Welche Werte haben Vorrang?

Diese Frage erhält auf dem Hintergrund einer christlich
geprägten Tradition die Antwort, die Immanuel Kant als einzig

mögliche Antwort der unparteiischen Vernunft verteidigt: Absoluten Vorrang hat die Übereinstimmung mit dem Gesetz, das gleiche Rücksicht auf alle vernünftigen Wesen vorschreibt. Diese moralische Forderung gilt *allgemein*, d.h. für jeden in gleicher Weise, und *unbedingt*, also unabhängig von individuellen Zielen. Forderungen meines Glücksstrebens dagegen ergeben sich nur unter der Bedingung dieser oder jener individuellen Zielsetzung. Die entscheidende, moralische Bewertung eines beliebigen Verhaltens hängt davon ab, ob es auch den einzig notwendigen Zielen entspricht, die jedem von der unparteiischen Vernunft gesetzt sind.

Diese notwendigen Ziele artikulieren sich in den Forderungen der Wahrhaftigkeit, der Ehrlichkeit, des Respekts usw., die in den Situationen des Alltags als Gewissensforderungen erlebt werden. So gehört zur gängigen Vorstellung der Moral auch die Bindung des Verhaltens an die absoluten Forderungen des Gewissens. Die Unbedingtheit dieser Forderungen schlägt sich darin nieder, daß sie wie Anweisungen einer höheren Autorität erlebt oder gedeutet werden, der man sich nicht entziehen kann.

Moral, Moralphilosophie und Ethik

Unsere Erinnerung an die wichtigsten Komponenten des in unseren Breiten gängigen Verständnisses von Moral hat gelegentlich auf Ideen aus der *Philosophie* der Moral Bezug genommen. In welchem Verhältnis stehen Moralphilosophie und Moral zueinander?

Die Moralphilosophie muß ihrem Gegenstand, der Moral, nicht rein betrachtend und beschreibend gegenübertreten, wie das die sogenannte Meta-Ethik tut, die ausschließlich Begriffe und Begründungsstrukturen unseres moralbezogenen Sprechens untersucht. Eine umfassendere Moralphilosophie wird vorgefundene und mögliche moralische Urteile auch *beurteilen*. Sie wird z.B. zeigen, daß (und warum) ein bestimmtes Urteil plausibel, ein anderes unhaltbar oder aber mit einem dritten unverträglich ist. Auf diesem Weg bewertet sie natürlich indirekt *menschliches Tun*.

Übrigens ist diese Kennzeichnung der Moralphilosophie noch unvollständig. Als Theorie der letztlich entscheidenden Maßstäbe unserer Lebensgestaltung betrifft sie nämlich nicht nur die Bewertung individuellen Handelns, Fühlens usw., sondern auch die Bewertung gesellschaftlicher Regelungen und Einrichtungen. »Sozialethik« heißt diese philosophische Beschäftigung mit der Frage: »Wie sollen die wichtigen Regelungen und Institutionen menschlichen Miteinanders gestaltet sein?« - im Unterschied zur

»individual-ethischen« Betrachtung, die es mit Urteilen darüber zu tun hat, wie sich die einzelne Person in dieser oder jener Situation verhalten solle.

In ihrem herkömmlichen Selbstverständnis also, das auch unsere Erörterungen leitet, bleibt die Philosophie der Moral nicht beim Verstehen, bei der bloßen philosophischen Reflexion moralischer Appelle und Argumente, Begriffe und Auffassungen, Motive, Einstellungen usw. stehen; sondern sie mischt sich in die Diskussion um die richtige *Bewertung* bestimmter Verhaltensweisen, Haltungen, Institutionen, Maßstäbe usw. ein. Manche Philosophen haben gar gemeint, die Moral als ganze und mit allen ihren Inhalten philosophisch *begründen* zu können (vgl. Kapitel 5). Ihnen stehen allerdings auch solche gegenüber, deren Theorien moralische Urteile ausschließlich »meta-ethisch« analysieren, aber nicht stützen oder infrage stellen wollen.

Daß moralphilosophische Reflexion zur Bildung oder Kritik moralischer Urteile führt, besagt noch nicht, daß sie tatsächlich *Einfluß* nimmt auf unsere Moral. Sie dürfte in einem *Geflecht* von Faktoren mitspielen, die auf die Moral einer Gruppe oder einer Gesellschaft einwirken.

Ein Symbol und vielleicht ein Symptom dafür, daß die europäische Moraltradition von ihrer eigenen Reflexion durch Philosophen mitbestimmt ist, liegt im heute gängigen Gebrauch des Wortes »Ethik«. Als Ethik bezeichnet Aristoteles die *Philosophie* der Moral. Da jedoch das zugrunde liegende Adjektiv »ethisch« auf Charakter und Verhaltensorientierung Bezug nimmt, bezeichnet man heutzutage auch die Moral selbst, insbesondere ein mehr oder weniger reflektiertes Moral-System, als Ethik.

1.3 Varianten der Unmoral

Muß nun heute von einem Ende dessen die Rede sein, was wir unter 1.2 als Moral gekennzeichnet haben? Die Antwort auf diese Frage wird u.a. davon abhängen, welche Verluste man als Vorboten oder Merkmale eines solchen Endes ansehen würde. Wir wollen hier drei Ebenen unterscheiden, auf denen menschliches Tun und Denken sich von der Moral entfernen können.

Unmoral in Praxis und Gesinnung

Mancher wird sagen, die Erfahrung von Unmoral im Alltag berechtige einen wachen Zeitgenossen dazu, das Ende der Moral oder wenigstens, wie *Der Spiegel*, »böse Zeiten für das Gute« zu diagnostizieren oder zu prophezeien; tatsächlich erlebe man in diesem Alltag ganz handgreiflich den Verlust moralischer Praxis und Einstellung.

Zweifellos, wir begegnen einer Menge *unmoralischer Praxis*. Aber die hat es zu allen Zeiten gegeben. Und natürlich auch, auf dem Hintergrund einer Idealisierung vergangener Generationen, die Klage über die schlimmen Zustände der jeweiligen Gegenwart. Geändert haben sich höchstens die Themen der Klage: War man z.B. früher auf sexuelle Verirrungen besonders aufmerksam, so stehen heute eher rücksichtslose Gewalt oder Unwahrhaftigkeit und Skrupellosigkeit in Politik und Wirtschaft im Vordergrund. Allerdings wird man wegen der Verbreitung unmoralischer Praxis vermutlich noch nicht von einem *Ende der Moral* sprechen wollen.

Ist aber nicht darüber hinaus die moralische Gesinnung verlorengegangen? Indessen, auch das hat es gewiß in früheren Zeiten schon gegeben: »moralisches« Verhalten ohne moralische Gesinnung, Regel-Konformität aus Gewohnheit oder aus Angst vor ungünstigen Folgen irgendwelcher Art.

Eher ist »*Sittenverfall*« in einem prägnanten Sinne ein Zeichen unserer Zeit: Moralisches Verhalten ist weniger fest als früher in ein Geflecht von »mores«, von überlieferten *Sitten*, eingebunden. Solche Sitten übernahm man als Mitglied eines Volkes, einer Religionsgemeinschaft und anderer sozialer Zusammenhänge, die inzwischen ihre verhaltensprägende Kraft und Bedeutung weitgehend eingebüßt haben. Daher ist moralisches Verhalten aus Gewohnheit, aus Scheu vor dem Auge des Nachbarn, aus Rücksicht auf Reaktionen anderer im Rückgang begriffen. Wirksame, wenn auch nicht besonders respektable Stützen der Moral sind schwächer geworden.

Verlust des schlechten Gewissens

Noch wichtiger ist wohl ein anderer Wandel. Unmoral in Gesinnung und Praxis war in der Vergangenheit eher als heute mit einem *Bewußtsein von Unrecht* verbunden, mit der Einstellung: *Diese meine Gesinnung ist nicht gut; was ich hier tue, ist eigentlich nicht richtig.* Man möchte sagen: Die Unmoral ist auch nicht mehr, was sie mal war, als man wenigstens noch mit schlechtem Gewissen sündigte!

Nun kann im Verlust des schlechten Gewissens durchaus etwas Gutes liegen. Da nämlich, wo dieses schlechte Gewissen nichts anderes ist als eine *selbstquälerische emotionale* Reaktion, die der *Überzeugung* gar nicht entspricht. Und auch da, wo das Gewissen sozusagen zum inneren Ritus verkommen ist; zu einem Ritus, der sich nach außen in ein Lippenbekenntnis zu Maßstäben umsetzt, denen man in Gesinnung und Praxis schon nicht mehr ernsthaft zu entsprechen versucht.

Andererseits unterminiert natürlich der Verlust an Unrechtsbewußtsein die moralische Praxis: Wo Verhaltensweisen und konkrete Handlungen nicht mehr nach moralischen Maßstäben beurteilt werden, findet der einzelne keinen Anlaß mehr, sein Verhalten zu überdenken und vielleicht zu ändern. Auch fehlen der Gesellschaft, in der von Gut und Böse kaum noch gesprochen wird, die Maßstäbe, an denen eine nachwachsende Generation sich orientieren könnte. Schließlich dürfte der »Verlust des schlechten Gewissens« die Wechselwirkung zwischen verbreiteten Verhaltenstendenzen und staatlicher Gesetzgebung beschleunigen, und zwar vorwiegend in der Richtung *geringerer* Verhaltensnormierung, weniger im Sinn einer Kompensation verlorener Moral durch Regelungen zur Sicherung von Rechten.

So gesehen, ist wohl unsere Zeit im Vergleich zu früher tatsächlich weniger moralisch eingestellt. Jedenfalls ist von einem Bewußtsein, daß die eigene Gesinnung und Praxis unter einem moralischen Anspruch steht, in vielen Lebensbereichen nichts zu merken. Allenfalls ist es als Projektion verbreitet, insbesondere im Ton der Entrüstung, mit der man unerwünschte Verhaltensweisen anderer verurteilt - vorwiegend im öffentlichen Leben und ohne Erwiderungen fürchten zu müssen. Mit dem Schwund an Moral scheint das Moralisieren noch lange nicht zu schwinden!

Hinter der »moralischen« Entrüstung steht sogar häufig ein durchaus distanziertes Verhältnis zur herkömmlichen Moral. Als spontane Emotion kann solche Entrüstung zwar ein unfreiwilliges Indiz moralischer Überzeugungen sein. Sie kann aber auch degenerieren - zum bloßen Nachhall dieser Überzeugungen oder gar zum zynisch eingesetzten Auslöser erwünschter Publikumsreaktionen.

In der Sprache der Soziologen liest sich die Loslösung moralischer Rede und Attitüde vom moralischen Inhalt so: »Nur noch der Code, eben diese Unterscheidung von gut und schlecht, wird oktroyiert; und die Programme der richtigen Besetzung dieser Werte werden dem Meinungsmarkt, der neutralen Beobachtung oder auch den Resultaten eines herrschaftsfreien Diskurses überlassen« (Niklas Luhmann: *Gesellschaftsstruktur und Semantik*, Band 3, Frankfurt a.M. 1989, S. 426). Im Grunde wird hier aber schon die Auflösung des Kerns unter fortbestehender Schale diagnostiziert - eine Form von Moralverneinung.

Gewissen und moralische Einstellung können allmählich und unbemerkt verlorengehen. Ihr Verlust kann aber auch einer *Abkehr von der Moral* entspringen. Dann hat man es nicht nur mit einem Schwund *moralischer Einstellung* zu tun, sondern mit einer mehr oder weniger ausdrücklichen negativen *Einstellung zur Moral*, mit Moralverneinung.

Abkehr von der Moral

Das Wesentliche an dieser Einstellung ist die Auffassung, die Moral bzw. der Glaube an unbedingte moralische Forderungen sei Täuschung oder Aberglaube.

Eine solche Auffassung kann mit Bedauern verbunden sein, etwa mit dem Gedanken: »Das Ringen der Menschen um ein moralisch gutes Leben ehrt sie vielleicht. Aber die zugrunde liegende Erwartung, es gebe wahre Antworten auf die Frage ›Was soll ich tun?‹ erfüllt sich nicht. Und das hehre Ziel des Strebens nach dem Guten erweist sich leider als Trugbild.«

Häufiger gibt sich die Abkehr von der Moral wohl erleichtert, befreit und fast schadenfroh über die Dummheit der eigenen moralischen Vergangenheit: Endlich gelingt es uns, die Fesseln überlieferter moralischer Normen abzustreifen, nachdem sich ihre Forderungen als Ammenmärchen herausgestellt haben. Moral? Nein danke!

Ob nun die gemeinte Abkehr von der Moral resigniert, emanzipiert, ob sie betroffen, zynisch oder sonstwie gefärbt sein mag: ihr Kern ist jedenfalls die Leugnung objektiv gültiger moralischer Gesichtspunkte: Wir müssen - oder dürfen - Abschied nehmen von der Moral; denn ihre Normen, so scheint es, lassen sich nicht als wahr erweisen, vielleicht noch nicht einmal als sinnvoll.

Leicht abgemildert und eher unbewußt äußert sich ein solcher Verzicht auf Moral in gängigen Formulierungen wie: »Jeder muß selber wissen, was er zu tun und was er zu lassen hat«; oder: »Was moralisch richtig ist, muß jeder für sich entscheiden«. Das Wort »moralisch« kommt hier zwar noch vor. Es dient zur Kennzeichnung persönlicher Standpunkte, die mit der Aura anerkannten Gewichts oder besonderer Entschiedenheit umgeben sind. Zugleich aber gelten dieses Gewicht und diese Entschiedenheit als mehr oder weniger irrational; mit dem Anspruch eines für *wahr* gehaltenen Werturteils darf man sie nicht verwechseln.

1.4 Moralverneinung - graue Theorie?

Setzte sich die Auffassung durch, moralische Überzeugungen wurzelten in einer Illusion, so könnte man tatsächlich von einem Ende der Moral sprechen. Denn in dem Maß, in dem sich diese

Auffassung in einer ganzen Gesellschaft ausbreitet, werden deren Mitglieder aufhören, ihre Motive *moralisch* zu prüfen und sich *grundsätzlich* um einen *guten* Umgang miteinander zu bemühen. Praktisch irrelevant ist Moralverneinung also nicht.

Freilich wird beispielsweise die Disposition der Wahrhaftigkeit nicht ohne weiteres verschwinden, sobald man den Glauben aufgibt, man dürfe unter keinen Umständen lügen. Aber daß ein solcher Wandel der *Überzeugung* keinerlei *praktische Auswirkung* habe, ist allzu unplausibel. Ist die moralische Überzeugung geschwunden, werden Versuchungen zur Lüge zwar zunächst noch ungute Gefühle auslösen; sie werden aber nicht mehr auf den Widerstand einer entschiedenen Einstellung treffen und daher die Bereitschaft, unbedingt bei der Wahrheit zu bleiben, bald aushöhlen.

Wozu Bejahung der Moral?

Beruhigend, bequem und auf den ersten Blick plausibel ist die Meinung: Verneinung und Bejahung von Moral sind gleichermaßen bedeutungslos. Ob wir die Moral für eine Illusion halten oder an die objektive Geltung ihrer Maßstäbe glauben: beides ist eine Sache bloßer Theorie. Die ist vielleicht für die private Lebensgestaltung einiger philosophierender Intellektueller von Bedeutung, ansonsten aber ohne jede Konsequenz für das Leben der Menschen. Brauchen wir etwa philosophische Übungen, in denen man sich - vermutlich vergeblich - bemüht, die offenkundige Unumgänglichkeit anständigen Verhaltens mit theoretischen Begründungen einzuholen?

Indessen leuchtet die Behauptung, eine grundsätzliche Bejahung der Moral sei entbehrlich, bei näherem Hinsehen nicht so ganz ein. Sie erinnert allzu sehr an die Feststellung, im Gegensatz zum Mond sei die Sonne entbehrlich: diese scheine ja nur am Tag, wenn es ohnehin hell sei. Wenn es so scheint, als sei die stillschweigende Annahme moralischer Wahrheiten entbehrlich und ihre Leugnung bedeutungslos, so ist das bereits ein Effekt vorhandener, nur nicht thematisierter Moralbejahung. Allerdings liegt es wohl auch an *anderweitigen Absicherungen.*

Eine von diesen ist das Gewicht der *Gewohnheit.* Freilich bestimmen Gewohnheiten unser Handeln. Und das gehört auch zur Moral; unsere Willensstärke, Klugheit und Zeit genügen nicht, um den moralischen Erfordernissen jeder Situation mit einem »aus dem Nichts« entwickelten Verhalten zu begegnen. Wir haben noch nicht einmal eine *Vorstellung* davon, was es hieße, im Handeln an keinerlei bisherige Tendenzen anzuknüpfen. Aber gerade die *guten* Gewohnheiten haben ja meist die Funktion, andere Tendenzen zu zügeln. Sie sind also Gegenkräften ausgesetzt. Daher halten sie sich nicht ohne stützende Überzeugungen. Eine andersartige Absicherung anständigen Verhaltens bilden staatliche *Gesetze*, die das Zusammenleben regeln und uns vor dem Ärgsten an Gewalt und Betrug bewahren. Machen sie eine moralische Orientierung überflüssig?

Manche Sozialtheoretiker scheinen heute von einer solchen Möglichkeit auszugehen: Individuelle Moral ist mehr oder weniger dadurch ersetzbar, daß der Staat mit Hilfe von Sanktionierung und Belohnung die Verhaltensoptionen des einzelnen gesellschaftsfreundlich strukturiert - so, daß nur friedfertiges und kooperatives Verhalten sich auszahlt. »Durch entsprechende Anreizwirkungen wird individuelles Handeln berechenbar« (Elke Mack: *Ökonomische Rationalität*, Berlin 1994, S. 194).

Die weitgehende Wirksamkeit staatlicher Regelungen beruht jedoch gerade in einem freiheitlichen Staat vor allem auf der moralisch verankerten Loyalität einer Mehrzahl der Bürger. Die Androhung von Strafe für Übertretungen ist *ergänzende Sicherung* des Rechtsgehorsams; als dessen allein *motivierende Basis* würde sie kaum genügen. Entsprechendes dürfte auch für andere »Anreize« gelten.

Bevor wir dies im folgenden Abschnitt verdeutlichen, noch ein Zugeständnis: Das Recht ist zwar angewiesen auf Moral; das Umgekehrte gilt jedoch in einem bestimmten Sinne auch. Vor allem wo religiös bestimmte Traditionen schwinden, spielen Gesetzgebung und Rechtsprechung für das moralische Rechts- und Unrechtsbewußtsein eine zunehmend wichtige Rolle. Wo ein Vergehen aufhört, *strafbar* zu sein, hat es die *moralische* Ablehnung schwer; und wo die gesetzliche Sanktionierung eines Verhaltens eingeführt, verschärft oder auch nur praktiziert wird, stützt dies die entsprechende moralische Einstellung. Beispiele dieser Zusammenhänge sind Ehebruch und Abtreibung auf der einen, Umweltschädigung und nationalistische Propaganda auf der anderen Seite.

Aber auch in solchen Fällen findet eine Wechselwirkung statt. Und die Priorität ist doch wohl im allgemeinen, besonders in einem liberalen Staat, beim verbreiteten moralischen Bewußtsein zu suchen. Denn dieses wird aus eigener Motivation heraus wirksam, während die Gesetzgebung auf Anstöße - wie eben Bekundungen des moralischen Bewußtseins - wartet.

Fallen in einem diktatorischen Staat, wie 1989 in der DDR, Mechanismen der Reglementierung und Überwachung weg, so ergibt sich eine schwierige Situation: Das bisher »entlastete« moralische Bewußtsein ist u.U. den Anforderungen nicht gewachsen, die sich aus den entstandenen Regelungslücken ergeben; die unter den früheren Umständen verstärkte Tendenz, *gesetzlich*

Erlaubtes als *schlechthin* erlaubt zu betrachten, wird ungünstige gesellschaftliche Folgen haben, u.U. auch Rückwirkungen auf die Handhabung des neuen Justiz- und Verwaltungssystems.

Stellen wir aber die Frage, ob das Zusammenleben in einem Staat auf Moral und Loyalität einer Mehrzahl der Bürger angewiesen ist, noch einmal ganz unabhängig von historischen Gegebenheiten.

Gesetz statt Gewissen?

Man stelle sich eine Ansammlung von gewaltbereiten, rücksichtslosen Egoisten vor. Würde die Einführung eines Überwachungssystems genügen, sie zu bändigen? Würden (notwendigerweise bescheidene) Anreize und die Androhung von Sanktionen den einzelnen davon abhalten, um erheblicher unmittelbarer Vorteile willen öffentliche Kassen zu schädigen, Versprechen zu brechen, Unterschriften zu fälschen, Nachbarn zu bestehlen, Kinder als Geiseln zu nehmen, Wehrlose mit Gewalt zu bedrohen, Widerspenstige umzubringen usw.?

Anreiz und Abschreckung wären kaum wirksam. Denn großen Risiken ist man in dieser Art von Gesellschaft ohnehin schon ausgesetzt; und daß die Hüter der Ordnung sich unter den angenommenen Bedingungen durchsetzen könnten, ist mehr als fraglich. Hält man dies doch für möglich, so bleibt zu bedenken, daß die Ordnungshüter selbst wohl *moralisch* motiviert sein müßten, ihrer gefährlichen und wenig aussichtsreichen Aufgabe nachzukommen, ohne sich in den Strudel des Unrechts hineinziehen zu lassen.

Besser scheint es um die Chancen äußerer Reglementierung zu stehen, wenn man von einem einigermaßen geordneten Zustand ausgeht. Könnte hier nicht allein die Aussicht auf Strafe (oder auf Belohnung für Wohlverhalten?) eine überwiegende Mehrheit von Bürgern dazu bewegen, staatliche Gesetze zu befolgen? Man sollte meinen: Der auf Unrecht sinnende einzelne kann jetzt nicht davon ausgehen, daß außer ihm gleichzeitig die meisten anderen Verbotenes tun werden, daß also eine Polizei der Lage nicht Herr werden kann. Da eine durch Strafandrohung gesicherte Ordnung *schon herrscht*, gerät er durch Rechtsbruch in ernste Gefahr. Eines inneren, moralischen Motivs, Gesetze zu befolgen, scheint er also nicht zu bedürfen.

Allerdings kann man sich kaum vorstellen, daß es zu der beschriebenen Ordnung ganz ohne die Wirksamkeit moralischer Motive *kommen* könnte. Wie könnte ohne solche Motive ein Zustand eintreten, in dem sich ein wirksames System von Sanktionen etablieren läßt? - Um jedoch die unrealistische Frage nach einem *Anfang* gesellschaftlicher Verhältnisse zu vermeiden, überlegen wir, ob jene Ordnung - angenommen, sie sei wie auch immer zustande gekommen - tatsächlich ganz ohne die Wirksamkeit moralischer Motive auskommen könnte.

Und da läßt sich vermuten, daß doch in den gerade nicht kontrollierten Bezirken des Lebens die Gesetze, von denen es in einer Gesellschaft ohne Moral *sehr viele* geben müßte, gebrochen würden. Das Leben kennt, z.b. in Familie und Arbeitswelt, *weite* Bezirke, deren Ordnung *in unserer Gesellschaft* durch moralische Motivation - noch - gesichert ist, in einer *Gesellschaft der Rücksichtslosen* jedoch auf Sanktionen *angewiesen* wäre.

Die Folge jener Gesetzesübertretungen, die sich dem Mangel an Moral verdanken würden: Überforderung der notwendigerweise begrenzten Zahl von Ordnungshütern und weitere Zunahme der Übertretungen. Woher käme die Bereitschaft, Täter anzuzeigen oder zu identifizieren, wahre Zeugenaussagen zu machen, die Polizei zu unterstützen usw.? (Was vermöchten Belohnungen im Vergleich zu Bestechung, Erpressung und Drohung?) Hinzu käme natürlich auch hier die Neigung von Polizisten, Staatsanwälten und Richtern zu Machtmißbrauch, Korruption usw. - solange man sich *deren* Rechtschaffenheit nicht moralisch motiviert denkt. (Die Gruppe der Ordnungshüter ist nur dann durch diese selbe Gruppe kontrollierbar, wenn auch hier Verstöße die Ausnahme bilden.)

Obwohl also in unserer tatsächlichen Gesellschaft jeder einzelne häufig Grund hätte, eine strafrechtliche Ahndung der erwogenen Untat zu fürchten, ist es doch nicht plausibel anzunehmen, daß ein Staat Bestand hat, in dem sich das Wohlverhalten der Bürger ausschließlich diesem Motiv verdankt. Moralische Motivation im Handeln des einzelnen, entsprechende Erziehung der nächsten Generation, Reaktionen der Empörung über Unrecht, Bewußtsein eigener Verantwortung, Zivilcourage usw., kurz: die unterschiedlichen Formen der Betätigung individueller Moral sind erforderlich, wo ein System von Gesetzen und Sanktionen ein Kollektiv vor Unrecht schützen soll. Keine Gesellschaft kann ohne ein erhebliches Minimum an freiwilligem Rechtsgehorsam diejenigen zwingen, die nicht freiwillig mitmachen.

Eine Ahnung dieser Zusammenhänge vermitteln uns ja auch tatsächlich Berichte von wirklichen oder simulierten Straftaten, die in aller Öffentlichkeit begangen werden können, ohne daß Passanten einschreiten oder auch nur die Polizei verständigen; Berichte von Großstädten, in denen mit dem erforderlichen Eingreifen der Polizei nicht zuverlässig zu rechnen ist; Berichte von Verhältnissen, in denen Polizisten selbst zu Wegelagerern oder zu Komplizen von Kriminellen werden und in denen sich die Einstellung einer Strafverfolgung erkaufen läßt.

Die Bürger eines Staates müssen also, wie es scheint, sogar mehr als Gerechtigkeit im Sinne von Unrechtsvermeidung praktizieren, um ihre Gesellschaft in Ordnung zu halten. Sie brauchen auch ein Minimum an Kooperation, Zivilcourage usw. Müßte die Gesetzgebung mit Anreiz und Abschreckung *die Stelle* der Moral einnehmen, statt sie nur zu *stützen*, so wäre damit zu rechnen, daß bald eine Mafia die Stelle des Staates einnähme.

Schleichende Ausbreitung post-moralischen Denkens

Gewiß ist die Menschheit weit davon entfernt, das Ende der Moral durch Moralverneinung erreicht zu haben. In den meisten Regionen der Erde spielt der Verzicht auf Moral zugunsten der Auffassung, jeder möge seine Risiken kalkulieren und im übrigen über die Orientierung seines Verhaltens selbst entscheiden, kaum eine Rolle. Auch in der Bundesrepublik Deutschland dürften die meisten auf diesem Weg nicht sehr weit vorangeschritten sein.

Aber wer sich den Botschaften des Fernsehens (z.B. einer Talk Show) aussetzt, wer in Illustrierten und Magazinen blättert oder Bücher zu aktuellen Fragen liest, wer aufmerksam ist auf die Prämissen intellektueller Auseinandersetzungen und sozialwissenschaftlicher Analysen: der wird regelmäßig *auch* mit mehr oder weniger ausgegorenen Formen von Moralverneinung beliefert.

Nun ist, selbst wo man die Moral verabschiedet, dieser Abschied meist nicht gründlich reflektiert und daher nicht total. In den Medien wird z.B. kaum ein Maßstab des privaten oder politischen Verhaltens infrage gestellt, der *allen selbstverständlich* ist. Wo aber *kein Konsens* vorausgesetzt wird, da bildet im allgemeinen die generelle Subjektivität »moralischer« Auffassungen den Ausgangspunkt der Diskussion. Man *informiert* bloß über unterschiedliche Stellungnahmen zu einer Frage; und die *Weise* der Information suggeriert: Eine Entscheidung über Wahrheit und Falschheit der Antworten ist selbstverständlich ausgeschlossen.

Moralverneinung in der Vergangenheit?

Ist aber wirklich damit zu rechnen, daß die Leugnung einer objektiv gültigen Moral zum Schwund von Wahrhaftigkeit, Treue, Gerechtigkeit, Rücksicht und großzügigem Wohlwollen unter den Menschen führen wird? Gibt es denn in der Geschichte Belege oder Anhaltspunkte dafür, daß verbreitete Moralverneinung *für eine ganze Gesellschaft* solche weitreichenden *praktischen* Konsequenzen hat?

Der Geschichte kann man solche Belege vermutlich nicht entnehmen, und zwar aus einem recht einfachen Grund. Auch die Vergangenheit kennt zwar Abkehr von der Moral. Indessen kennt sie wohl kaum die sozialen und kommunikationstechnischen Verhältnisse, unter denen eine Verbreitung post-moralischer Einstellungen weit gelangt. Erst recht erreichen moralverneinende *Überlegungen* - wie überhaupt philosophische und wissenschaftliche Theorien - bis in unser Jahrhundert hinein nur wenige Menschen.

Für die Zeit zwischen der Eroberung Karthagos und den julischen Kaisern z.b. wird der römischen *Nobilität* verbreiteter Sittenverfall bis hin zu zynischer Einstellung zu allen moralischen Maßstäben bescheinigt. Als Ursache dieser Tendenz jedoch ist die Verführung durch Luxus eher zu vermuten als der Einfluß moralverneinender Theorien.

Dabei kennt die Antike solche Theorien durchaus. Doch bestimmten sie das Denken nur weniger einzelner. Es handelt sich insbesondere um Sophisten und skeptische Philosophen seit dem 5. vorchristlichen Jahrhundert. Ihr Einfluß blieb im allgemeinen auf ihre unmittelbare Gefolgschaft beschränkt. Wo er auf die Politik ausstrahlte, war er - aus der Perspektive der Ethik - eher progressiv als destruktiv. In manchen Angelegenheiten, z.B. in der Frage der Sklaverei, engagierten sich die Sophisten für Reformen, nicht für die Beseitigung von Recht und Moral.

Allerdings vertraten Sophisten die Ansicht: Was gut und was schlecht ist, wie man handeln soll und wie nicht: das ergibt sich nicht aus der Natur der Dinge, nicht z.B. aus den Bedingungen der menschlichen Existenz. Dem einen erscheint dieses, dem anderen jenes als richtig. Was in Athen als Tugend gilt, ist für einen Perser Frevel. Moralische Maßstäbe sind Konvention, von Menschen festgelegt, manifest vor allem in lokalen Gesetzesüberlieferungen.

Eine solche Lehre von der Relativität der Moral war durchaus geeignet, selbstverständliche Gewißheiten der Verhaltensorientierung zu erschüttern. Sie gewann ihre Schüler. Aber sie war nicht in der Lage, weite Kreise der Gesellschaft in relativ kurzer Zeit zu ergreifen. Und unter Verhältnissen, in denen Menschen ihre Angewiesenheit aufeinander und damit auf Normen des Zusammenlebens hautnah erlebten, konnte sich der Relativismus kaum als Infragestellung grundlegender Maßstäbe artikulieren. Typisch ist ein dem Protagoras zugeschriebener Satz: »Was einem jeden Staat gerecht und gut erscheint, das ist es auch für ihn, solange er bei dieser Meinung bleibt.«

Im übrigen wird, aus welchen Gründen immer, die Geschichte der Philosophie bis ins 19. Jahrhundert nicht von moralverneinenden Positionen bestimmt; auch da nicht, wo der Skeptizismus

29

dominiert, der jeden Anspruch auf Wissen prinzipiell zurückweist. Und wo eine Theorie die Moral infrage stellte, blieb sie, wie die philosophische Reflexion überhaupt, eine Angelegenheit von Eingeweihten. Die moralische Einstellung aller übrigen (und damit auch deren Einstellung *zur Moral*) war im großen und ganzen eine Sache der Tradition, nicht der Reflexion. Die jeweils überlieferte Normierung des Lebens war eine Sache selbstverständlicher Gewißheit; kaum jemand kam auf den Gedanken, sie infrage zu stellen.

Faktoren der heutigen Situation

Das gilt zwar, wie angedeutet, *weitgehend* auch z.B. für das Deutschland unserer Tage. Aber der Rückgang unmittelbar spürbarer sozialer Abhängigkeiten läßt der Entfaltung auch anstößiger Einstellungen größeren Freiraum.

Die von der Soziologie beschriebene *Individualisierung* des Lebens in unserer *Gesellschaft* wirkt sich auf die Moral aus: Ihr werden Stützen entzogen, die mit der Einbindung des einzelnen in überschaubare familiäre, religiöse und politische Gemeinschaften gegeben waren. Die Beachtung moralischer Regeln war fast unlösbar in die Interaktionsmuster dieser Bezüge hineingewoben. Vergleichbares gilt in der heutigen Einzelkämpfer-Gesellschaft in viel geringerem Maß. Auch die Moral muß jetzt für sich selber sorgen; wer moralische Normen bejaht, hat sozusagen auf eigene Faust die Energie aufzubringen, die ihre Befolgung verlangt.

Daß der einzelne sich für andere engagiert, wird unter diesen Umständen *gleichzeitig nötiger und unwahrscheinlicher*. Die Folgen machen sich bemerkbar: Dem *Bedarf* an persönlichem Einsatz für den namenlosen Nachbarn, für die Verhinderung von Gewalt auf der Straße, für Belange des Gemeinwohls steht die *Wirklichkeit* der isolierten einzelnen gegenüber, die sich nicht als zuständig erleben.

In diese sozial bedingte Situation hinein artikulieren sich geistige Strömungen, die teilweise ihrerseits der Moralverneinung Vorschub leisten. Die bereits erörterte Breitenwirkung der intellektuellen Diskussion und der Medien ist unaufhaltsam. Zudem aber durchlaufen in unserer Gesellschaft enorm viele Menschen eine Hochschulausbildung, in deren Verlauf man lernt (und u.E. auch lernen sollte), übernommene Meinungen zu hinterfragen.

Im Rahmen einer solchen Ausbildung lernt man allerdings besonders mühelos, Überzeugungen, die nicht als wissenschaftlich gelten, skeptisch gegenüberzustehen. Weniger leicht hingegen und seltener gelangt man dahin, auch diese skeptische Position oder das Kriterium der Wissenschaftlichkeit zu hinterfragen. Das wäre aber wünschenswert. Denn auch skeptische Fragen appellieren an Voraussetzungen, auch wissenschaftliche Auffassungen müssen auf vorwissenschaftliche Alltagsüberzeugungen zurückgreifen, und auch sie können falsch sein.

Ein erheblicher (und einflußreicher) Teil der Bevölkerung wird also heute aufgrund seines Ausbildungsweges besonders leicht von moralischer Skepsis befallen, ohne dafür gerüstet zu sein, auch dieser Skepsis nochmals mit Argumenten zu begegnen.

Die Verletzung moralischer Normen hat daher inzwischen bei vielen Menschen einen Charakter angenommen, den sie vor 100, vor 50 und noch vor 25 Jahren viel seltener hatte. Die Verletzung moralischer Normen ist zusehends Folge und Ausdruck gleichgültiger, resignierter oder zynischer Moralverneinung; sie ist immer weniger das bloße Versagen von Menschen, die ihren eigenen Maßstäben nicht gerecht werden und sich dieses Versagens bewußt sind.

1.5 Zum Beispiel ...

Wir behaupten also, daß Moralverneinung keine praktisch bedeutungslose Angelegenheit der Theorie ist. Manche Beispiele öffentlicher Meinungsbildung wie auch privater Praxis offenbaren durchaus einen Hintergrund beginnender prinzipieller Verweigerung gegenüber den Ansprüchen der Moral. Die folgenden Beispiele repräsentieren unterschiedliche Varianten und Nuancen einer solchen Verweigerung.

»Glücklich geschieden«

Vor einigen Jahren traten in einer Fernseh-Serie unter dem Titel »Glücklich geschieden« Menschen auf, die nach der Trennung vom Ehepartner ihr Glück gefunden hatten oder doch das interessierte Publikum von diesem Erfolg überzeugen sollten.

Was ist an dieser Sendung bemerkenswert? Sicher nicht die Tatsache, daß Menschen sich aus bedrückenden Verhältnissen befreien und, einem ehemals verbreiteten Vorurteil zum Trotz, als Geschiedene zufriedener leben. Bemerkenswerter ist schon eher die Indiskretion, mit der - wie in vielen anderen Sendungen und Publikationen - Privates einem angeblichen »Anspruch auf Information« geopfert wird.

Für das Thema Moralverneinung von unmittelbarem Interesse ist jedoch, was der Titel der Sendung und diese selbst ganz

31

beiläufig vermitteln: eine Einstellung zur Ehe. Moralische Fragen werden schon durch das provozierende Schlagwort »Glücklich geschieden« mutwillig aus dem Blick gerückt - wo doch allerlei Anlässe einer moralischen Betrachtung *naheliegen*: Man hat die Ehe leichtfertig geschlossen oder nichts für die Beziehung getan; man hat den Partner betrogen; man hat die Zerrüttung der Ehe riskiert; man hat Versprochenes nicht wahr gemacht; man ist durch den Entschluß zur Scheidung einer Mitverantwortung für den Lebensweg des Partners, vielleicht für das Schicksal von Kindern, nicht gerecht geworden; man hat eine neue Verbindung mit der Hypothek von unbearbeiteten persönlichen Problemen belastet ...

Nur selten wird sich eine geschiedene Person beim Gedanken an ihre Scheidung nichts von alledem zuschreiben müssen. Wir meinen nicht, dementsprechende Schuldbekenntnisse sollten in einer Fernseh-Sendung vorgeführt werden. Im Gegenteil: Weil sie *nicht* ins Fernsehen gehören, müßte eine Sendung zum Thema »Scheidung« *auf andere Weise* dafür sorgen, daß erkennbar wird, welche Gefährdungen und Verletzungen menschlichen Lebens und Zusammenlebens hinter Ehescheidungen stehen.

Die Sendung »Glücklich geschieden« tat dies nicht. Das könnte eine begründete oder doch vertretbare Unterlassung sein. Sie tat aber indirekt das genaue Gegenteil, indem sie das moralische Für und Wider ausblendete und seine Belanglosigkeit suggerierte zugunsten der einseitigen Perspektive gelungener Entlastung. Das Absichtsvolle dieser Strategie kam in der Wahl des Titels zum Ausdruck und machte die Sendung frivol.

Appell an den post-moralischen Übertretungswunsch

Frivol ist auch eine bestimmte Weise, mit Unmoral zu kokettieren. Sie hat sich insbesondere in der Werbung etabliert. So werden etwa mit einem Augenzwinkern Alkoholika in Wort und Bild als Begleiter und Helfer (von Männern) bei Untreue und Verführung (von Frauen) angepriesen. Noch signifikanter ist die Weise, wie das *Wort* »Verführung« dafür in Anspruch genommen wird, eine Ware attraktiv zu machen. Denn hier wird das Unmoralische als solches in pikanter Weise umbewertet.

Dabei liegt das Symptom für Moralverneinung *nicht* darin, daß ein Ausdruck, der im Kontext moralischen Ernstes zuhause ist, auch eine weitere Anwendung findet (wenn z.B. von verführerischem Duft die Rede ist oder davon, daß man sich zu einem zweiten Stück Torte verführen läßt). Auch wittern wir noch keine Abkehr von der Moral, sobald nur ein ethisch belegter Begriff halb scherzhaft in einen anderen Kontext hineingezogen wird (wie das etwa bei dem Buchtitel »Verführung zur Geschichte« der Fall sein dürfte). Denn auf alles, was Menschen ernst und wichtig ist, vom Tod bis zur Macht des Staates und von der Sexualität bis zum religiösen Glauben, ja gerade auf das Ernste und Wichtige nehmen dieselben Menschen zugleich im Witz und überhaupt in entlastender, scherzhafter Redeweise Bezug - ohne daß der Ernst dieser Dinge Schaden nähme.

Moralisch wertende Ausdrücke wie »Verführung« können aber eben auch in einer Verwendung auftreten, die an eine (vielleicht latente) Bereitschaft des Angesprochenen, etwa des erhofften Konsumenten, appellieren, *die mit-gemeinte moralische Bewertung zu belächeln*: Gewiß wird der eine oder die andere unter den Umworbenen sich durch den Gedanken an die reizvolle »Souveränität« eines so aufgeklärten Standpunktes erhoben fühlen (und sich durch die schmeichelhafte Anerkennung seines freien Geistes für das exklusive Produkt gewinnen lassen)! Wer z.B. »offen für Verführung« ist, muß doch wohl Überholtes hinter sich gelassen haben.

Hier wird sozusagen die Anziehungskraft des Verbotenen durch die Suggestion verfeinert, daß das Verbot für den Eingeweihten nicht gilt. Es ist diese Suggestion, die beim Umgang mit moralischen Begriffen den *Abbau der Moral* vom *entlastenden Unernst* trennt.

Unverhohlener und verhohlener Egoismus

Seit einigen Jahren versprechen Buchtitel, dem Leser Lebenshilfe zu leisten, indem sie ihn zum Egoismus anleiten. Sie appellieren an seine geheime Bereitschaft, moralische Bedenken und Rücksichten endlich hinter sich zu lassen, um eigene Wünsche und Interessen befriedigen zu können, ohne sich selbst verurteilen zu müssen und ohne sich von anderen verurteilen zu lassen. Genuß ohne Reue.

Als Beispiel diene das Buch von Katja Leyrer *Rabenmutter - na und?* (Reinbek ²1989). Die unmißverständliche Botschaft des Titels: *Ihr nennt uns »Rabenmütter«? Wir sind es. Wir werden uns selbst so nennen. Und warum sollten wir keine Rabenmütter sein?* Die Texte selbst enthalten viel Vernünftiges gegen die Festlegung von Frauen auf die Mutterrolle, über die Möglichkeit, Familie und Beruf miteinander zu verbinden, gegen die Verantwortungslosigkeit von Vätern usw. Sie enthalten aber eben auch die ungeschminkte Aufforderung zum Egoismus.

Natürlich ist Frau Leyrers Frage »Was ist gut für uns?« berechtigt. Das Motto »*Ich will alles haben!*« klingt schon weniger unschuldig. Und weiter: »Einigen wir uns doch darauf, daß es

Frauen gibt, die keine Lust haben aufs Kinderkriegen und welche, die Lust drauf haben - und die einen wie die anderen diese Entscheidung aus purem Egoismus fällen«. Wollen Frauen ein Kind haben, ohne es selber aufzuziehen, können sie »es zur Adoption freigeben, einer Pflegefamilie überlassen, oder es kommt ins Kinderheim«.

Selbst wenn es der Autorin lediglich um die Durchsetzung legitimer Interessen ginge, bliebe ein Problem: Bereits in ihrer undifferenzierten Verwendung des Wortes »Egoismus« läge die Tendenz, konsequente Verfolgung eigener Interessen und gesunde Durchsetzungsbereitschaft nicht mehr abzugrenzen gegen *wirklichen Egoismus*, also gegen eine rücksichtslose Vorgehensweise, die sich über Rechte, Interessen, Wünsche und Bedürfnisse von anderen schmerzlos hinwegsetzt.

Hier vollzieht sich partielle Abkehr von der Moral. Denn der moralisch höchst wichtige Unterschied zwischen zulässigem und unzulässigem Verfolgen eigener Interessen wird eingeebnet. Vielleicht ist das der Verfasserin nicht bewußt. Jedenfalls dürfte ihr entgangen sein, daß das Lob des Egoismus den eigenen Appell an die Männer, ihren Beitrag zur Betreuung ihrer Kinder zu leisten, untergräbt. Denn wo Gewünschtes, *gleich, ob berechtigt oder unberechtigt*, schlicht gefordert wird, da tritt an die Stelle des Arguments der bloße Kampf von Konkurrenten. (Warum nicht als nächstes ein Buch mit dem Titel »Sexistisch - na und?«)

Ist aber Leyrers Buch repräsentativ? Ist anzunehmen, daß seine Leserinnen sich von dem empfohlenen Egoismus anstecken lassen? Das läßt sich schwer abschätzen. Ziemlich sicher ist aber, daß das Buch kaum hätte erscheinen und guten Absatz finden können, wenn Egoismus nicht unter der lesenden Bevölkerung hoffähig wäre.

Menschen, die ihr Handeln tatsächlich mehr oder weniger ausschließlich und programmatisch am (vermeintlichen) eigenen Nutzen orientieren *und diese Einstellung ungeniert proklamieren*, sind wohl gar nicht mehr so selten. Und der Tendenz zum bewußten Egoismus begegnet man nicht nur im privaten und im beruflichen Leben, sondern auch in der Öffentlichkeit. Nur tarnt sie sich hier noch weitgehend mit moralischen Blenden. Vielleicht aber nicht mehr lange. Vom britischen Premierminister Major haben wir bereits gehört: Bettler sind eine unzumutbare Last, ein Störfaktor für den Tourismus.

Ungerecht, aber nötig?

Einen ganz anderen Bereich zumindest partieller Moralverneinung illustriert z.B. eine verbreitete Weise, militärische

Maßnahmen und Vorkehrungen zu beurteilen. Viele Politiker, Journalisten, Zeitgenossen bekennen sich hier implizit zu einer Maxime, die aufhorchen läßt: *Nicht immer kann der moralische Maßstab entscheidende Autorität beanspruchen.*

Wir sagen »implizit«; denn möglicherweise werden nur wenige diese Maxime ausdrücklich vertreten. Um so leichter findet sie ihre unausdrücklichen Anhänger. Und nichts spricht dafür, daß ihre Verbreitung an den Grenzen des Themas Krieg und Abschreckung Halt macht. So kennzeichnet etwa der Ausdruck »Staatsräson« allgemeiner die Orientierung politischen Handelns am Wert der Staatserhaltung, -sicherung und -stärkung, »nötigenfalls« auf Kosten moralischer Gesichtspunkte, also z.B. unter Einsatz verbrecherischer Mittel im Auftrag der Regierung.

Als Beispiel diene eine Stellungnahme, die man im Hinblick auf politische Entscheidungen und militärische Maßnahmen gegen den Irak im Golf-Krieg gelegentlich zu hören bekam. Damals wurde u.a. in der Presse diskutiert, ob die traditionelle Lehre vom Gerechten Krieg auf ein zeitgenössisches Ereignis wie den Golf-Krieg anwendbar sei. Nicht selten wurde dabei die Auffassung vertreten, der Krieg gegen den Irak könne zwar nicht gerecht genannt werden, er sei aber notwendig.

Uns geht es hier nicht um die Frage, ob dieser Krieg gerecht war und mit gerechten Mitteln geführt wurde oder nicht. Worauf wir hinweisen wollen, ist dies: Die erwähnte Auffassung läuft darauf hinaus, daß ein Unternehmen zwar *ungerecht*, nach irgendeinem anscheinend übergeordneten Kriterium jedoch vertretbar, ja *notwendig* sein kann. Und damit wird ein entscheidendes Element der moralischen Einstellung preisgegeben: moralische Forderungen als unbedingt geltende, letztlich ausschlaggebende Maßstäbe menschlichen Verhaltens und seiner Bewertung zu akzeptieren.

Verständlicherweise neigt man zu dieser Preisgabe am ehesten da, wo *die uns vertrauten Dimensionen verlassen werden*, wo z.B. Entscheidungen über Leben und Tod zu treffen bzw. zu beurteilen sind oder solche, die Massen von Menschen betreffen.

So heißt es gelegentlich, Großtechniken wie die Nutzung der Atomenergie seien »unethisch, aber unumgänglich«. Als Erwiderung auf das Argument, der militärische Einsatz von Massenvernichtungsmitteln gegen Wohngebiete sei unerlaubt und daher sei auch ihr Besitz in der Absicht solchen Einsatzes unerlaubt, hört man etwa: Das mag so sein; die Abschreckungsstrategie des Westens war aber *notwendig*, um die sowjetische Expansion zu verhindern. Wir fragen: Notwendig? Wenn sie, nach Maßgabe aller moralisch relevanten Gesichtspunkte notwendig war, dann war sie nicht unmoralisch. War sie dagegen unmoralisch, so war sie folglich im letztlich entscheidenden Sinne nicht notwendig.

»Ungerecht, aber notwendig«: mit etwa dieser Einschätzung, wenn nicht gar mit Indifferenz, stehen im heutigen Deutschland viele, nicht nur Ostdeutsche, auch den Vergehen gegenüber, die unter dem Druck einer sozialistischen Parteidiktatur in der DDR begangen wurden. Diese Einschätzung wagt sich übrigens ungenierter an die Öffentlichkeit als vergleichbare Stellungnahmen zu Vergehen der NS-Zeit. Gelegentlich kann man schon hören, bei der Beurteilung eines Politikers solle seine DDR-Vergangenheit keine Rolle spielen. Gewiß, es ist weder klug noch barmherzig, einen Menschen fürs Leben auf ein Versagen, auch ein charakterliches, festzulegen. Die Ungeduld jedoch, mit der mitunter die politische *Irrelevanz* der fraglichen Beschuldigungen behauptet wird, verrät den Rückzug moralischer Kategorien aus unseren Erwartungen an die Politik.

Im übrigen ist auch unsere weniger politische Alltagsperspektive gegen die beschriebene Art von Moralverzicht nicht immun. Es fällt z.B. schwer, sich nach einer Lüge einzugestehen, daß man getan hat, was man nicht tun sollte. Leichter sagt man sich (und anderen): Das war zwar nicht gut und sicher bedauerlich, aber unter den Umständen ging es nicht anders.

Gewissenlose Gewalt

Ganz anders stellt sich Abkehr von der Moral in einem anderen Zusammenhang dar: wo Menschen ohne rechtfertigende Gründe und auch *ohne den Vorwand* einer moralischen Rechtfertigung gegen andere Menschen Gewalt üben. Solche Gewalt geht von einzelnen oder von Gruppen aus; sie reicht von der Belästigung bis zum Mord; sie verfolgt fernere Ziele oder lebt Bedürfnisse der Rebellion und Gefühle des Hasses aus; sie bleibt ganz unreflektiert oder gehorcht einer Ideologie.

Bereits vor 200 Jahren wagte sich die Verherrlichung skrupelloser Gewalt in der *Histoire de Juliette* (1797), einem Werk des Comte de Sade, an die Öffentlichkeit. Die hier vertretene Idee hat erklärtermaßen gegen Gewissensbisse anzukämpfen. Und de Sades Phantasien nahmen wohl kaum das Denken vieler Zeitgenossen für sich ein.

Anders Nietzsches Lob der Gewalt im großen Stil, die das »Recht« der unschuldigen Raubtier-Natur für ihre Verbrechen in Anspruch nehmen darf. Ob richtig oder falsch gedeutet: Nietzsches Ideen haben politische Programme und Maßnahmen zumindest gestützt. Freilich geht es ihm selbst primär um die Herrschaft des Starken über sich selbst, um Sammlung und Einsatz seiner Kräfte - nicht um brutales Unrecht gegen andere. Aber gerade durch die erklärte *Gleichgültigkeit* der Wirkung auf andere ist Nietzsches Konzeption gewaltträchtig. Und nicht wenige seiner eigenen Erläuterungen klingen durchaus nach jener Verherrlichung rücksichtsloser Gewalt, auf die sich die Ideologen eines Rechts des Stärkeren, angeblich zu Unrecht, berufen!

In der zweiten Hälfte unseres Jahrhunderts dokumentierte Stanley Kubricks Film *A Clockwork Orange*, daß die Idee moralverneinender Gewalt aus dem französischen Salon und der deutschen Philosophenstube in den Bereich der Lebensentwürfe Eingang gefunden hat. Am deutlichsten ist diese Entwicklung heute an gewaltbereiten Banden abzulesen, in abgeschwächter Form an den Hooligans, die zu einem Fußballspiel reisen, um auf Gleichgesinnte zu treffen und sich mit ihnen zu prügeln. Eine eigene Musik-»Kultur«, zu der etwa Ableger von »Heavy Metal« gehören, liefert inzwischen, wo Gewissen oder Gefühl im Weg sein mögen, emotionale Unterstützung der Gewaltbereitschaft. Auf audiovisuellen Wegen helfen brutale und brutalisierende Filme nach.

Wo Gewalt (und deren Duldung) aus kollektiver Fremdenfeindlichkeit oder gar in organisierten Gruppen praktiziert wird, deren Mitglieder zusammenhalten, läßt sie gelegentlich an einen Rückfall in prä-moralische Zustände denken: Man engagiert sich für den eigenen Stamm und behandelt seine Mitglieder nach einem relativ strikten Verhaltenskodex; alles Fremde dagegen, besonders der Nachbarstamm, ist geborener Gegner. Empirische Untersuchungen bestätigen, daß »moral exclusion«, also die Weigerung, Angehörige anderer Gruppen gerecht, respektvoll usw. zu behandeln, in weiten Kreisen als Grundsatz vertreten und zerstörerisch wirksam wird.

Über eine Form von Telephon-Terror, die in unserem Nachbarland den Beifall - und die Beteiligung - eines breiten Publikums findet, berichtet Ulrich Wickert in *Frankreich - Die wunderbare Illusion* (München [3]1991, S. 334 - 335). Im UKW-Sender *Skyrock* bietet Skyman seine Dienste an: »Seitdem ihr ganz klein wart, denkt ihr nur daran, denen Leid zuzufügen, die euch Schlechtes tun. Aber ihr traut euch nicht. Kein Mitleid mit den Schuften! Schreibt mir alles, was sie euch angetan haben, ihre Adressen, Details aus ihrem Leben. Ich räche euch.« Das Angebot wird (anonym) von den Hörern wahrgenommen. Und Skyman ruft tatsächlich die Denunzierten an. Er bestellt die Opfer vor Gericht, zur Polizei, »verständigt« ihre Vorgesetzten ... Die Sendung ist juristisch abgesichert und öffentlich geduldet!

Wie hier, so treten auch in manchen Metzel-Videos Rache und Selbstjustiz an die Stelle von Gerechtigkeit.

Eine reflektierte und argumentierende, aber nicht weniger zersetzende Variante hiervon ist jene programmatische Vorgehensweise vieler Revolutionäre und z.B. der RAF, die sich in der

»schlechten Gegenwart« als »Gegengewalt« gegen »strukturelle Gewalt« zum Anwalt einer besseren Zukunft macht, die also meint, Moral im Namen der Moral ignorieren zu müssen und zu dürfen. Hier ist die Abkehr von der Moral zwar nicht unbedingt, aber um so konsequenter. Die Anerkennung moralischer Forderungen wird an (leider zur Zeit nicht herrschende) *Bedingungen* geknüpft. Sie wird - im Namen einer hehren Zielsetzung - eigenmächtiger menschlicher Planung untergeordnet.

Sind Hemmschwellen gegenüber der Gewalt erst einmal abgebaut und Normübertretungen im Interesse einer »höheren Gerechtigkeit« aufgewertet, wird allerdings das Unrechtsbewußtsein im Hinblick auf Ausschreitungen und Brutalität auch da geschwächt, wo der Vorwand gerechter und rechtfertigender Ziele gar nicht mehr plausibel ist.

Wünsche anstelle von Maßstäben

Unsere Umschau kehrt in die vier Wände des Wohnzimmers einer friedliebenden Familie zurück. Aber auch in diesen geschützten Raum ist, wie bereits bemerkt, die Infragestellung der Moral gedrungen. Denn hier treffen wir u.a. lesende und fernsehende Eltern an. Und die teilweise post-moralische Botschaft der Intellektuellen und der Medien ist an vielen von ihnen und speziell an ihrem Erziehungsstil nicht spurlos vorübergegangen.

Darauf deutet u.a. die Beobachtung hin, daß Eltern ihren Kindern moralische Normen nicht als Wahrheiten oder objektive Forderungen, sondern als Wünsche vorstellen. Schon unter dem Vorzeichen antiautoritärer Pädagogik hieß es etwa: »Ich möchte nicht, daß du dein Schwesterchen würgst«; nicht: »Wie kannst du so etwas tun? So etwas darf man unter keinen Umständen!«. Oder: »Ich finde es nicht gut (ich mag das nicht), wenn du mich belügst«; nicht: »Wenn du lügst, tust du etwas Schlechtes; man soll nicht die Unwahrheit sagen!«

Freilich *müssen* die zitierten Erzieher-Reaktionen auf kindliches Fehlverhalten nicht im Sinne eines Verzichts auf Moral verstanden werden. Und es soll auch nicht gesagt sein, daß in einer solchen Reaktion *auf jeden Fall* moralisch geurteilt werden *sollte*.

Aber die Zusammenhänge, in denen Wünsche der genannten Art tatsächlich anstelle von Urteilen oder Normen artikuliert werden, suggerieren durchaus gelegentlich die Entschlossenheit, moralische Überzeugungen *grundsätzlich* nicht in Anspruch zu nehmen.

Im übrigen äußert sich Moralverneinung in der Erziehung nicht notwendig in so eindeutigen Formen. Häufiger geschieht es wohl, daß Eltern durch Gesehenes, Gelesenes, Gehörtes in eine

Verfassung der Ungewißheit gestürzt werden. Sie wissen nicht mehr, in welchem Sinn, in welcher Weise, in welchem Umfang sie den Kindern Moral vermitteln sollen. Oder sie hören auf, sich für deren moralische Entwicklung verantwortlich zu fühlen. So verkümmert dieser Aspekt der Erziehung zwischen Zurückhaltung und Zufallsreaktion. Die Folgen, so behaupten wenigstens Lehrer, bringen die Kinder (u.a.) mit in die Schule.

Sprachlicher Abbau moralischer Begriffe

Was der Kinderstube recht ist, ist den Medien billig. Erlaubt sich eine Persönlichkeit, die allgemein Ansehen genießt, eine problematische Praxis moralisch zu beurteilen, so muß man damit rechnen, von einem mittelmäßigen Journalisten statt Gegenargumenten die Äußerung zu hören: »Frau bzw. Herr Soundso mag das nicht«.

Tendenziell bedeuten sprachliche Verschiebungen auch gedankliche Vermischungen. Treten Wünsche an die Stelle moralischer Urteile, so werden nicht nur die *Funktionen der Sprache des Wünschens* erweitert. Der Vorgang wirkt auf die *Bedeutung des moralischen Vokabulars* zurück. Die unausgesprochene Botschaft der befallenen Sprache: Erkenne den privaten Wunsch im vermeintlichen Maßstab!

Auch andere moralisch relevante Differenzen lassen sich auf sprachlichem Wege einebnen - selbst die zwischen Erlaubt und Unerlaubt. Besonders leicht geschieht dies durch Übertreibungen. Und besonders verwirrend ist es, wenn moralischer Übereifer dahinter steht (der sich gerne gegen die weniger Eifrigen wendet). »Die Extreme berühren sich«: Wo jeder Schritt ein Fehltritt ist, da wird es gleichgültig, wohin man geht und worauf man tritt.

Wir alle kennen solche Formulierungen, die uns der Mühe des Unterscheidens entheben: »Mit *jedem* Eingriff in die Natur versündigen wir uns an ihr.« »Soldaten sind Mörder.« »*Jede* Erziehung ist Manipulation und Repression.«

Um bei dem letzten Beispiel zu bleiben: Sogar bei einem anerkannten Erziehungswissenschaftler, Klaus Mollenhauer, lesen wir (*Theorien zum Erziehungsprozeß*, München 1972, S. 71 f.): »Die Vorgänge sprachlicher Vermittlung im Erziehungshandeln« sind »spezifisch verzerrt ... insofern, als die selbst unter Herrschaftseinwirkung pädagogisch agierenden Erwachsenen dem Postulat nach auch ihren natürlich gegebenen Herrschaftsvorsprung dem unmündigen Heranwachsenden gegenüber aufheben müßten, indessen aber nicht anders handeln können als im Rahmen empirisch möglicher Lernschritte.« *Wenn* Erziehung nötig und ohne »Herrschaftsvorsprung« nicht möglich ist,

39

bedeutet so ein Gleichheitspostulat überhaupt nichts - höchstens eine *Entwertung moralischer Postulate und Impulse.*

Wir leugnen nicht, daß die zitierten Formulierungen realen Gefahren der Verharmlosung entgegenwirken wollen. Da sie jedoch nicht einfach quantitativ übertreiben, sondern qualitative Beurteilungskriterien unter einer globalen Disqualifizierung begraben, sind ihre moralischen Implikationen zweischneidig: Auf der einen Seite verordnen solche Formulierungen jedem Militärdienst, jeder Technik, jeder erzieherischen Absicht, jedem Konsum usf. ein schlechtes Gewissen. Auf der anderen Seite ist ja nicht zu leugnen, daß Militärdienst wenigstens der Verteidigung dienen *kann*, daß menschliches Leben *unumgänglich* in die Natur eingreift und daß Kinder Erziehung *brauchen*; und auf diesem Hintergrund gedeutet, schließen jene pauschalen Formulierungen keine Verhaltensweise effektiv aus - sie lassen uns ratlos zurück.

Was dabei auf der Strecke bleibt, ist die eigentliche Funktion moralischer Urteile: zwischen legitimen und illegitimen Fällen von Gewaltanwendung, Ressourcen-Konsum und -Verarbeitung, Autoritätsausübung usw. zu *unterscheiden*. Ein generalisiertes schlechtes Gewissen nützt sich ab und wird unbrauchbar - auch für die Fälle, die es verurteilen sollte. Wo selbst das Unumgängliche unmoralisch ist, da wird Unmoral unumgänglich.

In diesem Sinne kann moralischer Fanatismus in sein Gegenteil umschlagen - in die früher beschriebene Einstellung des »ungerecht, aber nötig«. Ein pauschalisierender Sprachgebrauch, der, ohne auf Widerstand zu stoßen, moralisch relevante Unterschiede einebnet, leistet auch dieser Entwicklung Vorschub.

Im übrigen sollte man die moralischen Langzeitfolgen eines suggestiven Sprachmißbrauchs in allen möglichen Bereichen nicht unterschätzen. Nur einige Beispiele: Terroristen lassen sich »Freiheitskämpfer« nennen; als »Sterbehilfe« soll Tötung auf Verlangen hoffähig werden; amerikanische Fernsehsender führen brutale Grausamkeit unter dem Titel »action and adventure« vor.

Auch Gedankenlosigkeit und Verschwommenheit müssen der Wirksamkeit einer Formulierung nicht im Wege stehen. »Die Betroffenen«, heißt es, »müssen *selbstverantwortlich* entscheiden, was zu tun ist«. Gewiß muß ein Erwachsener, um angesichts von Alternativen (wen immer sie »betreffen«) aktiv zu werden, *selbst* eine Entscheidung treffen, die und deren Folgen er zu *verantworten* hat - auch wenn er sich z.B. beraten läßt. Gemeint ist mit dem Satz jedoch häufig: Über die moralische Qualität der eigenen Handlungen hat einzig man selbst und niemand sonst zu befinden, vor allem, wenn sie das eigene Wohlergehen tangieren. Und Verantwortung hat man angeblich nur *vor* sich selbst - also vor einem vermutlich eher gnädigen Gegenüber!

Lauter Moralverneinung?

Die in den letzten Abschnitten angeführten Beispiele von Erscheinungen moralischen Niedergangs mögen den Eindruck einer etwas einseitigen, pointierenden Auswahl erwecken. Und zweifellos ist dieser Eindruck insofern berechtigt, als wir natürlich Beispiele vorführen, die unsere These belegen: Es gibt in unserer Gesellschaft zusehends Weisen des verbalen und des non-verbalen Verhaltens, die nicht einfach unmoralisch sind, sondern eine Haltung zum Ausdruck bringen, in der sich eine tiefere Ablehnung der Moral selbst anbahnt.

Dabei vergessen wir keineswegs, daß diese Phänomene zwar zum Alltag unserer *Gesellschaft* gehören, diesen Alltag aber keineswegs bestimmen. Viel häufiger, so darf man vermuten, ist das ganz gewöhnliche Böse: ungeplante, aber doch freiwillige Beleidigungen; gleichgültige Rücksichtslosigkeit; achtlose Unterlassung von Hilfe; Mangel an Verantwortungssinn; Lügen aus Mangel an Mut; Ausreden, mit denen man sich über die eigene Unredlichkeit oder Unvollkommenheit hinwegtäuscht; Gewalttaten im unbeherrschten Zorn; und gewiß auch vorsätzliche Verbrechen, die nicht wie Raskolnikows Mord in Dostojewskis *Schuld und Sühne* moralverneinend rationalisiert werden. Und nicht weniger häufig, wenn auch weniger auffällig, ist, so darf man hoffen, das alltägliche Gute: freundliche Worte und Gesten; Ehrfurcht vor Kindern und Geduld mit Greisen; treue Freundschaft; sorgsame Erfüllung unangenehmer, aber notwendiger Pflichten; fraglose Übernahme von Verantwortung; freimütiger Einspruch gegen Unrecht; selbstvergessener Einsatz der eigenen Möglichkeiten für andere ...

Nach diesem Bekenntnis zur Realität normaler Moral und Unmoral möchten wir unserer Sicht der Situation im folgenden Kapitel die Perspektive eines Gesprächspartners an die Seite stellen, der sich zur Frage nach Formen des Moralverlusts in unserer Gesellschaft auf dem Hintergrund fast 50jähriger politischer Erfahrung äußert. Wir lassen damit eine Persönlichkeit des öffentlichen Lebens zu Wort kommen, die auf unsere Fragen nach gegenwärtig verbreiteten Einstellungen zu moralischen Maßstäben antwortet, ohne ihrerseits eine These zum Thema *Moralverneinung* zu vertreten.

2 Vergessene Verantwortung und Modelle der Ermutigung: Gespräch mit Hildegard Hamm-Brücher

2.1 Verlust-Phänomene

Frau Dr. Hamm-Brücher, da das Gespräch mit Ihnen im Rahmen eines Buches mit dem Titel »Ende der Moral?« wiedergegeben werden soll, möchten wir zunächst unser Anliegen noch einmal kurz formulieren. Die Ausrichtung des Ganzen ist konstruktiv; wir vertreten die Ansicht, daß es der Moral durchaus nicht an Rationalität fehlt und daß die Infragestellungen, denen man heute begegnet, nicht unbedingt so wohlbegründet sind, wie sie leicht erscheinen können. Es schien uns aber wichtig, zunächst einmal eine Art Bestandsaufnahme vorzunehmen. Und da kamen wir zu dem Eindruck: Das Problem unserer Zeit besteht nicht einfach darin, daß moralische Normen verletzt werden. Das ist wohl immer so gewesen. Wir denken eher, daß heute grundsätzliche Infragestellungen der Moral verbreitet sind, Infragestellungen etwa aus der Perspektive der Soziologen oder auch bei manchen Philosophen, und daß sich unsere Zeit von früheren Epochen durch die Verbreitung entsprechender Einstellungen unterscheidet.

Zweierlei Infragestellung der Moral

Aber das wäre schon eine Frage, in der Sie vielleicht unserem Eindruck nicht zustimmen.

Ich denke wohl, man muß alles Mögliche immer mal wieder infrage stellen. Aber wenn man die Moral infrage stellte und dabei bliebe, daß sie nichts für uns bedeutet, dann wäre das natürlich schlimm. Man muß immer wieder die Frage stellen: Was bedeutet uns das? Was hat es früher bedeutet - und was muß es uns in Zukunft bedeuten? Aber wenn man dann schließlich nur meint: »Das ist ein alter Hut, den brauchen wir nicht mehr!« - da würde ich ja nun doch nicht ins selbe Horn stoßen.

Uns scheint aber, daß es Varianten dieser Tendenz z.B. bei manchen Sozialwissenschaftlern gibt; und daß man u.U. auch in einer Therapie dazu ermutigt wird, die Moral und ihre Ansprüche als Illusion, als Fehlinterpretation psychischer oder gesellschaftlicher Strukturen zu durchschauen.

Und was will man an die Stelle von - ich will es mal vorsichtig formulieren - Gewissenhaftigkeit setzen?

Es sieht nicht so aus, als wollte man Ersatz anbieten. - Aber zunächst einmal würde uns interessieren, ob Sie selbst denken, daß es in unserer Zeit Erscheinungen gibt, die auf eine radikale Infragestellung des Gewissens oder der Moral hinauslaufen, Erscheinungen, die es früher vielleicht nicht im selben Maß gegeben hat.

Nun, ich beginne erst jetzt, in meinem dritten Lebensabschnitt, mich etwas genauer darüber zu orientieren, was in Philosophie und Soziologie so »en vogue« ist und was diskutiert wird. Ich kann da also nur passen und sagen: Ich weiß es nicht.

Verweigern der Verantwortung ...

Was ich weiß, das weiß ich eigentlich nur aus dem eigenen Umfeld, in dem ich jetzt so lange gelebt und gearbeitet habe. Und da ist der Verlust enorm - der Verlust an Bereitschaft, außerhalb des eigenen Beritts noch irgendwelche Verantwortung zu übernehmen. Der Verantwortungssinn ist einer völligen Beliebigkeit, einem Opportunismus in der Verfolgung eigener Interessen gewichen.

Jetzt muß ich etwas weiter ausholen: Ich konnte Berge von Archivmaterial, das ich seit 1948 eher zufällig, ohne bestimmte Zielsetzung, aber doch konsequent gesammelt hatte, dem hiesigen Institut für Zeitgeschichte geben. Für beide Seiten war das ein Glücksfall. Dort wurde alles innerhalb von fast zwei Jahren so aufbereitet, daß ich es jetzt zum erstenmal wieder benützen kann, um Dinge nachzusehen.

Handelt es sich dabei um Material aus Ihrer eigenen Tätigkeit?

Ja, aus der eigenen Tätigkeit; mein ganz persönliches Archiv ist sozusagen jetzt benützbar. Und bei meinen Recherchen - das wollte ich eigentlich sagen - ist mir aufgefallen, wie sehr ich nach 1945 darunter litt, daß wir uns nicht in das vertieften, was da in den Jahren zuvor passiert war. Wir haben nicht ernsthaft mit uns selber gerungen. Gerade die anfängliche Verdrängung war so schlimm.

Natürlich wußte man auch noch nicht so viel. Und man hatte keine Vorstellung davon, wie lange uns das noch beschäftigen und immer wieder beschäftigen würde. Aber die Art und Weise, wie das Gewesene verwischt wurde! Anscheinend hatte niemand das Gefühl: Das hat auch mit dir und deinem Leben zu tun gehabt, mit deinem Wegsehen usw.

Das also hat mich ungewöhnlich irritiert. Und vielleicht ist das Absacken in moralische Gleichgültigkeit, das wir erleben, teilweise darauf zurückzuführen, daß wir nach 1945 die Besinnung auf die eigene Verantwortung versäumt haben - von bestimmten Bevölkerungsschichten abgesehen, die das Thema dann ab Ende der 60er Jahre entdeckt haben, die sozusagen eine Pflicht darin sahen, das Versagen aufzuarbeiten und die eigenen moralischen Werte daran zu überprüfen.

Man kann die Besinnung, die ich meine, nicht von jedem erwarten. Aber man muß sie von Menschen erwarten, die irgendwo bei uns Verantwortung übernimmt. Als ich mich in den 80er Jahren im Bundestag für die Opfer sozialer Verfolgung im Dritten Reich zu interessieren begann - für die Zwangssterilisierten, die Angehörigen von Euthanasieopfern usw. -, da erschütterten mich die Reaktionen der Befragten. Ich erkundigte mich z.B. nach den Schicksalen der Fremdarbeiter in den Großbetrieben der Industrie zur Zeit des Zweiten Weltkrieges. Welche Gleichgültigkeit in den Antworten, welch umwerfende Ignoranz - auch heute noch bei Konzernen wie IG Farben, Bosch oder Krupp.

Man sagt: Wir können nicht immer im Büßergewand herumlaufen. Aber darum geht es eigentlich nicht. Es geht darum, daß wir wirklich mit allen Kräften, die uns zu Gebote stehen, versuchen, uns der eigenen Vergangenheit zu stellen und Folgerungen zu ziehen: Was ist zu tun, damit das Schreckliche sich nicht wiederholt? Wenn wir unsere Geschichte und unsere Gegenwart nicht in dieser Weise miteinander konfrontieren, dann entsteht eben eine so schludrige Politik, wie wir sie betreiben.

Ein Beispiel: das Gewissen des Abgeordneten

Könnten Sie diesen letzten Punkt erläutern? Vielleicht auch, woran Sie etwa denken, wenn Sie die Tendenz erwähnen, der Verfolgung von Interessen die Bereitschaft zu persönlicher Verantwortung zu opfern. Könnten Sie ein Beispiel nennen?

Ja, ich denke an ein Beispiel, das für mich im Laufe der Zeit ja beinahe ein Dollpunkt geworden ist: In unserem Grundgesetz kommt das Wort »Gewissen« dreimal vor: erstens, wo es um Gewissensfreiheit, Religionsfreiheit usw. geht; zweitens dann bei der Ermöglichung der Wehrdienstverweigerung aus Gewissensgründen; und drittens schließlich ist da der berühmte Artikel 38. In dem steht, daß der Abgeordnete Vertreter des ganzen Volkes ist, daß er an Aufträge und Weisungen nicht gebunden und nur seinem Gewissen unterworfen ist. - Und nun die Art und Weise, wie man so ein Verfassungsgebot überhaupt nicht zur Kenntnis nimmt, wie man ganz eindeutig dagegen handelt! Nicht nur verhält man sich so: es wird auch verlangt und erzwungen. Willst du deine Verantwortung tatsächlich wahrnehmen, kannst du eben kein Abgeordneter sein.

Ich sage Ihnen: Diese Art und Weise, Verantwortung zu unterminieren, ist für mich ein Indiz dafür, daß die moralische Verwahrlosung schon ganz erhebliche Ausmaße erreicht hat. Ich habe mich ja mit der Frage befaßt; ich habe sogar in einem Buch die Protokolle des Parlamentarischen Rates zusammengestellt, die zugunsten der Bindung des Abgeordneten an sein Gewissen ausdrücklich darauf Bezug nehmen, daß sich viele demokratische Abgeordnete im März 1933 für ihre Zustimmung zum Ermächtigungsgesetz auf den Fraktionszwang beriefen. *(Frau Dr. Hamm-Brücher bezieht sich hier auf ihr Buch:* Der Politiker und sein Gewissen, *München 1983.)*

Zu den Vätern des Grundgesetzes gehörten ja noch fast ein Dutzend Leute, die dem Ermächtigungsgesetz zugestimmt und deshalb schwere Gewissensbisse hatten. Auf diesem Hintergrund sagte man: Auf den Fraktionszwang soll ein Abgeordneter sich nie wieder berufen können. Es muß ihm garantiert sein, daß er im Konfliktfall seiner Überzeugung entsprechend abstimmen kann.

Und was ist daraus geworden? Es ist kaum vorstellbar! Man hat die vorgesehene Ordnung verkehrt. Im Grundgesetz heißt es nämlich: Die Parteien sollen mitwirken bei der politischen Willensbildung. Nicht: Sie sollen im Parlament entscheiden und bei Stellenbesetzungen in allen Institutionen und in allen Bereichen ihre Ansprüche anmelden.

2.2 Eskalation des Zynismus?

Man hat also beim Neuanfang nicht sorgfältig darauf geachtet, daß ein paar Grundpfeiler ganz wichtig sind und unentbehrlich für unsere freiheitliche Ordnung. Aus den Irrtümern der Geschichte lernen, wie Popper das immer so schön gesagt hat, bedeutet eben: Konsequenzen ziehen. Nachdem man das nicht geschafft hat, wundert es mich nicht, wenn heute junge Politiker ganz einfach und eiskalt sagen: »Politische Überzeugung? Verantwortung? Das schert mich überhaupt nicht!« Vielleicht sind sie sogar in ihrem stillen Kämmerlein ganz brave Menschen; sie halten sich an Vorschriften dieser oder jener Art. Aber in der Politik? »Da hat das doch alles keinen Platz; da kannst du moralische Maßstäbe vergessen!«

Nicht nur Politiker und Medien ...

Kann es sein, daß sich da eine Art Zynismus breitmacht, der nicht auf die Politik beschränkt ist - so daß man eigentlich sagen müßte: Was Sie beschreiben, zeigt sozusagen im Spiegel einen auch sonst in der Bevölkerung verbreiteten Zynismus?

Sie meinen: In der Politik findet sich sozusagen in der Nußschale, was auch sonst vorhanden ist? Nun, man kann ja darüber rechten, wo so etwas anfängt: Wer induziert wen? Sicher ist jedenfalls, daß eine Wechselwirkung stattfindet und daß die Induktionsschraube immer höher geht. Ich muß nur meinem Volk »aufs Maul schauen« und hören, wie es da heißt: Ja, wenn die Politiker sich selbst bedienen und uns betrügen: warum soll ich denn dann meine Fahrkarte in den Entwerter stecken, und warum soll ich dann bei der Steuererklärung ehrlich sein? - Denken Sie auch an das Ausmaß, in dem sich mittlerweile deutsche Beamte bestechen lassen. Das alles ist ein Zeichen dafür, daß man doch der Frage nachgehen muß: Steuern wir auf ein allgemeines »Catch as Catch Can« zu?

Glauben Sie, daß die Medien bei der von Ihnen erwähnten Induktionsschraube eine bestimmte Rolle spielen?

Natürlich spielen sie bei dieser Induktionsschraube eine zunehmend große Rolle, eine verhängnisvolle Rolle. Andererseits staune ich auch immer wieder: Man bekommt ja inzwischen so viele Programme - wenn man will, kann man immer etwas Gutes finden. Niemand braucht sich von den Medien sozusagen noch die letzten Schamstellen ausradieren zu lassen.

Das heißt: Man sollte nicht einfach die Medien - und natürlich auch nicht die Politiker - dafür verantwortlich machen, wenn sich moralische Gleichgültigkeit breit macht. Andererseits kann man doch den Eindruck bekommen, daß auch die etablierten Sender beispielsweise in ihren Interviews mit Politikern oder in ihren Kommentaren gelegentlich von einem zynischen Unterton nicht weit entfernt sind.

... aber auch Politiker und Medien

Das stimmt schon. Aber wissen Sie, zunächst einmal liegt das Problem darin, daß Reporter von den Politikern verlangen, daß die in einer halben Minute Sachverhalte klären und Position beziehen zu Fragen, die so etwas gar nicht zulassen. Und viele Politiker sind so eitel und so mediensüchtig, daß sie meinen sich produzieren zu müssen, und wenn es nur eine halbe Minute ist.

Wieder eine Induktionsschraube, nicht? Wenn Sie ein erfolgreicher Politiker sein wollen, dann brauchen Sie Medienpräsenz;

sonst haben Sie überhaupt keine Chance. Und Medienpräsenz haben Sie nur, wenn Sie diesen widerlichen verkürzenden und vereinfachenden Fragen von Medienvertretern zu Gefallen sind. Sonst werden Sie nach dem dritten Mal nicht mehr gefragt.

Wenn man so ein alter Hase ist wie ich, dann macht man sich rar. Man kann sagen: »Bei Ihnen nicht; eine Talk Show, in der man sozusagen vorgeführt wird, mache ich nicht mit.« Aber ich kann es mir leisten, nicht? Es gibt manchen Politiker, der kann sich das leider schlechterdings nicht leisten.

Ist nicht oft auch ein hämischer Ton in solchen Sendungen zu hören?

Es gibt beides. Häufig sind Journalisten auch wieder ziemlich servil. Wenn man sieht, wie friedlich manche jetzt mit dem Bundeskanzler umgehen, kann man auch nur staunen. Dieser alten Buckelei steht auf der anderen Seite eine zynische, manchmal sogar blasphemische Frechheit gegenüber, die alles und jedes heruntermacht.

Meinen Sie, man will den Eindruck vermitteln: Wo irgendwelche guten Motive am Werk zu sein scheinen, muß etwas anderes dahinter stecken?

Ja, daß man wirklich etwas tut, weil es einem wichtig ist, weil man sich nützlich machen will usw.: das nimmt einem fast keiner mehr ab. Das stimmt.

Ist das nicht ziemlich verheerend in den Konsequenzen für das Bewußtsein der Bevölkerung?

Ganz verheerend. Aber auch sonst fällt man leicht mit beliebigen Unterstellungen usw. straflos über andere her. Meinen wir das mit »Freiheit«?

2.3   Freiheit ohne Verantwortung?

Ich bin ja im Dritten Reich aufgewachsen, also in totaler Unfreiheit. Ich konnte nicht glauben, was ich wollte. Ich konnte nicht lesen, was ich wollte. Ich konnte nicht die Musik hören, die ich wollte. Ich konnte meine Meinung nicht sagen, es sei denn wirklich ganz Zuverlässigen gegenüber. Ich wurde also von der Unfreiheit geprägt und von der Angst, zu tun, was ich gerne täte. Mit 24 Jahren erlebte ich dann dieses Ende: Befreiung.

Seitdem habe ich die Freiheit als das große politische Ziel, als herrliche, großartige Vision, verstanden. Und darum bin ich auch in eine Partei gegangen, die das in ihrem Namen hatte. Heute würde ich nicht mehr daran denken, in eine Partei einzutreten, die speziell das Wort »Freiheit« in ihrem Namen führt. Nicht, weil ich alt werde; sondern weil die Freiheit heute nicht mehr durch Unfreiheit gefährdet wird, sondern durch Mißbrauch, nicht wahr? Als scheinbar »totale Freiheit« wird die Freiheit dadurch entwertet, daß unter ihrem Deckmantel eine unerträgliche Beliebigkeit der Äußerung, der Darstellung usw. auftritt, gefördert wird und immer weiter expandiert.

Sie sprachen zu Anfang von Verantwortungslosigkeit ...

Man sollte eben das Wort »Freiheit« überhaupt nicht mehr ohne Bezug auf Verantwortung verwenden. Ich bin ja eine große Verehrerin von Dietrich Bonhoeffer, habe ihn auch viel gelesen. In seinen Briefen aus dem Gefängnis gibt es da einen Satz, den ich früher ein bißchen übertrieben fand, mittlerweile aber ganz wichtig finde: »Niemand wird das Geheimnis der Freiheit erfahren, es sei denn durch Zucht«. Das ist ein ganz großartiger Satz. Er sagt nämlich etwas über das Geheimnis der Freiheit. Daß einer, der im Gefängnis sitzt, sich so frei fühlt, und was er da alles gedacht, geschrieben, gebetet hat: das ist ja so unwahrscheinlich, so unwahrscheinlich.

Also: Erziehung zu Freiheit und Verantwortung ist versäumt worden. Außerdem fehlt eben auch das Vorbild, an dem abzulesen wäre, wie man diese Verbindung praktizieren kann.

Ich sehe die Gefahr, daß daran unsere Demokratien auch zugrunde gehen werden. Denn das halte ich für unwahrscheinlich, daß dieser Zustand einer Freiheit ohne Verantwortungssinn von Dauer ist.

Sehen Sie denn Möglichkeiten einer Gegenwirkung gegen die Tendenz, die Sie da beschreiben?

2.4 Signale gegen Resignation und Anpassung

Ach, es gibt ja immer wieder sehr hoffnungsvolle Ansätze. Ich habe gerade am letzten Wochenende wieder so etwas erlebt, bei der Verleihung des Theodor-Heuss-Preises. Nachher sagte ich mir: Wenn wir nur noch mehr solcher kleinen Zellen hätten, in denen sich Menschen zusammenfinden, gegen den Strom schwimmen und Gutes bewirken - glückliche und vergnügte Menschen.

Freie Initiativen ...

Ich habe ja nach dem Tod von Heuss eine kleine Stiftung gegründet. Diese Theodor-Heuss-Stiftung zeichnet jedes Jahr Menschen, die ein Beispiel von Zivilcourage und Einsatz für das Allgemeinwohl geben, mit einem Preis aus. In diesem fünfzigsten

Jahr nach dem Kriegsende, in dem so viele Worte der Versöhnung zu hören sein werden, wollten wir mit unseren bescheidenen Mitteln einmal Taten der Versöhnung auszeichnen. Auf unsere Ausschreibung hin wurden sehr viele Initiativen für die Preisverleihung vorgeschlagen, darunter mindestens zwanzig, die besonders schön und eindrucksvoll waren. Die Auswahl fiel uns auch sehr, sehr schwer. Wir haben dann insbesondere zwei Jugendinitiativen ausgesucht.

Die eine, übrigens aus Rheinland-Pfalz, heißt »Schüler helfen leben«. Es ist unglaublich, was diese netten Jungen und Mädchen über ihre Schülervertretung in den Flüchtlingslagern von Bürgerkriegsgebieten zustande bringen. Und jedes Jahr wachsen Abiturienten nach, die sich dann für ein halbes oder ein dreiviertel Jahr dort in Schulen, Kindergärten, Krankenhäusern usw. engagieren. »So etwas,« möchte man dann sagen, »gibt es eben auch noch.«

Und die zweite Initiative, ebenfalls eine sehr interessante und eindrucksvolle Sache: »Christliche Dienste für Europa«, genauer: ein Unterprojekt dieser Initiative, nämlich ein freiwilliges soziales Jahr in sozialen Krisengebieten Europas, von Nordirland bis Ungarn. Inzwischen ist es übrigens auch als Ersatzdienst anerkannt. Eine junge Frau erzählte davon. Sie war ein Jahr in Nordirland gewesen, noch mitten in der widerwärtigen Zeit des Terrors, als Protestantin im Rahmen eines Qualifikationsprogramms von Katholiken für berufslose Jugendliche. Man versuchte dort, den einen oder anderen Protestanten einzubeziehen, nach Deutschland ins Kolpingwerk zu schicken usw. Es fing klein an, manches ging schief, man gab wieder auf, man versuchte es von neuem. Allmählich wuchs das Verständnis füreinander. - Wer so etwas erleben durfte, ist natürlich in einer wunderbaren Weise startbereit fürs Leben!

... als überzeugende Anstöße ...

Also: es gibt diese Beispiele - danach hatten Sie ja gefragt. Und es gibt sicher mehr davon, als man weiß. Sonst müßte man ja fast verzweifeln, nicht wahr? Es kommt darauf an, solche Initiativen zu ermutigen, sie nicht im Stich zu lassen - das ist sehr wichtig. Im Rahmen der Stiftung haben wir das auch immer nach Möglichkeit getan. Wir haben Menschen und Gruppen, mit denen wir in Kontakt gekommen waren, weiter begleitet.

Würden Sie sagen, daß die Preise der Theodor-Heuss-Stiftung auch die Funktion haben, solche Gruppen ein wenig zum Modell aufzubauen, als Hinweis sozusagen: »Schaut, das gibt es!«?

Ja, es geht uns schon um das Beispielhafte, das Anspornende. Diesmal gab es sogar beim ZDF eine einstündige Übertragung.

Obwohl es ein Samstag war, haben doch viele die Sendung gesehen. Das merkt man jetzt an Briefen und Zuschriften. Auch das Konto der beiden Initiativen ließen wir jeweils ganz diskret einblenden, und so kommen jetzt auch Spenden. Das ist schön. Aber es sind natürlich Tropfen auf heiße Steine.

Was müßte man tun, damit es mehr wird?

Jedenfalls müßte man sich irgendwo engagieren, wo solche Tröpfchen produziert werden. Das würde ich wirklich jedem jungen Menschen raten: sich nicht vereinnahmen zu lassen - weder vom Trend der Verantwortungslosigkeit noch von Resignation. Wer sich darauf einläßt, auch im kleinen Rahmen Verantwortung zu übernehmen, wird nicht so leicht moralisch abstumpfen.

... zu moralischer Wachheit

Das ist eben auch für das eigene Leben die große Gefahr: daß man mit den Wölfen heult und mit dem Strom schwimmt und so seine Integrität einbüßt. Es fängt damit an, daß man gewisse Zugeständnisse macht - aber nur bis hier und nicht weiter. So kann ein gescheiter junger Mensch ganz gut vorankommen; das will ich gar nicht infrage stellen. Aber dann kommt eine Gelegenheit, da sagt man sich: Na ja, so wichtig ist es dies eine Mal nicht. Und dann kommt das nächste Mal, und dann kommt das dritte Mal; ein Kompromiß nach dem anderen - und dann ist man dabei.

Ich habe so viele junge Leute erlebt, die mit dicken Idealen und Vorsätzen in die Politik gingen. Und dann ... Ich habe manchem gesagt: Ja, jeder Politiker muß Kröten schlucken; das bleibt einem gar nicht erspart. Aber man darf nicht jede Art von Kröte schlucken; sonst wird man selbst zur Kröte!

2.5 Moralische Erziehung im Bereich der Bildung

Frau Hamm-Brücher, Sie haben sich doch sehr in der Bildungspolitik engagiert. Glauben Sie nicht, daß man auch über diese Schiene Einfluß nehmen kann?

Erziehung im staatlichen Schulsystem?

Man muß es auf jeden Fall versuchen. Deshalb bin ich eine sehr überzeugte Promotorin von nicht-staatlichen Schulen geworden. Im staatlichen Schulsystem, glaube ich, ist das, was Sie meinen, kaum möglich. Dem stehen allzu oft Beamtenmentalität und ein egalisierendes Reglement im Weg, das jedem Lehrer die Freude daran verdirbt, eigene Verantwortung zu übernehmen. Es fehlt an dem, was die kirchlichen, die Waldorf- und andere freie Schulen zu bieten haben, wenn sie sagen: Den Kindern, die ihr zu uns schickt, versuchen wir auch eine Charakterbildung der-und-der Art zu vermitteln.

Also das Schul-, Erziehungs- und Bildungswesen stärken, das Elternhaus stärken und nochmal stärken! Aber dann brauchen Sie eben auch Lehrer, die nicht nur Unterricht erteilen.

Liegt hier nicht ein wichtiges weiteres Problem? Der Drang zur »Professionalisierung« scheint eine Situation zu festigen, in der man ohne weiteres Lehrer werden kann, solange man nur bestimmte theoretische und unterrichtstechnische Qualifikationen nachweist. Niemand darf sich herausnehmen zu fragen, was für ein Mensch und, insofern, was für ein Erzieher da auf die Kinder einwirken soll.

Ich halte es sowieso für falsch, daß man jemand, der gerade von der Schule gekommen ist und sein Studium absolviert hat, sozusagen gleich wieder in die Schulklasse schickt. Es gab ja Anfang der 70er Jahre mal einen Hamm-Brücher-Plan. Nach diesem Plan müßte jeder, bevor er irgendein wissenschaftliches Studium anfängt, ein Stück praktischer Lebens- und Berufserfahrung hinter sich bringen. Auf dem Hintergrund solcher Erfahrung wüßte er im allgemeinen auch viel besser, was und wozu er studieren möchte. Und wer Lehrer werden möchte, müßte einmal in einem Heim gearbeitet oder auf andere Weise sich erprobt haben: Mag ich Kinder? Was will, was kann ich vermitteln? Bin ich bereit, mich als Mensch einzusetzen, jeden Tag von neuem, usw.? Erst wenn er sich darüber im klaren ist, würde er gegebenenfalls sagen: Ich lehre.

Es ist sehr interessant, daß gerade in diesem Bereich viele frustriert sind. Die Lehrer sind die Berufsgruppe, in der die Frühpensionierung am weitesten verbreitet ist. Gerade sie sind häufig, wie es heißt, »burnt out«.

Denken Sie, daß die Förderung von Privatschulen da helfen würde, was die Eignung der Lehrer für erzieherische Aufgaben betrifft?

Freie Träger statt Strukturreformen

Mir scheinen die Holländer ein Modell dafür zu liefern, wie man heute Schule organisiert. Die haben ein System, in dem neben staatlichen völlig gleichberechtigte nicht-staatliche Schulen bestehen. Natürlich stellt der Staat gewisse Mindestanforderungen an die Lehrerqualifikation, auch an den Lehrplan. Aber der Spielraum für die freie Gestaltung des Weges durch die Schulzeit ist sehr groß. Dabei erhält eine Privatschule pro Schüler auf den Pfennig genausoviel Geld, wie im öffentlichen Schulsystem ein Schüler den Staat kostet. Natürlich dürfen dort die Privatschulen auch kein so horrendes Schulgeld verlangen wie bei uns.

Vielleicht sind in den Niederlanden die nicht-staatlichen Schulen mittlerweile schon in der Mehrzahl. Jedenfalls hat die Abstimmung mit den Füßen eindeutige Ergebnisse gezeitigt: Erstens geben sich jetzt die Staatsschulen viel mehr Mühe als vorher; denn die wollen ja auch noch ihre Klassen füllen, ihre Lehrer beschäftigen usw. Zweitens gibt es einen sehr regen Austausch zwischen privaten und staatlichen Schulen. Freilich haben die Holländer sehr viele konfessionelle Schulen, aber die stehen tatsächlich an der Spitze der Reformen.

Wäre ich heute noch einmal jung und in der Bildungspolitik tätig, dann würde ich nach solchen Wegen der Erneuerung suchen. Mit Strukturveränderungen, mit Eingriffen in die Schulformen - Gesamtschule: ja oder nein? usw. - ist kaum etwas zu bewegen. Veränderungen müssen aus Fragen nach dem Sinn der Schule, des Unterrichts, des Lernens hervorgehen. Und man muß Modelle, von denen man lernen kann, zur Kenntnis nehmen. Zum Beispiel: Wie kann eine schöne Ganztagsschule für Kinder alleinerziehender Mütter oder Väter aussehen?

Integre Menschen zwischen Mitläufern

Frau Dr. Hamm-Brücher, in einer Biographie über Sie steht, daß Sie selbst in der Zeit Ihres Studiums an der Universität München einen akademischen Lehrer hatten, der Ihnen nicht nur Kenntnisse der Chemie vermittelte, sondern auch so etwas wie ein moralisches Modell war. (Ursula Salentin: Hildegard Hamm-Brücher - Der Lebensweg einer eigenwilligen Demokratin, Freiburg 1987.)

Außerdem hat er mir wahrscheinlich das Leben gerettet, mindestens mich vor der Verhaftung bewahrt. Ich gehörte zwar nicht zur Widerstandsgruppe der Weißen Rose. Das war ja ein enger Freundeskreis von Medizinstudenten. Aber ich hatte einen sehr guten Freund aus dem Bach-Chor, der wiederum mit dem ganzen Kreis eng befreundet war. So kam man - z.B. über die Vorlesungen des Philosophieprofessors Kurt Huber, der als Regimegegner bekannt war - doch miteinander in Verbindung, und man wußte voneinander, wes Geistes Kind man war.

Als es dann im Februar 1943 nach der Flugblatt-Aktion zu Verhören und Verhaftungen kam, da tauchte natürlich auch mein

Name auf. Mein Schutzengel hatte dafür gesorgt, daß ich zur Zeit des Geschehens wegen einer Lungenentzündung im Krankenhaus und dann im Sanatorium war. Die Gestapo kam in unser Institut, ins Chemische Staatsinstitut, und erkundigte sich nach mir. Mein Doktorvater, Professor Wieland, erklärte: »Sie ist meine einzige Doktorandin, alle Männer sind im Krieg; wenn sie mir auch die noch wegnehmen, kann ich meine Arbeit nicht mehr tun. Außerdem arbeitet sie täglich 11 bis 12 Stunden hier im Labor; auf andere Gedanken zu kommen, hat sie gar keine Zeit.« Damit war der Fall Brücher abgehakt. Ich wurde allerdings zwangsexmatrikuliert. Ach ja: eine Zeitlang mußte ich auch zweimal die Woche Straßenbahnwagen waschen. Aber mein Doktorvater sorgte dafür, daß ich am Institut weiterarbeiten und schließlich promovieren konnte.

Dieser Professor Wieland, der antifaschistische Studenten um sich sammelte, war ein Beweis dafür, daß man als aufrechter Mensch und mit einer Moral, die von der uns anerzogenen und aufgezwungenen abwich, sehr unbeschädigt durch das Dritte Reich kommen konnte. Zugegeben: er war Nobelpreisträger, ein großer Chemiker; vielleicht hätte man andere nicht so ungeschoren gelassen. Immerhin war so etwas in dieser braunen Münchener Universität doch möglich.

Immer auf dem Prüfstand

Aber einer solchen Möglichkeit kann man sich nicht sicher sein. Man kann so etwas nicht voraussagen.

Man kann es nicht voraussagen, nein, man kann es nicht voraussagen. Und vielleicht sind auch solche Menschen immer nur die Ausnahme.

Mitläufertum ist immer eine starke Versuchung. Aber im Dritten Reich haben doch wohl viele gemerkt, daß das Gewissen nicht so recht mitmachen wollte, daß etwas nicht in Ordnung war, während heutzutage die meisten Leute bei ähnlichen Verhaltensweisen gar keine Gewissensbisse mehr hätten. Vielleicht sehen Sie das aber anders?

Nun, diese Leute stehen ja auch nicht im selben Maße auf dem Prüfstand!

Das kann sich jederzeit ändern.

Das kann sich jederzeit ändern.

Und sind nicht auch viele Situationen unseres Alltags »Prüfstände«?

Ich behaupte ohnehin: Man steht immer auf dem Prüfstand. Es geht nicht gleich um Tod und Leben. Aber es geht doch um Zivilcourage. Und es geht darum: Was machst du aus dir, was vermittelst du deinen Kindern oder anderen Menschen, mit denen du zu tun hast? Man ist eben doch unvermeidlich Vorbild, so oder so.

Wird das nicht so ziemlich überall ignoriert? In der Schule, bei der Lehrerausbildung, von der wir schon sprachen, und auch sonst an den Universitäten?

Daß man das Erzieherische so sehr vernachlässigt! Es ist einfach trostlos. Und wie sieht es dann mit der Bewertung der Schüler aus?

Ein großes Problem im Hinblick auf eine moralische Erziehung ist wohl die Tatsache, daß häufig gerade die Eltern selbst ganz einseitig den Maßstab schulischer Leistungen an ihre Kinder anlegen. Was die Lehrer angeht, war die Wahrnehmung einer Mitverantwortung für den inneren Werdegang ihrer Schüler wohl auch früher eine Art »freiwillige Leistung«. Es hat immer Lehrer gegeben, die das gut machen ...

2.6 Organisierte Stützen

Und eben diese Lehrer müßten viel mehr ermutigt werden. Und sie müßten sich auch irgendwie zusammenfinden.

Wie könnte man das denn institutionalisieren? Können Sie sich so etwas vorstellen?

Knotenpunkte der Vernetzung einsamer Initiativen

Bezogen auf ein begrenztes Thema will ich so etwas demnächst versuchen, und zwar im Zusammenhang der Theodor-Heuss-Stiftung unter dem sehr lapidaren Titel »Die Zukunft unserer repräsentativen Demokratie«. Ich bin darauf gespannt, ob sich da irgendetwas vernetzen läßt. Es gibt jetzt überall so viele Ansätze, die dann wieder scheitern. Aber man versucht es wenigstens. Und wir versuchen es also mit einer Gruppe, die sich unter der Leitung von Professor Andreas Flitner mit Erziehungsfragen beschäftigen soll. Es geht dabei um ein Nachdenken über die Bedingungen für das Zusammenleben in einem freiheitlichen Gemeinwesen.

Mein Traum wäre, mich in dieser dritten Phase meines Lebens noch ein bißchen nützlich zu machen, indem ich diesem oder jenem, der einsam vor sich hinwerkelt, das Gefühl gebe: Man hat ein Forum, da trifft man wieder andere, man tauscht Erfahrungen aus, man kann Gefühle und Gedanken der Verzweiflung, vor allem aber auch der Hoffnung aussprechen und mitbekommen.

Sie finden es also wichtig, dem Gefühl entgegenzuwirken: Ich bin mit meinen Idealen und Bemühungen und Enttäuschungen allein.

Ja, natürlich. Man muß doch wissen: Es gibt da noch diesen Menschen und diesen und diesen ...

Das heißt aber: Wenn Sie von »Vernetzen« sprechen, meinen Sie in erster Linie die Solidarität, die dem einzelnen eine Stütze bedeuten kann, etwa in seinem Bemühen um Werte des guten Zusammenlebens, auch in seinem Einsatz für andere. Das läßt sich doch kaum institutionalisieren?

Ja, gut: Es wäre schon wunderschön, wenn man das Stützende an einer Persönlichkeit festmachen könnte. Der oder die Betreffende würde nicht von einem Büro aus von früh bis spät »institutionalisieren«, wohl aber so etwas wie eine geistige Kraft ausstrahlen, an der man sich ein bißchen orientieren kann.

Noch einmal zur Waldorfbewegung. Das sind ja Leute, die ganz explizit sagen: Wir verfolgen Ziele, die den ganzen Menschen betreffen, grundlegende Einstellungen usw. Wäre das nach Ihren Begriffen eine Form der Institutionalisierung, die dafür sorgt, daß man sich nicht allein gelassen und verloren vorkommt?

Ja, das würde ich so sehen.

Erwartungen an die Kirchen

Oder denken Sie an die kirchlichen Akademien. Ich bin oft bei der Evangelischen Akademie in Tutzing zu Gast. Auch sie ist so ein Kristallisationspunkt, an dem und von dem aus sich Vernetzungen immer wieder von selbst ergeben. Überhaupt hätte die Kirche immer noch unglaublich viele Möglichkeiten.

Und warum bleibt die Wirkung aus?

Ich würde gar nicht sagen, daß sie ausbleibt. Man gibt sich in den beiden christlichen Kirchen sehr viel Mühe. Denken Sie an die Aktivitäten auf Gemeindeebene, an den gemeinsamen, auch ökumenischen Einsatz vieler einzelner. Aber die Akzeptanz läßt nach. Soll die Kirche nun allen nachlaufen?

Die Kirchen haben immer wieder mit Austrittswellen zu kämpfen. Zehrt das nicht auch an der Kraft?

Vielleicht. In der DDR - ich war damals oft im Zusammenhang mit Kirchentagsarbeiten dort - empfand ich es als wohltuend, daß wirklich nur noch die Leute in die Kirche gingen, die ernstlich Christ sein wollten. Und was die Kirchen geleistet haben, ist schon ungewöhnlich - trotz allem, was sich nachträglich auch an Zweifelhaftem herausstellt. Es hat mir sehr imponiert.

Auf jeden Fall sind die Kirchen unter solchen Umständen glaubwürdiger!

Ja, und daran müssen sie sich eben gewöhnen.

"In der Kirche bitte nur die wirklichen, ernstmeinenden Christen!" Das ist durchaus plausibel. Hört sie aber dann nicht auf, so etwas wie ein Sammelpunkt zu sein? Etwa so: Wenn die Leute nicht mehr in die Kirche gehen, dann gehen sie vielleicht statt dessen zu RTL usw. Wo sollen sie nach Orientierung suchen?

Nun, die Kirche soll gewiß offen sein und immer wieder einladen. Aber wenn sie sich allen akzeptabel macht, verwässert sie dann nicht notgedrungen, was sie vermitteln will?

2.7 Faktoren moralischer Erneuerung

Vielleicht sollten wir jetzt noch einmal zurückblicken, ein paar Fäden aufgreifen und dabei die Frage ins Auge fassen: Wo liegen Chancen, moralischem Verfall entgegenzuwirken? Sie nennen Anzeichen eines solchen Verfalls sehr deutlich beim Namen; Sie scheinen aber auch davon überzeugt zu sein, daß es Anlässe zu Hoffnung und Zuversicht gibt. Welche Faktoren sind nach Ihrer Auffassung in der Lage, Verantwortungssinn, politische Wachsamkeit, Zivilcourage und andere Erfordernisse des Zusammenlebens in unserer Gesellschaft zu fördern?

Der Staat?

Wenn wir da noch einmal zum Thema staatliche Bildung zurückkehren: Ist es denkbar, daß der Staat sich wieder stärker an den Werten der Persönlichkeitsbildung und des Zusammenlebens orientiert und diese Werte in den Erziehungsauftrag der Schulen einbaut? Wenn man von den Ideen der Kommunitaristen absieht, setzt sich doch eher der Gedanke durch: Die Gesellschaft ist pluralistisch, sie soll es auch sein; was einer im Leben für wichtig hält, ist seine Privatsache; der Staat muß sich da ganz zurückhalten, Werte und Ziele sind nicht seine Angelegenheit. Müßte aber nicht der Staat im Hinblick auf den Bestand der Gesellschaft für die moralische Erziehung der Bürger etwas tun?

In dieser Frage bin ich sehr skeptisch geworden. Der Staat scheint mir nicht der geeignete Veranstalter für die Vermittlung von Lebensorientierung zu sein. Gewiß, er müßte ein bißchen mehr tun, als er tut. Immerhin sind die curricularen Vorgaben da. Schauen Sie mal rein: Der Bezug auf Werte des Zusammenlebens usw. ist überall drin.

Vielleicht müßte man in manchen Dingen nur das Grundgesetz in Bildung umsetzen?

In manchen Dingen ganz sicher. Denken Sie aber auch an das Lernen aus Beispielen. Ein Lehrer kann z.B. im Hinblick auf Begebenheiten der deutschen Geschichte sagen: So wäre es eigentlich besser gelaufen. Oder: Da sind die Ansätze, die für uns heute wichtig sind. Und so weiter. Daraus könnte man viel mehr machen.

Aber ich komme nochmals darauf zurück: Verwirklichen lassen sich solche Möglichkeiten nur, wenn der Staat tatsächlich im Bildungsbereich die freie Initiative zuläßt, ermutigt und finanziert. Ich war ja selber vier Jahre in Hessen beamtete Staatssekretärin und dann noch einmal drei Jahre in Bonn. In Bonn hatten wir allerdings keine Zuständigkeit, aber ich konnte auch von dort aus mitbekommen und vergleichen, was in den Kultusbehörden vor sich ging. Mein Fazit: Organisierte Reformen richten gegen den »mainstream« nichts aus. Ich behaupte immer: Eine Woche »Erziehung« durchs Fernsehen ist hundertmal stärker als zwei Schuljahre.

Vorbildliche Menschen?

Was also könnte wirksam sein? Vorbildliche Menschen, die in öffentlichen Kontexten eine Rolle spielen und durch irgendeinen Zufall zum Modell werden?

Zunächst einmal: Solche Menschen wirken nicht, wenn sie sich selbst als Vorbilder hinstellen. Und das steht in Spannung zu der heute gegebenen Erwartung, daß man »sich produziert«. Nötig wäre doch, daß Menschen an sich arbeiten, sich auch der Kritik stellen usw.; und dann könnte sich das langsam herumsprechen.

Die großen Idole finden Sie heute bei Fußball, Rock usw. Und es gibt kaum eine Persönlichkeit des öffentlichen Lebens, die persönliche Integrität ausstrahlen und sich als Gallionsfigur in einem guten Sinne eignen würde.

Aber es müssen ja nicht unbedingt sehr bekannte Personen sein. Das Problem liegt eher darin, daß die Bevölkerung gar nicht nach »Idolen« in dieser Richtung sucht.

Ganz so ist es nicht. Wenn ich das sagen darf: Ich durfte immer wieder die glückliche Erfahrung machen, daß viele Menschen sich äußerten, mir auch schrieben, wenn sie etwa im Fernsehen mitbekamen, daß ich bei dieser oder jener Angelegenheit mal aufgemuckt hatte. So etwas kommt also doch auch rüber. Und es ist für mich sehr schön, wenn Menschen es gut finden, daß jemand sich in der Politik ganz gut behaupten kann, ohne dafür Abstriche zu machen wie andere.

Ja, man sagt sich: Das geht also auch. Man muß nicht immer nicken und mitmachen.

Und: Vielleicht kann ich sogar selber auf irgendeinem Gebiet ein wenig davon praktizieren.

Zum Beispiel: Wenn da wieder gestritten wird, will ich doch auch mal Stellung beziehen ...! -. Genau in diesem Sinne sind Vorbilder zweifellos wichtig, wichtiger als Theorien und gute Ermahnungen. Nur leben wir tatsächlich in einer Zeit, in der die Jugendlichen so sozialisiert werden, daß sie den Blick kaum noch in die hier gemeinte Richtung wenden.

Gesellschaftliches Engagement?

Wie sollten sich denn nun nach Ihrer Meinung junge - oder auch ältere - Leute engagieren, die den Mut nicht aufgeben und denen das gute oder wenigstens erträgliche Zusammenleben der Menschen am Herzen liegt?

Heute würde ich niemandem mehr empfehlen, in eine politische Partei zu gehen. Am besten engagiert man sich in begrenzten konkreten Projekten. Nach einer gewissen Zeit kann man sich dann sagen: Dazu hast du etwas beigetragen. In den Parteien werden Sie kaum zu dem Punkt kommen, an dem Sie wirklich einmal Ihrer Überzeugung entsprechend etwas bewirken können. Natürlich muß Politik sich irgendwie organisieren, und so wird es immer so etwas wie »Blutgruppen« politischen Denkens geben. Aber in einer Partei sind Sie eingeschachtelt; Sie werden auf pauschale politische Freund- und Feindbilder festgelegt. Mit denen kann ich mich nicht identifizieren. Was die politische Debatte braucht, ist die Auseinandersetzung zwischen profilierten persönlichen Standpunkten.

Besinnung?

Manchmal ertappe ich mich bei dem Gedanken: Es muß erst wieder etwas ganz Schreckliches passieren, damit wir zur Besinnung kommen; es muß uns schlecht gehen, damit wir merken: Es ist überhaupt nicht selbstverständlich, wenn wir in einigermaßen geordneten Verhältnissen und in Freiheit unser Menschsein verwirklichen können. Aber kann man sich das wünschen?

Daß es überall Menschen gibt, denen es so schlecht geht, und daß dies zum Teil mit Unrecht, mit Mangel an Zivilcourage und aufrechter Gesinnung zu tun hat: diese Erfahrung kann man sich doch per Fernsehen ins Wohnzimmer holen. Wäre das ein Weg?

So wirksam das Fernsehen auch ist: in diesen Dingen wirkt es abstumpfend. Ich weiß noch: Als über die Hungersnöte in Afrika zum erstenmal berichtet wurde - wie sehr hat das die Menschen wirklich umgetrieben. Heute sieht doch keiner mehr hin, wenn da Hunderte von hungernden Kindern sitzen. Oder denken Sie an die Berichte aus Bosnien.

Das Fernsehen ist, glaube ich, deshalb so gefährlich, weil es gerade da zur Abstumpfung führt, wo man aufmerksam werden sollte. Es geht mir ja selbst so. Aber Anstöße zur Besinnung brauchen wir offenbar.

»Common virtues« trotz Pluralismus?

Wir haben das Thema Pluralismus kurz gestreift. Ist es nicht eine Ausrede, wenn man sagt: Wir kriegen die verschiedenen Wertorientierungen in unserer Gesellschaft nicht unter einen Hut; wir können uns eben nicht auf eine gemeinsame ethische Basis verstehen, also müssen wir auch in moralischen Fragen ganz liberal sein. Ist das nicht eine Ausrede? Die Pluralität der Zielsetzungen und Lebensentwürfe ist ja nicht zu leugnen; aber betrifft sie denn wirklich die grundlegenden Erfordernisse des Zusammenlebens?

Auch ich behaupte: Es ist eine Ausrede. Als wären das die Alternativen: entweder rigorose Durchsetzung eines umfassenden Sittenkodex für alle - oder, wenn wir den nicht haben können, überhaupt nichts Verbindliches. Einen Mittelweg zu finden, der durchaus pluralistische Vielfalt, Varianten, Alternativen usw. kennt, aber trotzdem das Zusammenleben in einem Gemeinwesen sichert: das ist das Geheimnis einer funktionierenden Demokratie, nicht wahr?

Sie meinen: Die Beteiligten müssen auf einem gemeinsamen Boden stehen ...

Ja, genau. Im Angelsächsischen hat man diesen schönen Begriff der »common virtues«. Also: Tugenden (das Wort kann man bei uns ja kaum in den Mund nehmen), die verbindlich sind. Vielleicht wäre »common virtues« sogar ein Begriff, der ein bißchen zur Besinnung beitragen könnte. Warum können wir nicht einen Katalog von Tugenden zusammenstellen, die unentbehrlich und daher verbindlich sind? Das wäre doch eine Aufgabe für Sie!

Philosophie?

Wir müssen es uns überlegen! Welche Chancen haben aber nach Ihrer Meinung Philosophen überhaupt, in Fragen der Lebensorientierung, der Moral, einen günstigen Einfluß auszuüben?

Nun, an der Universität gibt es sicher Studentinnen und Studenten, die für Anregungen zum Reflektieren ihrer eigenen Lebensweise und ihrer Maßstäbe offen sind und die ihre Überzeugungen dann auch in ihrem Umfeld selbständig umsetzen. Gewiß spielt die Art der persönlichen Vermittlung gerade bei diesen Fragen eine große Rolle.

Besonders wichtig scheint es mir, den Menschen nicht den Mut zu nehmen. Angesichts trüber Perspektiven neigen gerade junge Menschen, wenn sie nicht ermutigt werden, dazu, sich zu betäuben - mit richtigen Drogen oder womit auch immer.

Und wenn man an Publikationen denkt: was können die nach Ihrer Auffassung bewirken?

Natürlich können sie etwas bewirken. Es wird zwar gegenwärtig in inflationären Mengen publiziert - Lektüre als »fast food«. Trotzdem ist das Publizieren von tiefer gehenden Überlegungen wichtig, damit diese Stimmen nicht in all dem anderen untergehen. Auch wenn man eine kleine Auflage hat. Durch Zufall, durch einen Brief o.ä., erfährt man, daß man da und dort doch etwas in Gang setzt, bewegt oder unterstützt. Ich bin darauf gespannt, von Ihrem Projekt wieder zu hören.

3 Die Relevanz der Reflexion: Philosophische Gewissenserforschung

3.1 Moralphilosophie und Moralverneinung

Im ersten Kapitel haben wir Aspekte der moralischen Situation unserer Gesellschaft beleuchtet und u.a. anhand von Beispielen darauf hingewiesen, daß man in vielen Lebenszusammenhängen einer Tendenz begegnet, Normen der Moral zu ignorieren bzw. mehr oder weniger ausdrücklich und grundsätzlich infrage zu stellen. Die Wiedergabe eines Gesprächs mit Hildegard Hamm-Brücher hat diese Hinweise durch persönliche Beobachtungen einer Politikerin ergänzt, die ein Leben lang ihr gesellschaftliches Umfeld und sich selbst unter die Frage gestellt hat: Wo sind wir in der Gefahr, unsere Verantwortung zu vergessen; wo liegen Möglichkeiten, zur Stärkung unseres Verantwortungsbewußtseins beizutragen? Es scheint uns nicht notwendig, Frau Hamm-Brüchers Gedanken über Gewissenlosigkeit, opportunistisches Mitläufertum, moralische Abstumpfung, Zynismus, Freiheitsmißbrauch usw. ausdrücklich zum Befund des ersten Kapitels in Beziehung zu setzen.

Statt dessen wird es uns nun um die Frage gehen: Gibt es einen Zusammenhang zwischen Entwicklungen der *Moralphilosophie* und Anzeichen von Moralverneinung im *Denken und Handeln unserer Gesellschaft*? Wir wollen philosophische Strömungen kennzeichnen, deren Einfluß man vermuten kann, Aspekte ihrer Rezeption erörtern und die Möglichkeit prüfen, der Moral mit philosophischen Argumenten den Rücken zu stärken.

Wo liegen die historischen Hintergründe der beobachteten Tendenzen zur Moralverneinung? Vermutlich resultiert unsere »ethische Situation« vor allem aus dem Wandel sozialer, ökonomischer und zivilisatorischer Bedingungen. Während wir Historikern und Soziologen bei der Erforschung dieser Ursachen Glück wünschen, dürfen wir uns in den folgenden Ausführungen auf die Vermutung bzw. das Eingeständnis konzentrieren, daß auch die *Philosophie* zur Verbreitung moralverneinender Tendenzen einen Beitrag geleistet hat.

Die Art dieses philosophischen Beitrages läßt sich nicht auf eine Formel wie »Legitimierung« oder »philosophische Grundlegung« bringen. Wohl aber gibt es philosophische Positionen, auf die man mit mehr oder weniger Recht verweisen kann, wenn man eine Abkehr von der Moral zu begründen sucht.

Wir haben nicht die Absicht - und halten es für weder möglich noch nötig -, den Einfluß philosophischer Theorien auf das gegenwärtige Schicksal der Moral im einzelnen zu *belegen*. Leichter als philosophische Ideen lassen sich vermutlich Spuren neuer *wissenschaftlicher* Theorien wie etwa der Evolutionstheorie nach einigen Jahrzehnten als Ingredienzen des Alltagsbewußtseins nachweisen.

Speziell auf dem Gebiet der Ethik muß der Versuch, bestimmte Elemente eines verbreiteten alltäglichen Denkens mit Sicherheit auf ebenso bestimmte philosophische Lehren zurückzuführen, im allgemeinen scheitern. Denn welche dieser Elemente wären ohne einen Bezug auf entsprechende philosophische Auffassungen völlig *unerklärlich*? Zugespitzt formuliert: Um die Entstehung einer Art von Organismus auf Mutation und Selektion zurückzuführen, braucht man Wissenschaft; um dagegen moralische Überzeugungen auf Wünsche, um Werte wie Bescheidenheit auf Ängste und Interessen zurückzuführen: dazu braucht man nicht unbedingt Philosophie.

Dennoch ist es plausibel, auch bei philosophischen Lehren, jedenfalls bei den markanteren, damit zu rechnen, daß sie aus der Höhe von Kathedern und Bücherregalen über verzweigte, aber prinzipiell erforsch- und benennbare Bahnen allmählich durchsickern ins allgemeine Bewußtsein. Philosophische Theorien, vor allem wenn sie den Intellektuellen als potentiell lebenswirksam erscheinen, sind heutzutage Teil der öffentlichen Kommunikation; und die stellt ein Reservoir an Ideen bereit, die der Entfaltung bestimmter Einstellungen im Weg stehen und die Verbreitung anderer begünstigen.

Wenn sich also im allgemeinen Bewußtsein und in seinen Äußerungen im Reden und Handeln eine Abkehr von der Moral abzeichnet, so dürften hier u.a. philosophische Quellen eingeflossen sein. Auch Moralphilosophie wird rezipiert. Und das heißt, daß ihre Ideen in der erwähnten diffusen Weise Tendenzen Vorschub leisten, Anhaltspunkte und Motive liefern, Rechtfertigungen anbieten und vor allem *die Selbstverständlichkeit lähmen, mit der sich eine Gesellschaft gegen das Untergraben tragender Einstellungen zur Wehr setzt.*

Wir werden nicht versuchen, diese Art des Einflusses für einzelne moralphilosophische Ideen nachzuweisen. Und ebensowenig haben wir vor, *alle* Verbindungslinien aufzuzeigen, die hier zu ziehen wären. Vielmehr sollen ein paar markante Beispiele einen Eindruck von den Angriffsflächen der Moral vermitteln, die der atmosphärischen Einwirkung philosophischer Interpretation und Kritik nicht standzuhalten scheinen.

3.2 Philosophische Anstöße

Interpretation und Kritik: Es ist also nicht Kritik allein, wodurch philosophische Theorien die Moral gefährden. Zwar werden die folgenden Abschnitte in erster Linie Positionen kennzeichnen, die die Moral infrage stellen. Aber auch problematische Interpretationen der Moral wie die Absolutsetzung der Gewissensautorität und Kants Moralphilosophie sind hier von Interesse - als Beispiele dafür, wie eine moralbejahende Konzeption praktizierte Moralverneinung bzw. Gegenreaktionen gegen die von ihr vertretene Moral veranlassen kann. Exemplarisch werden drei weitere philosophische Stellungnahmen zur Moral skizziert: die von *Nietzsche* und von *Sartre* sowie der *Utilitarismus*. Auch diese lassen sich im Geflecht zeitgenössischer moralverneinender Ideen wiedererkennen, obwohl sie andererseits als *moral-verwandt* zu gelten haben.

Determinismus

Wenn das Bewußtsein, das eigene Handeln stehe unter einem objektiven Maßstab von Gut und Böse, gegenwärtig schwindet, so dürfte das teilweise auf deterministische Theorien zurückzuführen sein, d.h. auf philosophische Deutungen der *Festlegung* von Natur- und Kulturerscheinungen durch vorausliegende Ursachen. Vor allem zwei deterministische Überlegungen scheinen gegen eine moralische Bewertung des menschlichen Verhaltens zu sprechen:

Zum einen geht man davon aus, daß die Wissenschaften *Gesetzmäßigkeiten* erforschen, die es prinzipiell erlauben, alles zukünftige Geschehen aufgrund der Kenntnis ausschlaggebender Faktoren der Gegenwart vorauszusagen. Insbesondere werden nach dieser Auffassung Neurologen oder Psychologen über kurz oder lang darüber Auskunft geben können, wie ein bestimmtes Individuum sich demnächst verhalten wird oder wie es sich in einer konstruierten Situation verhalten würde.

Zwar ist es fraglich, ob diese philosophische Auffassung Ziele und Kompetenzen der Wissenschaften richtig einschätzt. Auch läßt sich darüber streiten, ob die Wahrheit des Determinismus die Konsequenz nach sich zöge, daß menschliches Verhalten genausowenig moralisch zu beurteilen wäre wie der Ausbruch eines Vulkans.

Dennoch schimmert vielfach in den Medien, beispielsweise »zwischen den Zeilen« der Gerichtsreportagen des Magazins *Der Spiegel*, die Auffassung durch: Eine moralische Beurteilung von

Verbrechen ist unangebracht; denn die »Täter« sind in Wirklichkeit *Opfer* - Opfer ihrer Erbanlagen, des Milieus oder sonstiger Umstände, die sie nicht zu verantworten haben. Unser aller Verhalten ist nach Naturgesetzen durch die jeweilige Verfassung unseres Gehirns, des ganzen Körpers, der Umgebung festgelegt. Wir sind nicht wirklich frei, zu wählen, was wir tun. Moralische Entscheidungskriterien sind daher irrelevant. Niemand ist für sein Verhalten verantwortlich.

Eine zweite deterministische Überlegung betrifft die moralischen Einstellungen selbst. Ihr zufolge sind diese Einstellungen (z.B. die Verurteilung des Mordes) nicht anders einzuordnen als animalische Instinkte (wie etwa die Tötungshemmung). Die einen wie die anderen tragen zum Überleben der eigenen Gruppe oder zur Verbreitung der eigenen Gene bei. Moralische Orientierungen haben sich zwangsläufig durch Sozialisation unter dem Druck und im Interesse der Gesellschaft oder aber im Zuge der Evolution durch die Mechanismen von Mutation und Selektion herausgebildet.

Unsere moralischen Maßstäbe wären demnach durch natürliche oder gesellschaftliche Prozesse determiniert. Als deren unausweichliche Wirkungen können sie offenbar nicht den Anspruch erheben, auf die Wahrheit von Einsichten gegründet zu sein. - Auch hier also deterministische Auffassungen, die zum Grund dafür genommen werden, moralische Forderungen ihrer angeblichen Bedeutung zu entkleiden.

Entlarvungstheorien

Gegenwärtig wird eine Theorie der genannten Art vor allem im Kontext der Soziobiologie artikuliert und spezifiziert: Wie alle anderen Lebewesen ist auch jeder einzelne Mensch durch seine Gene auf Verhaltenstendenzen programmiert, die dem Fortbestand eben dieser Gene dienen. Moralische Normen sind *nichts anderes als* ein koordiniertes Bündel solcher Tendenzen.

»Nichts anderes als«: damit ist das Stichwort gegeben, eine bestimmte Form des Erklärens zu erwähnen, den *Reduktionismus*. Reduktionistisch ist eine Theorie, die einen Bereich unserer natürlichen oder geistigen Welt in der Weise auf einen anderen *zurückführt*, daß sie den Aussagen über den ersten Bereich *keinen anderen Wirklichkeitsbezug* zugesteht als ihren »Übersetzungen«, die den zweiten Bereich betreffen.

Reduktionistisch ist z.B. unsere Physik, sofern sie in diesem Sinne einen Tisch auf Moleküle und diese schließlich auf Elementarteilchen zurückführt. Ob eine solche Reduktion berechtigt ist und was sie gegebenenfalls impliziert, ist eine schwierige philosophische Frage und läßt sich nicht allgemein entscheiden, sondern muß für die jeweilige Theorie geprüft werden. Das gilt auch für reduktionistische Theorien moralischer Normen oder Einstellungen.

»Entlarvungstheorien« nennen wir derartige Erklärungen des Moralischen, sofern sie in ihren Konsequenzen den Respekt, den moralische Normen und moralische Qualitäten genießen, für haltlos erklären, indem sie vermeintliche Werte und unbedingte Geltungsansprüche als - vielleicht komplexes - Resultat trivialer Fakten »entlarven«.

Eine soziobiologische Theorie, der zufolge sich in einer moralischen Einstellung »nichts anderes als« der »Egoismus« von Genen manifestiert, ist von dieser Art. Freilich ist sie nicht die einzige reduktionistische Theorie der Moral.

Auf andere Weise als manche Soziobiologen, aber nicht weniger desillusionierend, sieht beispielsweise Sigmund Freud moralische Maßstäbe determiniert. Seine Psychoanalyse reduziert die Regungen des Gewissens u.a. auf Internalisierungen elterlicher Verbote und Gebote. In ihnen sieht Freud zwar notwendige Bedingungen der Kultur, nicht aber ursprüngliche Äußerungen menschlicher Vernunft.

Als Entlarvungstheorien lassen sich auch manche soziologischen und ökonomischen Erklärungen der Moral betrachten. Wir meinen Versuche, die Maßstäbe von Richtig und Falsch in der system-erhaltenden und -stabilisierenden oder nutzenmaximierenden Funktion sozialer Normen *ohne Rest aufgehen zu lassen*. Ob eine solche Position, wie im Marxismus, gesellschaftskritisch motiviert oder, wie in der Systemtheorie, als bloße Feststellung gemeint ist, ändert an ihrem reduktionistischen Charakter ebensowenig wie die nähere inhaltliche Ausprägung. Ob Moral auf eine Ideologie im Dienst der »Herrschenden«, auf Konformität mit überlieferten Sitten, auf die Idealisierung eigener Unzulänglichkeit seitens der Schwachen, auf langfristig kalkulierenden Egoismus oder auf was auch immer reduziert wird: jedesmal wird der Geltungsanspruch moralischer Normen und die Unabhängigkeit moralischer Motivation eliminiert.

Leugnung der praktischen Vernunft

Indem der Determinismus das Verhalten des Menschen und sein moralisches Urteil als unausweichliche Wirkungen physischer oder auch psychischer Vorgänge darstellt, läßt er uns daran zweifeln, ob die Moral zugleich eine Orientierung an Maßstäben sein könne, die ganz unabhängig von solchen Vorgängen gelten. Indem Entlarvungstheorien die moralische Motivation des

Menschen als Tarnung wesentlich derberer und weniger respektabler Antriebe darstellen, lassen sie uns an der Existenz von übergeordneten Werten und verbindlichen Gründen des Handelns zweifeln. Zu einem ähnlichen Zweifel ist die Philosophie auch auf ganz anderem Weg gelangt: durch Untersuchung der Struktur moralischer Urteile.

Im 18. Jahrhundert stellte der Schotte David Hume die These auf, ein moralisches Urteil sei kein Werk der Vernunft, sondern Ausdruck eines Präferenzgefühls. Denn aus der Feststellung, daß dies oder jenes *der Fall sei*, lasse sich niemals folgern, was *der Fall sein solle*, insbesondere was man tun bzw. unterlassen solle: aus einem Tatsachenurteil folge also nie ein moralisches Urteil. Die Vernunft könne zwar ermitteln, welche Wege zu einem beliebigen Ziele führten; sie könne daher ermitteln, was unter der *Bedingung* einer bereits vorgenommenen Zielsetzung zu tun sei. Sie könne aber das Ziel selbst nicht festlegen; sie könne daher nicht ermitteln und vorschreiben, was man *unbedingt* tun müsse.

Mit dieser These Humes stehen wir an einer weiteren, vielleicht der wichtigsten philosophischen Quelle einer grundsätzlichen Infragestellung der Moral. Humes These fand nicht nur in philosophischen Kreisen viel Beifall und in unserem Jahrhundert manchen Nachhall in verwandten Theorien; sie fand auch Eingang in die Sozialwissenschaften. Hier paßte die philosophische Ablehnung einer objektiven Moral vorzüglich zu einem empirischen Befund: daß nämlich die moralischen Auffassungen unterschiedlicher Gruppen und Kulturen teilweise voneinander abweichen.

Für viele Philosophen ergab sich aus der These Humes die Konsequenz, an die Stelle moralischer Lehren die Reflexion darüber zu setzen, was Moral nun wirklich sei und was moralische Sätze genauerhin bedeuten mögen, wenn sie keine wahren oder falschen Urteile zum Ausdruck bringen. Sie beschränkten also die Moralphilosophie auf Meta-Ethik und begnügten sich damit, die Sprache der Moral zu untersuchen.

Daß moralische Normen unvermeidlich subjektiv und ihre Geltung relativ zur Kultur der jeweiligen Gesellschaft sei, daß es somit hier ein wirkliches Wahr oder Falsch nicht gebe: diese Auffassung ist inzwischen mehr oder weniger zum intellektuellen Gemeingut geworden. Sie wird gefördert durch die Erfahrung eines faktischen Pluralismus der Wert-Überzeugungen in unserer eigenen Gesellschaft, und ihrerseits fördert sie den weiteren Vormarsch des ethischen Pluralismus. Auch hat die relativistische Form von Moralverneinung - u.a. auf dem Weg über die Sozialwissenschaften - Eingang in die weitgehend unausgesprochene, aber um so wirksamere »Weltanschauung« der Medien gefunden.

Vermutlich hat die Philosophie noch auf einem ganz anderen Wege sozusagen unschuldig und wider Willen einen Beitrag zur Abkehr von der Moral geleistet. Die philosophische Tradition betont nämlich die ethische Autorität des Gewissens. Das heißt: Sie erklärt es für richtig, im Handeln dem eigenen Gewissen zu folgen, auch da, wo man sich damit gegen die ganze Umgebung und gegen anerkannte Autoritäten stelle. Selbst dann sei dies richtig, wenn man sich trotz Bemühung um moralische Einsicht in seinem Gewissensurteil irre.

Auf dem Felde der Fertigkeiten und des Faktenwissens ist das anders: Hier *kann* ich mich, wenn ich z.B. einen Auftrag ausführe, auf die Anleitung eines anderen stützen, ohne mir selbst ein Urteil in der Sache zu bilden. Und in vielen Fällen bin ich gut beraten oder gar verpflichtet, so zu verfahren.

Im Bereich der Moral kann niemand mir die Verantwortung abnehmen. Selbst wenn ich mir *raten* lasse, was ich tun soll, stehe ich immer noch unter der moralischen Forderung, einen möglichst *weisen* Ratgeber zu konsultieren und *nach bestem Gewissen* selbst zu entscheiden, ob sein Rat zu befolgen ist.

Der Grund für diesen Unterschied: Was eine erworbene Information oder eine angefertigte Sache wert sind, hängt kaum oder gar nicht von der Selbständigkeit ab, mit der sie erworben bzw. gefertigt wurden. Der (moralische) Wert einer Handlung dagegen hängt von der Gesinnung des Handelnden ab, und daher von den letzten Gründen, die *er selbst* für seine Handlung hat.

Die traditionelle Lehre von der Autorität des Gewissens ist in populären Deutungen auf zweifache Weise mißverstanden und verfälscht worden - beide Male zugunsten einer subjektivistischen Infragestellung der Moral.

Erstens hat man die Stimme des Gewissens als *Quelle* moralischer Erkenntnis behandelt, als wäre sie ein unfehlbares Orakel oder eine mysteriöse Befehlsinstanz, die festlegt, was zu geschehen hat. Man hat die Autorität des Gewissens mit einer wörtlich verstandenen Autonomie verwechselt, etwa in diesem Sinne: *Im Gewissen stelle ich selbst das Gesetz auf, nach dem ich zu handeln habe.* Das »gute Gewissen« selbst ist aus dieser Sicht eine Garantie dafür, daß das Verhalten, auf das es sich bezieht, tatsächlich in Ordnung und sein Gegenteil falsch ist.

Da nun aber das Gewissen in vielen Fragen bei verschiedenen Menschen verschieden reagiert, hätte man es demnach ebensooft mit »wahren« Antworten zu tun, die sich gegenseitig widersprächen. Eine Gewissenserkenntnis jedoch, die einander ausschließende »Wahrheiten« liefert, ist natürlich überhaupt keine Erkenntnis.

Dieser Tatsache kann man vielleicht Rechnung tragen, indem man die Geltung des Gewissensurteils einschränkt auf das jeweilige Subjekt: Mein Gewissen sagt mir nur, was *mir* moralisch erlaubt ist und was nicht; für einen anderen, der in derselben Situation ist wie ich, mag dennoch etwas ganz anderes gelten.

Mit diesem Schritt hat man den Gewissensbegriff auf eine weitere, *zweite* Weise mißverstanden bzw. abgewandelt. Die Tatsache nämlich, daß mein Gewissen sich nur *regt*, wenn *mein eigenes Verhalten* zur Debatte steht, hat man jetzt so gedeutet, als wären seine *Maßstäbe* von rein *subjektiver Geltung*.

Die beiden Mißverständnisse bzw. Umdeutungen zeigen natürlich im alltäglichen Verständnis von Gewissen kein klares Profil. Doch kann man sagen: Wenn heute von »Gewissensfragen« die Rede ist, hat man es weitgehend mit einem Gewissensbegriff zu tun, der in zwei Richtungen strebt: Auf der einen Seite wird die *Autorität* des Gewissens *absolut* gesetzt. Zugleich aber wird die *Geltung* seiner Maßstäbe auf die Lebensgestaltung des *Subjekts* beschränkt.

Es gibt Redewendungen, in denen dieser Begriff von Gewissen besonders deutlich zum Ausdruck kommt. Zum Beispiel: »Jeder muß selber wissen, wie er sich in dieser Frage zu verhalten hat.« Oder: »Sie als Nicht-Betroffener haben überhaupt kein Recht, in dieser Angelegenheit mitzureden.« Oder, frei nach einem Fernseh-Moderator zitiert: »In Fragen der Moral ist jeder sein eigener Experte. Und das ist gut so.« Hier kommt ein Verständnis von Gewissensautorität zum Vorschein, das sich von dem der ethischen Tradition erheblich entfernt hat.

Denn im Rahmen dieser Tradition besagt die Autorität des Gewissens: Mein Handeln soll sich danach richten, was sich *mir selbst* (speziell im Gewissenserlebnis) als richtig darstellt. Ob das Urteil meines Gewissens *tatsächlich* richtig ist, das kann ich natürlich nicht dadurch entscheiden, daß ich mich wiederum auf dasselbe Gewissensurteil berufe. Wie immer das Gewissen zu seinen Inhalten kommt, wie immer es - womöglich anhand vernünftiger Kriterien - moralisch gebildet wird: es ist nicht selbst Kriterium für Gut und Böse.

Die moralphilosophische Tradition läßt dem Gewissen also Spielraum für Erkenntnisfortschritt, Irrtum und Korrektur. Dieser Spielraum wäre auch vereinbar mit einer arglosen Interpretation des Satzes »Jeder muß selber wissen, wie er sich in dieser Frage zu verhalten hat«: *Jeder*, so könnte das ja heißen, *muß sich selbst um moralische Einsicht bemühen und an ihr sein Verhalten orientieren.*

Gemeint ist mit dieser gängigen Redeweise freilich etwas anderes, nämlich: *Das Gewissen des einzelnen ist letzter Maßstab; es läßt sich seinerseits an keinem fundamentaleren Maßstab messen. Gemeinsam überprüfbare Argumente z.B. sind in moralischen Fragen ausgeschlossen.*

Von hier ist es nicht mehr weit zu einer noch radikaleren »Autonomie«. Den Ausdruck »wissen« gebrauchen wir ja auch im Hinblick auf eigene Vorhaben: »Sie wird schon wissen, was sie zu tun gedenkt.« Wenn es also heißt, ein jeder müsse selber »wissen«, wie er sich zu verhalten hat, so sollen wir wohl doch häufig heraushören: *Jeder soll das mit sich selbst ausmachen; vernünftige Argumente gibt es hier nicht, die Entscheidung des einzelnen hat das letzte Wort.*

Sartres Freiheitsforderung

Die soeben formulierte »Gewissensautonomie« ist nichts anderes als die subjektivistische Einstellung zu Werten, die sich häufig auf Humes Verneinung der praktischen Vernunft beruft. Vermutlich gehört jedoch auch Jean-Paul Sartres Existentialismus zu ihrem philosophischen Umfeld.

Anders als Humes Position tritt dieser Existentialismus, der auf viele europäische Intellektuelle stark gewirkt hat, mit moralphilosophischem Pathos auf. Er schreibt dem Menschen unbedingte Freiheit und unvermeidliche Verantwortung zu und fordert ihn zu einer moral-verwandten »authentischen« Lebenseinstellung auf.

Doch ist für Sartre uneingeschränkte Verantwortung nicht damit vereinbar, daß ein Mensch seine Wahlfreiheit irgendwie einengen läßt. So verwirft sein Existentialismus im Effekt die Bestimmung des Handelns durch vorgegebene Normen ebenso wie die Ausbildung von Tugend, jene Disponierung des Charakters, die gutes Handeln sichern soll. Was bleibt, ist grund-lose Entschiedenheit zum hier und jetzt getätigten Entwurf des je eigenen Daseins.

Nietzsches Anti-Ethik

Auch Friedrich Nietzsches »Kriegserklärung« an die Moral übt nach wie vor, weit über Europa hinaus, ihre Faszination auf intellektuelle Kreise aus. Freilich hängt dies damit zusammen, daß sie im Kontext äußerst scharfsinniger und bedenkenswerter Beobachtungen zu Kultur und Kulturverfall stehen. Ablehnung und Verachtung der Moral sind bei Nietzsche offenkundig. Jedoch bekämpft er keineswegs das Erstreben hoher Ziele, sondern *bestimmte Aspekte und Inhalte* der Moral, vor allem »Tugenden« wie Demut und Mitgefühl, deren Hochschätzung nach seiner

Auffassung aus Schwäche und aus Ressentiment gegenüber den wirklich Tüchtigen geboren ist.

Die Moral - genauer: die »Herdenmoral« der Schwachen und Angepaßten, die in den Wertsystemen verschiedenster Kulturen zu finden sei -, diese Moral wird hier, wenn auch in maßlos übertreibender Rhetorik, so doch *mit Argumenten* bekämpft. Auch für Nietzsche gibt es nämlich, »jenseits von Gut und Böse«, noch einmal Gut und Schlecht - das Kriterium, nach dem er auch moralische Normen beurteilt: In Wahrheit *gut* ist die große Tat, durch die der Starke sein Leben verwirklicht und steigert, behauptet und zur Herrschaft bringt. Und das moralisch »Gute« ist insoweit *schlecht,* als es das nicht leistet. Die wahren Werte sind die des Lebens, dessen Wesen Nietzsche als »Willen zur Macht« bezeichnet.

Nur bleibt es hier beim Projekt: Die wahren Werte, die an die Stelle der traditionellen, moralischen treten, sich aber durchaus nicht in ungehemmter Vitalität erschöpfen sollen, müssen erst »geschaffen« werden. Gott, der den Wert der Moral garantieren sollte, ist tot; aber der Übermensch, der an Gottes Stelle tritt und über sich keine Gesetze kennt, ist noch nicht einmal konzipiert.

Vielleicht ist das ja ganz gut so. Aber das Werte-Vakuum, dessen Heraufkunft Nietzsche prophezeite, scheint doch einzutreten. Und so bleibt seine kritische Befragung der Moral eine Herausforderung unserer Kultur und ihres Selbstverständnisses.

Utilitarismus

Der Utilitarismus ist im Begriff, die Gemüter denkender Zeitgenossen zu erobern. Von ihm könnte man sagen: Er droht *an die Stelle* der Ethik zu treten, deren rationalste *Variante* er gerne wäre und zu sein behauptet. Zweifellos leitet sehr viele seiner Vertreter eher so etwas wie ein moralischer Impuls als der Wunsch, die Moral zu verabschieden. Jedoch garantiert die gute Gesinnung leider keine gute Theorie der guten Gesinnung.

Aber was ist Utilitarismus eigentlich? Ist er nicht doch eine Moralphilosophie? - Man könnte das sagen. Aber von der *moralischen* Perspektive unterscheidet sich die *utilitaristisch* inspirierte vor allem in der erstrebten Qualifizierung der Person:

Im utilitaristischen Sinne gut ist der Mensch, der in jeder Situation so vorgeht, daß, soweit er die *Folgen seines Verhaltens* voraussehen kann, in der Welt ein *Maximum an Wohlergehen oder Wunscherfüllung* eintritt. Ein moralisch guter Mensch dagegen bedenkt nicht nur Folgen, sondern praktiziert zunächst einmal *bestimmte Weisen des Handelns*, während er andere unter allen Umständen unterläßt.

So läßt sich beispielsweise, *utilitaristisch* gesehen, einiges zugunsten der *moralisch* ausgeschlossenen Praxis der Römer vorbringen, die einen besiegten Fürsten in der Arena um sein Leben kämpfen ließen; dessen Qual und Unglück wurde durch das Vergnügen anderer »aufgewogen« - wenn nur genügend Schaulustige auf den Rängen saßen. Aktueller ist etwa das utilitaristisch konzipierte Szenario, in dem man 2 Menschen - einen schwer Herz- und einen schwer Lungenkranken - notfalls dadurch rettet, daß man 1 Artgenossen auslost und umbringt, um dessen gesunde Organe zu transplantieren. (»There's value in numbers.« Makaber ist nicht nur das vorgestellte Verfahren, sondern noch mehr die Tatsache, daß es tatsächlich u.a. von dem utilitaristischen »Bioethiker« John Harris in einem Aufsatz mit der passenden Überschrift *The Survival Lottery* vorgeschlagen wird.)

Daß hier der Boden der Moral verlassen wird, liegt auf der Hand. Auch z.B. die öffentlich diskutierte Forderung, unter bestimmten Bedingungen Euthanasie gesetzlich zuzulassen, entspringt utilitaristischem Denken. Ihr stehen tradierte moralische Normen entgegen. Für viele andere praktische Fragen aber weicht die utilitaristische Antwort von der ethischen nicht so offenkundig ab. Und wenn auch der Utilitarismus faktisch eine Weise ist, Moral zurückzuweisen, so doch nicht, ohne andere objektive Normen an ihre Stelle zu setzen.

Rigorismus

Der moral-bedrohende Einfluß einer philosophischen Lehre muß nicht unbedingt darin liegen, daß sie - vielleicht verfälscht, wie die von der Gewissensautorität - in lebenswirksame *Moralverneinung* umgesetzt wird. Denkbar ist auch, daß Moralphilosophie zu einer Färbung der *moralischen Einstellung* beiträgt, die ihrerseits *Gegenreaktionen* auslöst.

So wird insbesondere Kants Moralphilosophie »Rigorismus« zur Last gelegt - wobei dieses Wort eher umgangssprachlich verstanden wird: Moralische Anforderungen im Sinne dieser Philosophie empfindet man als »rigoros« und lebensfeindlich, sozusagen mißgünstig. Sie scheinen für Ausnahmen in besonderen Situationen keinen Spielraum zu lassen, die Freude am Guten ebenso wie das eigene Interesse als »bloße Neigungen« abzuwerten und moralisch gute Gesinnung nur solchen Handlungen zuzubilligen, die aus Pflicht geschehen.

Müssen solche Anforderungen nicht Abwehr hervorrufen? Ist daher nicht die Philosophie, die solche Anforderungen verteidigt und lehrt, selbst schuld daran, wenn die Konsequenz gezogen wird: »Moral - nein danke!«?

3.3 Rezeptionsbefund und Revisionsbedarf

Die angeführten Beispiele deuten darauf hin, daß Philosophen durch bestimmte moralphilosophische Theorien oder durch deren mißverständliche Darstellung zu den moralverneinenden Tendenzen unserer Tage beigetragen haben, deren Zunahme unser Zusammenleben gefährden könnte. Um es etwas böswillig zu formulieren: Einiges spricht dafür, daß es der europäischen Philosophie - lange Zeit nach dem begrenzten sophistischen Experiment - in diesem Jahrhundert indirekt gelungen ist, zur Erschütterung des Glaubens an die Moral, zu Moralverneinung und Moralverlust in unserer Gesellschaft beizutragen.

Da scheint es aus der Perspektive der Moral nicht unfair zu sein, von Philosophen nun auch als tätige Reue einen Beitrag zur Behebung oder doch zur Begrenzung des Schadens zu erwarten. Nach der bedauerlichen Rezeption jetzt, bitteschön, zumindest Revision!

Berechtigte Berufung auf Philosophie?

Freilich ist nicht immer leicht zu klären, ob eine gegebene moralphilosophische Position tatsächlich in populären moralverneinenden Ideen *wiederzuerkennen* ist. Eine breitere Rezeption philosophischer Thesen scheint nämlich mit besonderen »Risiken« verbunden zu sein. Gerade in ethischen Fragen werden Neigungen und Abneigungen eines Menschen, einer Gesellschaft filternd und fälschend an der Gestalt des Rezeptionsergebnisses mitarbeiten. Deshalb ist damit zu rechnen, daß der Beitrag der Philosophen zur praktischen Moralverneinung teilweise als unfreiwillig gelten muß.

Wo sich also moralverneinendes Denken und Handeln auf Philosophie beruft, ist Verschiedenes zu prüfen: Welche moralphilosophischen Auffassungen können wenigstens den Anspruch erheben, qualifizierte Kritik überlebt zu haben und »Philosophie« zu repräsentieren? Welche Autorität, tradierte moralische Maßstäbe infrage zu stellen, sollte man solchen Auffassungen zugestehen? Und natürlich: Sind sie wahr? Aber auch: Inwieweit berufen sich moralverneinende Einstellungen *mit Recht* auf philosophische Positionen wie die unter 3.2 dargestellten?

Diese letzte Frage berücksichtigen wir im folgenden, um Mißverständnisse zu verhindern, nicht um den einen Philosophen vom Vorwurf einer »Anstiftung zur Moralverneinung« freizusprechen und einem anderen den Schwarzen Peter zuzuschieben. Im übrigen soll es hier ansatzweise auch darum gehen, welche

Konsequenzen für unsere praktische Orientierung einzelne moralphilosophische Positionen tatsächlich hätten, welche Autorität und Überzeugungskraft wir ihrem Wahrheitsanspruch zugestehen sollten und in welchen Punkten man heute die Moral gegen einen solchen Anspruch verteidigen müßte - wenn sie sich denn vernünftig verteidigen läßt.

Zur Deutung des Determinismus

Kehren wir also noch einmal zurück zu der Frage: Ist nicht menschliches Verhalten und Bewerten durch gesellschaftliches und natürliches Geschehen so *determiniert*, daß jede moralische Beurteilung des Handelns ausgeschlossen ist? Doch, es ist in dieser Weise determiniert, behauptet man häufig unter Berufung auf deterministische Deutungen jenes Geschehens; und man folgert, daß Moral nichts anderes als eine Illusion sein kann.

Ob jedoch der *Determinismus* als Leugnung menschlicher Freiheit zu verstehen ist und dann auch jede moralische Bewertung einer Handlung ausschließt, hängt ab von Einzelheiten der Ausarbeitung dieser Theorie und ist unter Philosophen umstritten. Insofern ist die populäre Berufung der Moralverneinung auf den Determinismus eine etwas unsichere Sache.

Erst recht jedoch besteht kein Grund zu der Behauptung, Philosophie oder Wissenschaft hätten die Wahrheit des Determinismus nachgewiesen. Philosophen und Wissenschaftler haben *Argumente* für diese oder jene Variante des Determinismus vorgebracht. Aber mit demselben Eifer haben ihre Gegner an der Widerlegung dieser Argumente gearbeitet. Und ein Ende der Kontroverse ist nicht in Sicht.

Daher können wir die pauschale Frage, ob sich die moralverneinende Rezeption des Determinismus wirklich auf Ergebnisse der Philosophie berufen kann, pauschal mit »Nein« und die differenziertere Frage nach unterschiedlichen deterministischen und nicht-deterministischen Positionen und ihren jeweiligen moralphilosophischen Implikationen im Rahmen dieses Buches überhaupt nicht beantworten.

Völlig legitim und vernünftig ist auf jeden Fall der Standpunkt: Einen Grund, an den Forderungen der Moral zu zweifeln, liefert mir der Determinismus nicht. Denn wenn um dessen Begründbarkeit und um seine eventuelle ethische Relevanz seit Jahrtausenden mit subtilen Argumenten gestritten wird, dann ist in dieser Angelegenheit jedenfalls kein Ergebnis so gewiß, daß es die Gewißheit unterminieren könnte, mit der ich mich z.B. immer wieder *vor Entscheidungen gestellt* und *mit unbedingten Forderungen konfrontiert* weiß.

Ebensowenig schlüssig sind die Argumente der Entlarvungstheorien. Sie können hier nicht im einzelnen erörtert werden. Mißtrauisch macht von vornherein die Tatsache, daß allerhand *unterschiedliche* Reduktionen - *soziologische, psychologische, biologische, ökonomische* - in ihrem Anspruch, moralische Überzeugungen wegzuerklären, miteinander konkurrieren.

Nehmen wir aber an, man habe bewiesen, daß die Existenz moralischer Überzeugungen sich, sagen wir, evolutionstheoretisch erklären läßt, daß sie also in einem gewissen Sinn *Wirkung* bestimmter Umstände ist. Auch ein solches Ergebnis würde nicht bedeuten, daß moralische Überzeugungen nicht wahr sein, moralische Normen nicht unbedingt fordern, moralische Motive nicht selbständig sein können. Zum Beispiel wäre das angenommene Ergebnis der Biologie damit vereinbar, daß sich gerade *wahre* moralische Überzeugungen, evolutionsbiologisch gesehen, unter gewissen Bedingungen einstellen und durchsetzen.

Eine Entlarvungstheorie wird freilich behaupten, die Moral sei *in Wahrheit nichts anderes als* genetisches Programm, Erfordernis des Eigennutzes, elterliche Einschärfung o.ä. Solche »Enthüllungen« sollten uns aber nicht mehr beunruhigen als etwa die »Entdeckung«, daß ein Rembrandt-Gemälde *in Wahrheit nichts anderes als* eine bestimmte Verteilung farbiger Flecke auf einem Leinentuch sei. *Selbstverständlich* ist das Gemälde ein Kunstwerk und insofern durchaus *auch* etwas anderes als eine Verteilung farbiger Flecke! Warum sollte nicht ebenso eine moralische - oder sonstige - Überzeugung, auch wenn sie eine kausale Erklärung hätte, wahr oder falsch sein können? Das Gegenteil müßte *bewiesen* werden.

An solchen Beweisen fehlt es. Auch sind Entlarvungstheorien meist, wenn überhaupt, nur für Teile der Moral plausibel. So ist z.B. ein spieltheoretischer Nachweis, daß Moral sich langfristig auszahlt, keine Erklärung für die Anerkennung von Maßstäben der Rücksicht auf *künftige* Generationen. Woher also die Beliebtheit solcher Theorien? - Die Antwort auf diese Frage ergibt sich wohl nicht aus der argumentativen Überzeugungskraft, sondern aus einer merkwürdigen Attraktivität dieser Theorien.

Menschen werden offenbar unter gewissen Bedingungen von Ansichten und Einstellungen angezogen, die der eigenen Würde und Selbstachtung entgegenstehen. So scheinen manche Vertreter der »Neurophilosophie« den Ausdruck »Bio-Matsch« zur Bezeichnung des menschlichen Gehirns zu lieben, um die Entbehrlichkeit des Geistbegriffs und der mit ihm verbundenen Ideen von Rationalität und Würde zu betonen. Entlarvungstheorien manifestieren eine vergleichbare Einstellung.

Der Frage, warum man desavouieren möchte, was den Menschen auszeichnet, muß hier offenbleiben. Liegt die Antwort im persönlichen Bedürfnis, der Enttäuschung durch eigene oder fremde Unzulänglichkeit - vor allem durch unlautere Motive - einen über-subjektiven Status zu geben? Oder darin, daß man nichts Maßstäbliches anzuerkennen gewillt ist, das dem eigenen Herstellen, Kontrollieren und sogar Verstehen entzogen und vorgeordnet ist? Auf jeden Fall scheint die Demontage des Achtung-Gebietenden Anziehungskraft zu besitzen. Und sie dürfte unabhängig von bestimmten Entlarvungstheorien - mit ihrer Unterstützung aber um so mehr - die Moral untergraben.

Im übrigen wird man der Bedeutung dieser Theorien nicht gerecht, solange man ihren Zusammenhang mit einer wichtigen und traurigen Wahrheit ignoriert: In unserem Appell an die Moral und in den Motiven unseres Handelns gibt es ja tatsächlich viel zu entlarven. Wie ähnlich können sich Gerechtigkeit und Geschäftstüchtigkeit sehen! Wie mancher Vorbehalt schränkt die Bereitschaft ein, auf Betrug zu verzichten! Und - wie schwer fällt es uns, solche Schatten der Unmoral in uns selbst zu erkennen!

Um so scharfsichtiger und bereitwilliger werden sie bei anderen erkannt und bloßgestellt. Natürlich hat es seinen Sinn, wenn man z.B. bei Politikern hinter die Kulissen schaut und unredliche Motive nicht vertuscht, sondern aufdeckt - vor allem wenn man die Entlarvung nicht mit Häme, Selbstgerechtigkeit oder fragwürdigen Zielen verbindet, die den rechten Skandal zur rechten Zeit erfordern. Doch schlägt die Strenge des Unterscheidens leicht in unterschiedslosen Zynismus um. Der beunruhigten Aufdeckung einer Verfehlung schließt sich rasch die beruhigende Vermutung an, daß fragwürdige Ziele auch da am Werk sein werden, wo sie sich nicht nachweisen lassen. Damit hat man den Verdacht auf eine Bahn gebracht, die in unserer Gesellschaft bereits dahin führt, daß man mit guten Motiven nicht mehr rechnet, wo etwas augenscheinlich Gutes angestrebt wird.

Darin liegt zweifellos keine Ermutigung zur moralischen Einstellung, sondern eher Beihilfe zum Moralverzicht. Einerseits wirkt es ermüdend, wenn Bemühung um lautere Motive nicht honoriert wird. Und wer andererseits gewohnheitsmäßig Genugtuung darüber empfindet, bei anderen unlautere Motive zu entdecken, wird sich an der eigenen aufrechten Gesinnung nicht mehr lange freuen.

Der Weg von der begründeten Infragestellung einer guten Motivation in konkreten Fällen über unbegründete, sozusagen prophylaktische Verdächtigung bis hin zur pauschalen Leugnung der Möglichkeit praktizierter Moral: dieser Weg wird uns von Entlarvungstheorien geebnet. Diese Theorien verneinen die Moral und zersetzen die Disposition, ihr zu entsprechen.

Zwar leugnen oder »zerdeuten« diese reduktionistischen Theorien die Existenz moralischer Motive *in allgemeiner und grundsätzlicher Weise*; sie begnügen sich nicht damit, den Verdacht der Unlauterkeit *auszudehnen*, sondern erkennen einen prinzipiellen Unterschied zwischen moralisch und nicht-moralisch motivierten Handlungen bzw. Unterlassungen gar nicht an. Diese begrifflichen »Feinheiten« werden aber kaum jemand daran hindern, auch *im einzelnen Fall* für den Zweifel an fremder Tugend oder auch für die Entlastung des eigenen Gewissens in einer Entlarvungstheorie die erwünschte Bestätigung zu finden.

Zur Expansion des Utilitarismus

Ein äußerst virulenter Faktor unserer geistigen Situation ist, wie bereits bemerkt, der Utilitarismus. Er gehört zu den wenigen moralphilosophischen Systemen, die offenbar große Chancen haben, das Denken und Handeln der Menschen nachhaltig zu beeinflussen. Von den philosophischen Strömungen, die wir als moralverneinend einstufen, ist er am deutlichsten konstruktiv.

Daß sich populäre Ideen, etwa im Bereich der Gesetzgebung, zu Recht auf ihn berufen können, hat zwei Gründe: die Unmittelbarkeit seiner Praxis-Relevanz und die Öffentlichkeitsarbeit seiner Vertreter.

Utilitaristen artikulieren ihre Theorie in den Medien kaum weniger offenherzig als in philosophischen und juristischen Fachzeitschriften. Daß ihr Denken plausibel wirkt und - speziell im Bereich der Bioethik - die öffentliche Meinung durchdringt, läßt sich allenthalben beobachten. Auf die europäische Gesetzgebung wird der Utilitarismus wohl zunehmend Einfluß nehmen. Und seine Rezeption entspricht durchaus seiner Intention.

Die Rezeptionsbereitschaft hat sicher mit der bereits erwähnten Tatsache zu tun, daß der Utilitarismus als *ethische* Lehre auftritt, als Systematisierung unserer Moral auf der Basis eines einleuchtenden einheitlichen Prinzips. Er scheint uns vor die Frage zu stellen: Ist es nicht vernünftig, unsere ungeprüften und verzettelten moralischen Intuitionen durch ein allgemeines Prinzip der Maximierung von Wohlergehen zusammenzufassen und zu korrigieren, das doch wohl ohnehin den *rational vertretbaren Kern der Moral* artikuliert?

Im fünften Kapitel versuchen wir u.a. anzudeuten, inwiefern der Utilitarismus unsere Moral nicht korrigierend systematisiert, sondern - soweit er Anklang findet - konkurrierend eliminiert. Die Frage, vor die er uns demnach stellt, müßte so formuliert werden: Ist es nicht vernünftig, die Vielfalt moralischer Normen, die, unabhängig von Umständen diese und jene Verhaltensweise absolut ausschließen bzw. fordern, durch die einheitliche utilitaristische Folgen-Orientierung des Handelns zu ersetzen, die allen Umständen Rechnung trägt? Unsere Überlegungen weisen auch hier auf eine Antwort hin, nämlich: Nein.

Zur Popularisierung des Subjektivismus

Mit wieviel Recht beruft sich populäre subjektivistische Moralverneinung auf philosophische Theorien und Entwürfe, die für die Objektivität moralischer Überzeugungen keinen Platz lassen? Sind nicht diese Ansätze - im Gegensatz etwa zum Utilitarismus - so differenziert und praxisfern, daß sie sich kaum mit alltäglichen Einstellungen berühren können?

Wir fragen zunächst, ob sich der populäre ethische Subjektivismus auf Humes Leugnung der praktischen Vernunft berufen kann. Die Antwort fällt nicht schwer: Wo die theoretische Aussage, daß es über Richtig und Falsch im Bereich des Verhaltens nichts zu wissen gibt, in eine praktische Einstellung umgesetzt wird, die keine Orientierung des Handelns an verbindlichen Maßstäben kennt, da wird die philosophische Theorie gewiß nicht verfälscht. Die Popularisierung tut Hume kein Unrecht.

Auch Varianten seiner Theorie darf der praktizierte Subjektivismus für sich in Anspruch nehmen. Sobald man die Möglichkeit wahrer moralischer Urteile bestreitet, ist es *praktisch* gleichgültig, ob man die Unterscheidung zwischen Gut und Böse Irrtum nennt oder Unsinn, Erfindung oder Ausdruck von Option oder Emotion. In keinem Fall ist die Frage, wie man zu leben habe, eine Angelegenheit des Erkennens; in keinem Fall ist die Antwort ein als Wahrheit vorgegebener Maßstab.

Nicht so leicht läßt sich sagen, wie weit die Rezeption von Nietzsche und Sartre diesen Denkern gerecht wird. Die Intentionen, an denen die Rezeption zu messen wäre, sind in beiden Fällen nicht hinreichend klar. Zudem ist der Niederschlag ihrer Ideen in zeitgenössischen Einstellungen und Tendenzen nur sehr diffus zu greifen. Das hängt aber eben damit zusammen, daß Nietzsches Werk recht unterschiedlich deutbar ist und Sartre das Ideal einer Freiheit, die nichts als die Freiheit selbst zum Ziel hat, nur andeutet.

Jedenfalls ist damit zu rechnen, daß Sartres Existentialismus zu einer geistigen Atmosphäre beigetragen hat, in der man zusehends dazu neigt, sein Leben an nichts und an niemand zu binden. Wo diese Neigung nicht bereits Moralverzicht bedeutet, gehört sie doch zu den Faktoren, die ihn begünstigen. Und sie entspricht dem existentialistischen Freiheitsideal - ob ihre Konsequenzen nun von Sartre intendiert sind oder nicht.

Auch Nietzsche gibt genügend Anlaß, seine Äußerungen in moralverneinendem Sinne auszulegen. Vor allem bleibt im Dunkeln, an welcher Art von Leben, Natur und Stärke die neue, lebensbejahende Wertetafel der Elite sich orientieren soll. Der »große« Mensch experimentiert mit seinen eigenen Möglichkeiten, um sein individuelles Ziel und seine individuelle Tugend allererst zu bestimmen; und unter keinem anderen Maßstab steht das Experiment.

Gewiß, es ist kaum zu vermuten, daß die »rechtsradikalen« Gewalttäter unserer Tage ihre Bereitschaft zum Verbrechen einer eifrigen Lektüre von Nietzsche verdanken, bei dem sie z.B. in der *Umwertung aller Werte* den Satz finden könnten: »Die Schwachen und Mißratnen sollen zugrunde gehen: erster Satz unsrer Menschenliebe. Und man soll ihnen noch dazu helfen. Was ist schädlicher als irgendein Laster - das Mitleiden der Tat mit allen Mißratnen und Schwachen ...«

Immerhin aber handelt es sich bei den Gewalttaten der Rechtsradikalen um eine Form moral-entbundener Dominanz des Stärkeren über den Schwächeren. Ein Zusammenhang zwischen der Häufung dieser groben Verbrechen und einer Atmosphäre, in der unsere Maßstäbe gerechten Zusammenlebens feinsinnig desavouiert werden, ist durchaus plausibel. Denn eines sind die banalen Motive, die der ungerechten Gewalt tatsächlich zugrunde liegen; ein anderes ist der intellektuell vermittelte »Zeitgeist«, ein Dunst der Moral-Enthobenheit oder doch Unentschiedenheit, der von vornherein Entlastungen, Entschuldigungen, Rechtfertigungen verfügbar erscheinen läßt. (Von einer ausdrücklichen Orientierung verbrecherischer Handlungen an Nietzsches »Übermenschen« handelt übrigens der dokumentarische Roman *Zwang* von Meyer Levin, Frankfurt a.M. 1956.)

Obwohl - und weil - bei Sartre und Nietzsche entscheidende Einzelheiten der Absicht in der Schwebe bleiben, dürfen sie bzw. ihre Agenten sich nicht darüber beklagen, wenn man sie für die Idee in Anspruch nimmt, daß es Sache des (authentisch existierenden) Menschen sei, die grundlegenden Werte und damit Maßstäbe, nach denen von Gut und Schlecht im Hinblick auf menschliches Leben die Rede sein kann, überhaupt erst zu »schaffen«. So verstanden, propagieren sie das Ende einer Moral, deren Werte und Forderungen aller menschlichen Setzung vorausliegen.

Auf praktizierten Subjektivismus läuft auch das populäre Mißverständnis der Lehre von der Autorität des Gewissens hinaus: Moralische Fragen sind subjektiv, nämlich unabhängig von Kriterien und Argumenten, zu entscheiden; jede Übereinstimmung im Ergebnis ist eigentlich zufällig. Daß die Betonung der Gewissensautorität in der philosophischen Tradition durch eine solche

Deutung *nicht* vermittelt, sondern verfälscht wird, hat unsere Darstellung schon hinreichend gezeigt. Es ist aber zuzugeben, daß philosophische Richtungen wie der ethische Intuitionismus dem Gewissenssubjektivismus zuarbeiten.

So viel zunächst zur Frage, mit wieviel Recht sich eine populäre subjektivistische Moralverneinung als Rezeption philosophischer Theorien und Entwürfe verstehen dürfe.

Ungeklärt bleiben dabei insbesondere zwei Fragen, die das nächste Kapitel aufgreifen wird: Setzen wir uns nicht *der Autorität und dem Zwang von Besserwissern* aus, sobald wir anerkennen, daß in moralischen Fragen wahre und insofern verbindliche Urteile möglich sind? Und vor allem: Zeigt nicht Humes Unterscheidung zwischen *moralischen Wertungen und Tatsachenurteilen*, daß dem einzelnen Menschen im Bereich der Moral keine Wahrheit darüber vorgegeben sein kann, wie er sein und was er tun soll? Auch auf die *relativistische* Herausforderung werden wir in diesem Zusammenhang eingehen.

Sowohl in der Zurückweisung von Zwang und Paternalismus als auch in der Zustimmung zu Humes Unterscheidung findet der moralische Subjektivismus Bundesgenossen. Im folgenden Abschnitt soll nun noch eine Theorie erwähnt werden, die sozusagen unfreiwillig Schützenhilfe leistet.

Zur Ethik der Übereinkunft

Gelegentlich rechtfertigt sich ein populärer Subjektivismus mit dem Hinweis, moralische Normen seien nichts anderes als *Konventionen*. Auch mit diesem Begriff schließt man an eine philosophische Tradition an - allerdings an eine, die sich selbst im allgemeinen nicht subjektivistisch versteht. Konventionen sind Übereinkünfte, Vereinbarungen, Verträge; und die fragliche Tradition charakterisiert man mit dem Stichwort »Vertragstheorie«.

Was haben Vertragstheorien der Moral mit Tendenzen praktischer Moralverneinung zu tun? Hierzu einige Anmerkungen.

In unserer Gesellschaft scheint an die Stelle der zusehends verfallenden Übereinstimmung in moralischen Urteilen und Haltungen eine ganz andersartige Übereinstimmung zu treten: die gemeinsame Auffassung, eine Suche nach dem moralischen Konsens sei im Grunde der Suche nach dem Mittagsmenü vergleichbar, auf das man sich im voraus zu einigen wünscht, damit beim Betriebsausflug keine Zeit verlorengeht und keine Unzufriedenheit entsteht. Ein solcher Konsens hat rein pragmatischen Sinn; eine Wahrheit, die er widerspiegeln könnte, gibt es im einen Fall so wenig wie im anderen; die Übereinstimmung beruht auf Übereinkunft.

Nun erblicken manche Philosophen in der *Moral* tatsächlich das Resultat einer stillschweigenden Vereinbarung: Wir alle sind Partner in einem Vertrag, der von jedem gewisse Einschränkungen seiner Freiheit verlangt. Jeder profitiert von diesem Vertrag; denn des anderen Freiheitsbeschränkung ist mein Freiheitsspielraum - Sicherung meiner Existenz, meines Eigentums, meines Handelns.

Manche Theoretiker, zu denen insbesondere John Rawls gehören dürfte, wollen am Resultat einer imaginären Vereinbarung, die nicht von individuell bedingten Motiven oder Verhandlungsvor- und -nachteilen bestimmt ist, nur ablesen, was *unter Gerechtigkeit zu verstehen* ist. Sie schließen nicht aus, daß die so ermittelten Grundsätze der Gerechtigkeit jenseits menschlicher Konventionen wahr sind. Dasselbe gilt von einer Vertragstheorie, die behauptet, *die Natur des Menschen verlange*, daß die einzelnen bestimmte gesellschaftliche Strukturen und gegenseitige Rechtsansprüche untereinander vereinbaren bzw. so handeln, als folgten sie einer idealen Vereinbarung dieser Art.

Anders steht es um die Vorstellung, eine stillschweigende, aber *frei gewählte Übereinkunft*, wie sie zwischen *wirklichen* Personen *ausgehandelt* werden könnte, genüge als *Basis* für so etwas wie Moral. Diese Vorstellung ist durch und durch fragwürdig. Und auch wenn sie nicht subjektivistisch verstanden sein will, erlaubt sie doch die Folgerung: »Moralische Normen sind nichts als Konventionen.«

Wie könnte nämlich Übereinkunft, ein »pragmatischer« Konsens, Moral ersetzen oder gar etablieren? So ein Konsens bedeutet ja nicht: Gemeinsamkeit im Festhalten von Maßstäben, deren vorgefundene Geltung unserer Wahl entzogen ist, sondern: Kompromiß im Akzeptieren von Normen, die unabhängig von uns nichts als Optionen sind. Optionen aber *bleiben* sie, auch nachdem wir uns auf sie geeinigt haben.

Können wir denn nicht verbindlich beschließen, daß sie uns binden? Aber was heißt hier »binden«, was »beschließen«? Die *Verpflichtung durch Beschluß und Vertrag* gehört ja selbst zu den Normen unserer Moral. Nun soll die ganze Moral durch einen *Vertrag* ersetzt oder erst etabliert werden. Sind wir an diesen Vertrag gebunden? Der Vertrag sieht u.a. vor, daß Verträge und Beschlüsse binden. Wenn aber diese Verbindlichkeit erst durch den »Moral-Vertrag« *etabliert* wird, wenn unabhängig von ihm noch gar kein moralischer Maßstab gilt: woher nimmt *er selbst* seine bindende Autorität? Nur der Baron von Münchhausen ist in der beneidenswerten Lage, sich am eigenen Schopf aus dem Sumpf ziehen zu können.

Die Anerkennung einer Moral, die einem ausgehandelten Konsens entspringt, wäre tatsächlich Aberglaube - nicht besser, als wenn einer das einmal beschlossene Menü, von allen Umständen unabhängig, als sakrosankt behandelt. Es könnte *zweckmäßig* sein, sich einem pragmatischen Konsens zu unterwerfen und deshalb nicht zu betrügen oder zu verleumden; ein *unbedingtes Erfordernis* wäre so etwas nie - da es sich nicht aus einer Norm ergibt, deren Geltung dem Konsens *vorausliegt*.

Allerdings ist keineswegs sicher, daß ein Verhandlungsergebnis - verbindlich oder nicht - tatsächlich diejenigen Normen zum Inhalt hätte, die wesentlich zur Moral gehören. Wer *verhandelt*, will *seinen Nutzen* eintauschen gegen das, was er zum *Nutzen anderer* zu bieten hat. Mit welchen Normen der »Gerechtigkeit« ist also zu rechnen, wo beispielsweise auch Minderbegabte und Behinderte am Verhandlungstisch sitzen? Mit welchen Gegenleistungen können sie aufwarten?

Angesichts der angedeuteten Probleme von Vertragstheorien mag man sich darüber wundern, daß sie sich gegenwärtig großer Beliebtheit erfreuen. Zwei Gründe lassen sich dafür nennen. Zum einen sind Konsensbildung, Abstimmung, Konvention und Vertrag ja *tatsächlich* sinnvolle Weisen, auf der Basis divergierender Meinungen oder Interessen dennoch zu den notwendigen Entscheidungen zu kommen. Unter Umständen sind sie sogar Erfordernisse der Moral. Aber gerade deshalb ergeben sich nicht umgekehrt moralische Erfordernisse aus solchen Beschlußverfahren. Zum anderen aber dürfte doch eine letztlich subjektivistische Vorstellung von Autonomie die Zustimmung zu Vertragstheorien motivieren: Ist es nicht des Menschen unwürdig, Bindungen zu bejahen, die er nicht selbst in voller Freiheit gewählt hat?

Allerdings ist kaum zu befürchten, daß sich der Aberglaube einer popularisierten Vertragstheorie durchsetzen könnte: Es ist unwahrscheinlich, daß Menschen eine vorgegebene Moral über Bord werfen, um dann einen pragmatischen Konsens tatsächlich als autoritative Instanz zu respektieren. Eher dürfte eine Reduktion von Moral auf Konvention die Berechtigung des subjektivistischen Vorbehalts bestätigen, auch wenn Vertragstheoretiker dies nicht intendieren.

Zum lebensfeindlichen Moralverständnis

Wir kommen abschließend zur Frage nach dem Beitrag der Philosophie zu einem lebensfeindlichen Moralverständnis. So, wie erklärter *Egoismus* als Symptom von *Moralverlust* zu bewerten ist, bedeutet umgekehrt *Moral* einem gängigen Verständnis zufolge vor allem die auferlegte *Einschränkung* eigener Ansprüche, Interessen und Neigungen.

Nach dieser Auffassung werden Gedeihen, Selbstentfaltung und Glück des Menschen, der die Moral bejaht, durch eben diese Moral unterdrückt und vereitelt. Lassen sich in der Gegenüberstellung von Moral und Verfolgung eigener Interessen *philosophische Positionen* wiedererkennen? Und wie sind diese gegebenenfalls zu bewerten?

Zunächst noch einmal zu Nietzsche. Gewiß betrachtet er die Bejahung der tradierten Moral als unvereinbar mit den Werten des kreativen Lebens und der Selbstbehauptung. Zur Moral, die er kritisiert, gehört eine gängige selbstverneinende Sicht ihrer Rolle: *Moralische Normen beschränken meine Handlungsfreiheit; sie verlangen insbesondere, daß ich meine Ansprüche, Interessen und Neigungen altruistisch der Rücksicht auf andere opfere.*

Nun sind vielleicht Begriffe wie *Handlungsfreiheit, Anspruch, Interesse, Neigung* oder gar *Egoismus* viel zu formal, zu prosaisch und selbst bereits zu stark moralisch infiziert, um die neuen Werte des Willens zur Macht zu kennzeichnen, die mit dem Übermenschen zum Durchbruch kommen. Klar ist aber: Diese neuen Werte bedeuten *nicht*: gerechte oder rücksichtsvolle Einschränkung, sondern: ausschließlich an den eigenen Möglichkeiten und Impulsen orientierte Entfaltung des souveränen Individuums.

Zwar können zu solcher Entfaltung auch Verantwortung für andere oder Liebe gehören. Aber beim souveränen Individuum entspringen sie nach Nietzsche ausschließlich der Freiheit inneren Reichtums und dem Wunsch nach Selbstverwirklichung, niemals vorgegebenen Bindungen, Erfordernissen oder auferlegten Pflichten. Insofern kennt dieses Individuum keine wirkliche *Sozialität*. Und deshalb kann Nietzsches Kritik einer Moral, die durch einschränkende Normen gerade diese Sozialität respektiert und befördert, nicht überzeugen.

Dennoch muß sich u.E. eine Verteidigung der Moral genauso *gegen deren »gängiges Verständnis«* richten wie *gegen Nietzsches Anti-Ethik.*

Zweckmäßigerweise tut sie das, indem sie eine Voraussetzung verwirft, die *beiden gemeinsam* ist, nämlich: Moral und Selbstentfaltung seien unweigerlich Gegensätze. Deshalb gilt es im folgenden Kapitel zu zeigen, daß Bejahung moralischer Normen nicht notwendig Nachteil und daß die von Nietzsche gepriesene Stärke und Lebensbejahung nicht notwendig Rücksichtslosigkeit bedeuten.

Auch der schon beschriebene Rigorismus und die Auflehnung gegen ihn beruhen auf einer zweifelhaften Gegenüberstellung. Zu diesem Rigorismus gehört vor allem der Grundsatz: *Eine Handlung aus Neigung ist moralisch wertlos, wenn nicht verwerflich; nur eine (ausschließlich) durch Pflicht motivierte Handlung ist wirklich gut.* Auch hier erscheint Moral als Selbstbeschränkung oder Selbstverleugnung, nicht als Selbstverwirklichung; nur daß nicht der Altruismus, sondern, prinzipieller, »sittliche Pflicht« in meine Entfaltungsfreiheit eingreift. Verständlicherweise tendiert die Auflehnung gegen eine rigoristisch verstandene Moral dazu, allein Interesse und Neigung gelten zu lassen.

Der Verweis auf Kants Moralphilosophie in diesem Kontext ist nicht unproblematisch. Kann man denn sagen, gerade sie erzeuge eine Gegenreaktion gegen ihr eigenes Anliegen? Zweifellos wurde und wird in Deutschland - von der Schule bis zum Schaufenster - keine moralphilosophische Lehre für moralische und sonstige Impulse so stark in Anspruch genommen wie die Lehre vom Kategorischen Imperativ. Und zweifellos verlangt nach Kant die gute Handlung unbedingte und ausschlaggebend motivierende moralische Gesinnung. Zweifelhaft scheint jedoch die Annahme, aus seiner Konzeption ergebe sich, gemessen etwa an der vorgängigen europäischen Moraltradition, ein Übermaß an Forderung und lebensfeindlicher Einschränkung.

Für Kant selber jedenfalls zog die Achtung für das moralische Gesetz so etwas wie Grenzen, innerhalb derer durchaus ein vergnügtes Leben Platz hatte. Sind es nicht in erster Linie bestimmte *Varianten der christlichen Tradition*, die das Leben »moralisieren« und einem Menschen den Eindruck vermitteln können, von unbedingten Geboten und Verboten geradezu umstellt zu sein, so daß er kaum zwei Schritte tun kann, ohne in eine moralische Falle zu tappen?

Dennoch: Kants Theorie der *moralischen Motivation* scheint uns revisionsbedürftig und außerdem schlechte Reklame für ein gutes Leben zu sein. Die Frage, welche Motive man haben dürfe bzw. müsse, um gut zu handeln (vgl. 5.8), bedarf der Neubesinnung nicht weniger als die Frage, welche Gründe man habe, gut zu handeln.

3.4 Chancen des Arguments

Im Maße ihrer Möglichkeiten sollte sich die Philosophie mit zeitgenössischen Problemen der geistigen Orientierung befassen, zumal sie zu deren Entstehung selbst beigetragen hat. In diesem Sinne wollen wir uns mit unseren Überlegungen an dem konstruktiven Beitrag beteiligen, den angesichts einer Krise der Moral philosophisches Denken zu einer vernünftig vertretbaren Orientierung des Lebens leisten kann.

Freilich müssen die Erwartungen an das Eingreifen der Philosophie zur »Rettung« der Moral gedämpft werden. Dafür gibt es verschiedene Gründe, von denen einige sogleich zur Sprache kommen werden. Zu ihnen gehört allerdings unseres Erachtens sicher *nicht* die angebliche »Einsicht«, daß man in so grundlegenden Fragen über einen Pluralismus der Ansätze nicht hinauskomme.

Konkurrenz der Einflüsse

Ein erster Grund, der Philosophie nicht allzu viel zuzumuten, fällt jedem sofort ein: Es ist nicht damit zu rechnen, daß philosophische Überlegungen im Zusammenhang unserer Kultur einen großen Einfluß auf das Denken, vor allem auf das praktische Denken der Menschen nehmen werden - was immer die Gründe dafür sein mögen. Wir lassen allerdings die Frage offen, ob die Ohnmacht der Philosophie (natürlich der guten Philosophie!) in früheren Jahrhunderten weniger zu beklagen war.

Immerhin hat allem Anschein nach *der von Moralphilosophen vertretene Subjektivismus* den bereits erwähnten Einfluß auf das Denken breiterer Schichten doch gehabt. Aber auch *moralbejahende* philosophische Ideen und Systeme haben früher beispielsweise auf dem Weg über das Gymnasium in das Denken einer kleinen, aber einflußreichen Schicht der Bevölkerung Eingang gefunden.

Dieser Weg dürfte heute weniger aussichtsreich sein. Wohl gibt es durch die Massenmedien sogar neue Möglichkeiten ethischer Impulse, die bei manchen Eltern, Lehrern und anderen »Multiplikatoren«, seltener vermutlich bei Jugendlichen, auch ankommen. Aber hier muß die Philosophie mit vielen erheblich stärker strömenden Einflußquellen und vor allem mit den bereits beschriebenen unausdrücklich moralverneinenden Tendenzen konkurrieren. Jedenfalls wäre es Selbstüberschätzung, wollten Philosophen sich von ihren öffentlichen Meinungsäußerungen kurzfristig eine breite Wirkung versprechen.

Erhebliche Bedeutung für das Kräfteverhältnis zwischen unterschiedlichen Einflußquellen und für die Chancen moralphilosophischer Argumentation kommt sicher unserer *Sprache* zu. Wir lernen die Sprache der Moral im Zusammenhang der Erziehung. Wie es hier bereits zu subjektivistischer Verwässerung moralischer Vorstellungen kommen kann, wurde im ersten Kapitel erwähnt.

In dieselbe Richtung wirkt dann auch die ganz andere Erfahrung, daß man offenbar in vielen Lebenszusammenhängen Ausdrücke moralischer Verurteilung einsetzen »darf«, ohne vorwerfbares Verhalten nennen zu müssen. Politische Forderungen und Äußerungen der Unzufriedenheit bedienen sich des

Vokabulars von Recht und Gerechtigkeit mit einer Willkür, die eben dieses Vokabular durch Verzicht auf Kriterien entwertet. Schließlich tragen öffentliche Diskussionen, wie sie das Fernsehen in Talk-Shows vorführt, das Ihre zur Verwirrung des Denkens in Sachen Moral bei.

Hierbei haben wir nicht nur zufällige Ungenauigkeiten im Gebrauch des bewertenden Vokabulars im Blick. Das Problem reicht tiefer und weiter. In Talk-Shows der genannten Art geht es fast immer um mittelbar oder unmittelbar ethische Themen. Die Gesprächspartner haben natürlich Stellungnahmen vorbereitet. Im Hauptteil der Sendung aber werden Argumente ausgetauscht, die erst im Gesprächsverlauf mit Bezug auf vorgetragene Positionen und Argumente entwickelt werden können. Das führt fast unausweichlich dazu, daß undurchdachte, mißverständlich oder unklar formulierte und kaum zu Ende geführte Argumente das Feld beherrschen.

Auch ohne die Frage nach dem Niveau der Beiträge zu stellen, muß man mit ungünstigen Wirkungen auf sehr viele Zuschauer rechnen. Ihnen begegnet hier im allgemeinen »ihr« Paradigma moralischer Argumentation. Und es vermittelt ihnen vor allem zweierlei: 1. So also sehen die Argumente aus, die sich für diese oder jene Stellungnahme in einer ernsten Angelegenheit beibringen lassen. 2. Wenn kompetente Teilnehmer an einer Diskussion (im allgemeinen handelt es sich um Personen des öffentlichen Lebens) in einer solchen Frage nach ein- bis zweistündiger Debatte nichts anderes als die kontroversen Antworten wissen, die sie schon mitgebracht haben, dann können wohl Argumente im Bereich der Moral nichts ausrichten.

Man stellt sich also auf das Muster einer in Wirklichkeit defekten Variante des Argumentierens ein und betrachtet das Hin und Her von Für und Wider als einen Schlagabtausch mit hohem Unterhaltungswert, mit eher persönlich als sachlich profilierten Fronten und vielleicht mit Siegern und Unterlegenen - aber kaum mit Wahrheitsbezug.

Auf dem Hintergrund der skizzierten Argumentations»kultur« ist nicht damit zu rechnen, daß philosophische Analysen und Argumente ohne weiteres auf die Bereitschaft zu Geduld, Genauigkeit und Wahrheitssuche stoßen, die man braucht, um wichtige Unterscheidungen zu treffen und einem vorgebrachten Gedankengang bis zum Ergebnis zu folgen. Für Philosophen natürlich um so mehr Grund, sich zu Wort zu melden und das Aufnahmeverhalten ihres Publikums zu berücksichtigen, ohne sich von ihren Maßstäben der erforderlichen intellektuellen Redlichkeit und Genauigkeit etwas abhandeln zu lassen.

Es gibt einen zweiten, ebenfalls einfachen Grund, der Zuversicht, daß Philosophen uns in ethischen Fragen den richtigen Weg zu weisen wüßten, zur Zeit mit einigem Pessimismus zu begegnen. Denn zum großen Teil sind diese Philosophen selbst nicht davon überzeugt, daß es *wahre* moralische Urteile im Sinne der tradierten *Moral* gibt. Die heute betriebene Meta-Ethik muß weitgehend als moral-neutral, wenn nicht -verneinend, bezeichnet werden, der Utilitarismus als moral-ersetzend und in manchen Bereichen -zersetzend.

Zwar hat »angewandte Ethik« Konjunktur: Moralphilosophen befassen sich nicht mehr nur mit der Analyse moralischer Urteile, sondern vermehrt mit der Beantwortung moralischer Fragen. Häufig geht es dabei um Gebiete wie Ökologie oder Gentechnologie, Gebiete der Sozialethik also, deren Probleme erst in jüngerer Zeit entstanden oder zum Bewußtsein gekommen sind. Die Bemühung um diese Probleme ist zu begrüßen.

Doch bleibt dabei der Status der normativen Vorgaben häufig in der Schwebe. Dies scheint erträglich, wo man auf diese oder jene mehrheitlich akzeptierte Zielvorstellung zurückgreifen kann. Hingegen haben moralphilosophische Argumente geringere Chancen, wo sie an die Bereitschaft des Adressaten appellieren müssen, sein Leben an verbindlichen Maßstäben zu orientieren, an Maßstäben also, deren Geltung er weder selbst bestimmt noch an Bedingungen knüpfen kann.

Die Aufgabe wäre hier, zu zeigen, daß generelle Skepsis gegenüber der Moral und ihren Normen unbegründet ist. Ist aber die Lösung dieser Aufgabe von Moralphilosophen zu erwarten, die selbst der Meinung sind, moralische Urteile seien weder wahr noch falsch, sie drückten nur Empfindungen, Empfehlungen, Optionen, Entschlüsse oder Imperative des urteilenden Subjekts aus? Oder sollen sich andererseits für die Moral Utilitaristen engagieren, die unter dem Vorzeichen rationaler *Rekonstruktion* in Wirklichkeit die *Substitution* moralischer Maßstäbe betreiben?

Da Subjektivismus und Präferenz-Utilitarismus heute als »herrschende Lehren« zu gelten haben, besteht die Gefahr, daß den Bock zum Gärtner setzt, wer angesichts der Ausbreitung praktischer Moralverneinung nach Stützung der Moral durch moralphilosophische Argumente ruft.

Aufgaben

Auf die Gefahr hin, als brave Schafe zu gelten, rechnen die Autoren dieses Bandes sich jedenfalls nicht den moralphilosophischen

Böcken zu. Sie unternehmen den Versuch, die im Namen der Philosophie oder anderweitig vertretene Moralverneinung als philosophisch haltlos zu erweisen und für Moral mit Argumenten zu werben.

Um sich mit dieser Aufgabe nicht zu übernehmen, erlauben sie sich, ihre Erörterungen auf Bereiche und Themen zu konzentrieren, die im Zentrum verbreiteter Vorstellungen von Moral stehen. Insbesondere werden diese Erörterungen die Ausrichtung des Verhaltens am Wohle anderer in den Mittelpunkt stellen, nicht die Verhaltensregulierung im eigenen Interesse; sie werden häufiger am Begriff der Norm als beispielsweise an dem der Tugend ansetzen.

Damit ist auch schon eingeräumt, daß wir Moral durchaus zunächst als ein System von Forderungen, von allgemein verbindlichen Geboten und Verboten also, in den Blick nehmen und die Bedeutung moralischer Phantasie und persönlicher Ideale schweren Herzens vernachlässigen. Allerdings hat Kapitel 2 Qualitäten wie Verantwortungssinn und Zivilcourage ins Spiel gebracht; und Kapitel 4 wird im Sinne eines weiteren Moralbegriffs von Maßstäben des gelungenen Lebens handeln.

Noch eine Einschränkung: Nicht die sozialethische, sondern die individualethische Betrachtung der Ermöglichung menschlichen Zusammenlebens wird im Vordergrund unserer Argumente stehen. Darauf spielt bereits das Vorwort dieses Buches an, das die Moral gegen Ansprüche der »neuen Ethik« in Schutz nimmt.

Wohl stehen wir vor globalen Problemen der Zivilisation: Probleme der weltweiten Überwindung von Krieg und organisiertem Verbrechen, der Energieversorgung und Ernährung, der Bekämpfung von Armut und Krankheit, der Genmanipulation, der Erhaltung von Klima und Umwelt, der Technikfolgenabschätzung usw. Und diese Probleme sind keineswegs moralisch unerheblich. Im Gegenteil: Gerade weil die Menschheit vor so großen, entmutigenden und vielfach nicht unmittelbar erlebbaren Problemen steht, sind individuelle Gewissensbildung, Kooperationsbereitschaft im gemeinsamen Interesse und Überwindung von Egoismus um so dringlicher, vor allem - aber nicht nur - bei denen, die in den genannten Bereichen ganz spezifische Verantwortungen tragen.

Gewiß, die Wirksamkeit der vielen guten Willen setzt hier häufig überindividuelle gerechte Zielvorgaben, weltweite Koordination und Mechanismen der Durchsetzung voraus. Solche Themen der Sozialethik und der Politik sind übrigens nicht völlig neuartig. Sie verweisen auf Vorläufer - von der Landvermessung nach den alljährlichen Nil-Überschwemmungen im alten Ägypten bis zu den völkerrechtlichen Vereinbarungen unseres Jahrhunderts. Vor allem aber ersetzt natürlich die - sicher dringend nötige - Lösung der angedeuteten kollektiven Aufgaben in keiner Weise die persönliche moralische Orientierung hier und jetzt.

Freilich haben unsere Argumente zugunsten einer solchen Orientierung nicht das Ziel, *Moral zu begründen*. Jede derartige Zielsetzung beruht nach unserer Auffassung auf einem Mißverständnis. Sie ist sogar mitverantwortlich für die Krise der Moral; denn jeder gescheiterte Versuch, Moral zu begründen, läßt sich ihrem Geltungsanspruch entgegenhalten.

Die Behauptung, Moral sei nicht durch Philosophie zu begründen, mag für den philosophischen Laien verwunderlich und für den professionellen Philosophen anstößig klingen. Wir werden jedoch in Kapitel 5 unsere Auffassung begründen, daß die Philosophie bestehende Fundamente einer Verhaltensnormierung zwar - je nach deren Qualität - erschüttern oder aber verteidigen kann und soll, daß es hingegen nicht ihre Aufgabe ist, sie neu zu bauen.

Argument und Analyse müssen deshalb zeigen, worin denn Moral tatsächlich gründet, wenn sie nicht auf Gründen beruht, die sich philosophisch aufweisen lassen. Dabei wird sich herausstellen: Moralische Urteile sind grundsätzlich wahrheitsfähig; gegen Argumente zugunsten dieser oder jener Variante von Moralverneinung läßt sich Moral durchaus mit Argumenten verteidigen; und wenn sie auch als ein Ganzes nicht begründbar ist, so läßt sie sich doch genauso vernünftig vertreten wie andere, üblicherweise unbezweifelte Systeme von Überzeugungen.

Verzicht auf Vernunft?

Wenn wir die Suche nach einer philosophischen Begründung der Moral für einen Irrweg halten, so weisen wir damit keineswegs den *Impuls der Aufklärung* zurück, die nach einer solchen Begründung fragt. Diesem Impuls, die eigene Überzeugung und Lebensausrichtung nicht bloßer Tradition, sondern eigener Vernunft und Einsicht anzuvertrauen, begegnen verständlicher *Widerstand* und verständliche *Skepsis*. Beide Reaktionen sucht unsere Position zu überwinden.

Widerstand leistet man im Namen und zugunsten der Tradition. Denn diese Tradition ist gefährdet, sobald die Vernunft deren Inhalte sozusagen auseinandernimmt ohne jede Garantie, sie wieder zusammensetzen zu können. Im Bereich der moralischen Tradition ist Humes Leugnung der praktischen Vernunft ein Beleg für diese Gefahr.

Ein Konflikt zwischen selbstverständlicher Tradition und kritischer Reflexion ist nur durch die Einsicht zu lösen, daß die

Ansprüche der beiden voneinander *getrennt* werden. Jede *Vernunftbetätigung* bedarf des Ausgangspunkts, den sie nicht zugleich begründen kann, während sie anderes auf ihn zurückführt. Der *Tradition* verdanken wir solche unentbehrlichen Ausgangspunkte. Wie aber ist zu entscheiden, wo die Grenze verläuft und welche Ansprüche im jeweiligen Fall zu Recht bestehen? Das ist *wiederum Sache der Vernunft* - und *nicht der Tradition*. Nur Aufklärung kann die Aufklärung aufklären über ihre eigenen Grenzen und dann sogar als Anwalt der Tradition auch deren Ansprüche vertreten.

Und nun ein Wort zur *Skepsis* gegenüber der Aufklärung. Hinter ihr steht nicht Tradition, sondern enttäuschte Liebe: Enttäuschung darüber, daß die in der Moderne angestrebte »Letztbegründung« menschlichen Wissens und Wollens mißlingt. Typisch für diese Skepsis ist heute ein Denken, das sich selbst als postmodern bezeichnet: Den von Descartes begonnenen »modernen« Weg der Kritik und der Neu-Begründung ist dieses Denken nachgegangen bis zu dem Punkt, an dem sich anscheinend herausstellt, daß alle Begründungsversuche schlußendlich scheitern, weil sie irgendwann von vernichtender Kritik oder von der Frage eingeholt werden »Und wie ist diese Begründung wiederum zu begründen?« Die Skepsis resigniert - aber nicht zugunsten der bloßen Tradition, sondern zugunsten des prinzipiellen Pluralismus: *Anything goes*. Womöglich können wir aus der Not sogar eine Tugend machen: Zwar läßt uns die begründende Vernunft im Stich; aber es geht auch ohne sie - vielleicht sogar besser! Ist jeder Ansatz gleich wenig wert, dann eben auch gleich viel!

Diese postmoderne Skepsis versäumt zu fragen, *warum* denn Letztbegründungen nicht funktionieren und *wo* die Möglichkeiten weiterer Begründung notwendig an ein Ende kommen. Wenn diese Fragen beantwortet sind, zeigt sich um so deutlicher, was Vernunft und vernünftige Begründung für unser Leben wirklich leisten können.

Wenn die Moderne überspannte Ambitionen umfassender vernünftiger Begründung hervorgebracht hat, so ist es doch wieder die Vernunft, die das Scheitern der Ambitionen und seine Gründe feststellt. Und dieselbe Vernunft erlaubt uns, skeptische Konsequenzen aus dieser Feststellung zu überwinden.

Freilich scheint die nötige Bescheidenheit der philosophischen Ansprüche schwerzufallen. Außerdem neigt man dazu, den ein für allemal überzeugenden *Überblick* zu suchen. Den versprechen heute Diskurs-Ethiken, politische Gerechtigkeitstheorien, utilitaristische und andere moralphilosophische *Systeme*, die mit plausiblen Prinzipien die Unübersichtlichkeit der Moral zu bändigen scheinen. Allerdings entfernen sie sich auf diese Weise sowohl von den wirklichen Grundlagen als auch von den Inhalten unserer moralischen Überzeugungen.

Unter diesen Umständen bedarf es bei Philosophen und philosophisch Interessierten einer Art Bekehrung: Wir müssen dem Zauber der Systeme zunächst einmal abschwören und uns auf den scheinbar naiven Weg einlassen, die tatsächliche Rationalität der tatsächlichen Moral zu untersuchen.

Skepsis und Moralverneinung erweisen sich dann keineswegs als unerbittliche Konsequenzen aus einer philosophischen (oder sonstigen) Kritik der Moral. *Insofern* wenigstens kann von einem Ende der Moral keine Rede sein. Dies zu zeigen, scheint uns wichtig, besonders wenn *Abkehr von ihrem Anspruch* zum Trend der Zeit gehört, wenn die moralverneinende Praxis sich durch Theorie zu legitimieren sucht und wenn solche Theorie den weniger »fortschrittlichen«, aber denkenden Zeitgenossen verunsichert. Moralische Überzeugungen brauchen Maßstäbe der Rationalität nicht zu fürchten. Dies sollen die beiden folgenden Kapitel im Blick auf exemplarische Infragestellungen zeigen.

4 Besser leben ohne Moral? Argumente gegen gängige Argumente

4.1 Die Frage nach dem guten Leben

Worin ein gutes Leben besteht und wie man dementsprechend sein Leben einrichten soll: diese Frage ist offensichtlich alles andere als das typische Gesprächsthema unserer Zeit. Wir haben es vielfach aufgegeben, ernsthaft darüber zu diskutieren, laut oder auch nur leise darüber nachzudenken, was ein gutes, ein gelungenes Leben auszeichnet.

Das heißt nicht etwa, daß über derartige Fragen nicht trefflich zu streiten wäre, ja es heißt noch nicht einmal, daß darüber nicht gelegentlich heftig gestritten würde. Es heißt nur, daß wir offenbar von derartigen Auseinandersetzungen nicht mehr viel erwarten, jedenfalls keine überzeugenden und über den Augenblick und die beteiligten Personen hinaus gültigen Antworten.

In Fragen der Moral sind wir unsicher geworden - unsicher nicht nur, wie gute Antworten aussehen könnten, sondern vor allem unsicher, ob es richtige und also auch weniger richtige und falsche Antworten überhaupt gibt. Wenn nun moralische Normen in diesem Sinne zweifelhaft sind, zugleich aber in unsere Entscheidungsfreiheit eingreifen, indem sie das am eigenen Interesse orientierte Handeln einschränken: dann stellt sich doch die Frage, ob es uns ohne die überkommene Moral nicht besser geht als unter ihrem ebenso einschneidenden wie fragwürdigen Anspruch.

Moral im weiteren Sinne

Aus Gründen, die uns noch beschäftigen werden, soll in diesem Kapitel von »Moral« vorwiegend in einem weiten Sinn die Rede sein. Fragen der Moral in diesem Sinne lauten nicht nur, z.B.: Was gehört zu den Pflichten jedes Menschen? Darf man gelegentlich lügen? Sondern auch: Wie soll man sein Leben führen? Worin besteht ein gutes, gelungenes und glückliches menschliches Leben? Was sind hilfreiche Bedingungen oder notwendige Voraussetzungen für ein solches gelingendes Leben?

Viele neuere Moralphilosophen seit Kant würden einen solchen Wortsinn nicht akzeptieren. Sie würden nur die Frage nach Pflichten, nach dem, was man tun oder lassen soll, als moralische Frage akzeptieren.

Der weitere Sinn von »Moral« hat allerdings Tradition und ist durchaus plausibel. Er beruht darauf, daß man ganz grundsätzlich und allgemein nach letzten Orientierungspunkten für das Leben fragen kann. Und auf diese Frage antworten nicht nur Verpflichtungen, sondern auch bewährte Lebensmuster, Glücksvorstellungen und Ideale.

Subjektivistische Antworten

Wenn wir in unserem moralischen Denken Kinder unserer Zeit sind, dann weniger hinsichtlich der faktisch wirksamen oder vertretenen Werte und Normen als vielmehr hinsichtlich unserer Bereitschaft, die eigenen moralischen Überzeugungen als kulturbedingt oder als individuelle Besonderheiten zu betrachten und zur Disposition zu stellen: Jeder lebt, wie er es - mehr oder weniger zufällig - für richtig hält.

Allgemeine oder grundsätzliche Orientierungen sind offenbar nicht bekannt und nach gängiger Ansicht auch nicht zu entdecken. Jede faktische Gemeinsamkeit der Überzeugungen endet demnach spätestens an der Grenze zur nächsten (Sub-)Kultur; sie ist ein Thema der Sozialpsychologie, der Soziologie oder eine Frage der Macht.

Wer sich also heute mit der Frage beschäftigen will, was ein gutes Leben ausmacht, wird eine Hochkonjunktur von Positionen konstatieren, denen zufolge alle moralischen Fragen der je eigenen subjektiven Entscheidung als Geschmackssache überlassen sind. Diskussionen über Fragen des guten Lebens, über Moral oder Ethik können nach dieser Ansicht allenfalls zur *Klärung* der *eigenen* Werte und Ziele führen; die letzte Antwort auf die Frage, was gut sei, hängt jedoch vom Standpunkt und von den Vorlieben der jeweiligen Person ab.

Diese Einkehr der Beliebigkeit in das moralische Denken, das zeigte sich im dritten Kapitel, läßt sich teilweise auf subjektivistische und relativistische Positionen innerhalb der Philosophie zurückverfolgen. In Fragen der Moral, so meinen Subjektivisten und Relativisten, gibt es keine für alle entscheidenden Argumente und also auch keine objektiv richtigen oder falschen Antworten. Sind diese Positionen überzeugend?

Der objektivistische Standpunkt

Wir meinen: Nein. Man kann über Fragen des guten, des richtigen Lebens, über Fragen der Moral vernünftig nachdenken und diskutieren. Und für einzelne moralische Entscheidungen sind, wie sich zeigen wird, Argumente und ihnen zugrunde liegende Tatsachen wesentlich. Und auch wenn man im Falle moralischer Fragen manchmal kaum zu wünschenswerter Gewißheit gelangt, ist doch nicht jede vernünftige Argumentation im Ansatz bereits zum Scheitern verurteilt, ist eine angemessene und begründete Entscheidung nicht ausgeschlossen.

Wir vertreten in diesem Sinne eine »objektivistische« Auffassung vom moralischen Urteil. Ihr zufolge sind ungeachtet zahlreicher, nicht zu bestreitender Schwierigkeiten verbindliche Antworten auf die Frage, was ein gutes Leben ausmacht, durchaus möglich. Auch Wertungen können in bezug auf ihre Berechtigung beurteilt werden. Die Spielräume für die Gestaltung eines *guten* Lebens sind nicht *unbegrenzt*.

Das schließt nicht aus, daß sich auch Lebenseinrichtungen, die auf den ersten Blick absonderlich erscheinen, bei genauerem Hinsehen als wertvoll erweisen können. Aber gerade in derartigen Fällen zeigt die Möglichkeit und Notwendigkeit, eine solche Lebenseinrichtung zu begründen oder doch zu verteidigen, daß es hier etwas zu diskutieren, zu bedenken, zu erklären gibt. Einen erheblichen Teil eines begabten Lebens in das Sammeln und Ordnen von Bierdeckeln zu investieren, ist nicht ohne weiteres ein ebenso einschlägiges Beispiel gelungener Lebenseinrichtung wie etwa ein Engagement in der Behindertenpflege.

Das Ziel einer objektivistischen Argumentation wird gewiß nicht etwa darin bestehen, ein »Wie-lebe-ich-mein-Leben«-Handbuch zu entwerfen - schon deshalb nicht, weil es mehr als nur einen richtigen Lebensentwurf gibt. Aber genauso sicher ist es nicht beliebig, wie wir uns ein gutes Leben vorstellen und nach welchen Idealen wir leben.

4.2 Objektivität, nicht Autorität

Nun läßt die Auskunft, es gebe objektive Maßstäbe des guten Lebens, auch den Fall zu, daß jemand besser beurteilen kann, was gut für einen *anderen* Menschen ist, als dieser selbst. Hier liegt die Befürchtung nahe, aus einem solchen Wissensvorsprung ergebe sich das Recht, den anderen zu bevormunden oder ihn zu seinem Glück zu zwingen. Insbesondere könnte man hier an staatlichen Zwang durch eine Gesetzgebung denken, die nicht nur bestimmte Handlungen untersagt, sondern eine bestimmte Lebensform vorschreibt.

Rechtfertigt besseres Wissen Zwang?

Diese Befürchtung erübrigt sich aber, sobald man zwischen einer Reihe von Fragen unterscheidet, insbesondere: Gibt es ein *Wissen* davon, wie ein Mensch leben sollte? Unter welchen Bedingungen hat man das Recht, die eigene Meinung darüber frei zu *äußern*? Gibt es jemals eine Rechtfertigung dafür, im Sinne dieser eigenen Meinung einen anderen zu *zwingen*?

Wenn jemand die Ansicht äußert, die Erde sei eine Scheibe, und wenn er auf der Grundlage dieser Ansicht eine Erkundungsreise zum Rand der Welt plant, wird es kaum Gründe geben, seine Äußerung oder die Reise zu *verbieten*. Das heißt aber noch nicht, wir dürften uns nicht auch unsererseits dazu *äußern*, ob seine Ansicht richtig und die Absicht vernünftig ist. Und ob wir diese Ansicht und diese Absicht überhaupt *beurteilen* können, ob es also in Angelegenheiten der Erderkundung etwas zu *wissen* gibt: das ist wieder eine andere Frage.

Wie nun, wenn uns die Art und Weise, wie ein anderer sein Leben einrichtet und vielleicht auch darüber spricht, nicht richtig zu sein scheint? Zum einen: Sollen wir unsere Meinung *äußern* und Stellung nehmen? Das kommt vor allem darauf an, in welchem Verhältnis wir zu ihm stehen, zu wem wir reden und was von einer richtigen Entscheidung abhängt. Zum anderen: Sind wir berechtigt, in seine Lebensführung, vermutlich gegen seinen Willen, gezielt *einzugreifen*? Im allgemeinen sicher nicht. - Auch hier sind diese beiden Fragen von einer dritten zu unterscheiden: ob wir nämlich die Lebenseinrichtung eines anderen *beurteilen* können, ob also z.B. Argumente uns zu *wissen* erlauben, daß sie (für ihn) nicht gut ist.

Es *kann* Situationen geben, in denen ein Mensch einen anderen zu etwas zwingen darf. Jedoch muß zur Legitimation von Zwang über besseres Wissen hinaus eine Reihe von zusätzlichen Bedingungen erfüllt sein, z.B. eine Position besonderer Zuständigkeit oder Verantwortung dem anderen gegenüber und eine hinreichende Aussicht der Zwangsmaßnahmen auf Erfolg.

Die Anwendung von Zwang ist an sich etwas Schlechtes, weil Freiheitsrechte und Gefühle des Betroffenen auf dem Spiel stehen. Gerechtfertigt ist Zwang unter Umständen, wenn das mit ihm verfolgte Ziel selbst Rechten dient, die vor dem Recht auf freie Lebensgestaltung Vorrang haben. Die Behauptung aber, daß Zwang in einem konkreten Fall zulässig ist, weil dem erstrebten Ziel tatsächlich eine höhere Priorität als dem übergangenen Freiheitsrecht einzuräumen ist: diese Behauptung bedarf einer eigenen - und überzeugenden - Begründung.

Und wie wird entschieden?

Wie aber läßt sich im Fall widerstreitender Meinungen zu einer moralischen Frage entscheiden, welche Antwort die bessere ist? Nur wenn eine solche Entscheidung möglich ist, hat die Objektivität der besseren Antwort praktische Bedeutung. Hier stellt sich eine Reihe von Problemen, die getrennt voneinander zu bearbeiten sind.

Ein erster wichtiger Schritt besteht in der Einsicht, daß es möglich und fruchtbar ist, über Fragen des guten Lebens nachzudenken und zu diskutieren, weil es bessere und schlechtere Standpunkte auch dann gibt, wenn noch keine endgültige Beurteilung des jeweiligen Problems möglich ist. Ein wichtiger Unterschied dieser Sicht zu subjektivistischen und relativistischen Positionen besteht darin, daß den im Diskurs vorgebrachten Argumenten die Funktion eingeräumt wird, grundsätzliche Weichenstellungen zu begründen und gewisse Alternativen auch da auszuschließen, wo eine endgültige, ganz spezifische Entscheidung noch nicht möglich ist.

Die Frage, wie in Zweifelsfällen zu verfahren und zu entscheiden ist, kann dabei zunächst offenbleiben. Noch einmal: Es ist keinesfalls das Anliegen der hier vertretenen objektivistischen Position, bestimmten Personen oder Instanzen die Entscheidungsbefugnis in moralischen Belangen ein für allemal zuzusprechen.

Zur Illustration ist ein Vergleich mit Diskussionen in nicht-moralischen Kontexten, etwa um die Einführung einer neuen Energiegewinnungstechnologie, aufschlußreich. Auch hier gibt es kein eindeutig und einfach zu formulierendes Entscheidungskriterium dafür, welche von mehreren widerstreitenden Meinungen zu einer komplizierten Frage die bessere oder die richtige ist. Dennoch wird man in aller Regel weder diese Standpunkte für beliebig noch eine Problemlösung für grundsätzlich unbegründbar erklären. Auch wird man in aller Regel keine Notwendigkeit sehen, Instanzen zur autoritativen Entscheidung solcher Fragen zu etablieren - ausgenommen natürlich Fälle, in denen unaufschiebbare Entscheidungen getroffen werden müssen.

Ein wenig vereinfachend kann man sagen: In moralischen ebenso wie in nicht-moralischen Kontexten sind allgemein solche Antworten vorzuziehen, die mehr Sachverhalte und Gesichtspunkte sinnvoll integrieren können und für die sich viele plausible Anknüpfungspunkte in Vorstellungen finden lassen, die man miteinander teilt. Daneben sind selbstverständlich formale Kriterien wie die Schlüssigkeit der Folgerungen und überhaupt die Konsistenz der Argumentation Bedingungen der Akzeptanz.

4.3 Viele Kulturen - welche Moral?

Bei der Frage, wie ein gutes Leben auszusehen habe, ist die Tatsache zu bedenken, daß sich die Vorstellungen davon, was gut und was schlecht sei, von Kultur zu Kultur erheblich unterscheiden. Das Bestehen solcher Unterschiede, so könnte man gegen eine objektivistische Position einwenden, zeigt, daß die Vorstellungen, die wir uns von einem guten Leben machen, auf bloßen Konventionen beruhen.

Faktischer Konsens in der Frage, wie ein gutes, gelingendes Leben auszusehen habe, wäre demnach lediglich ein Ergebnis der Sozialisation, bedingt durch die jeweiligen Rahmenbedingungen. Die Geltung moralischer Überzeugungen wäre also kulturell und historisch relativ und insofern beliebig.

Die Tragfähigkeit dieses Arguments ist in einigen Punkten infrage zu stellen. Zunächst läßt sich aus der Tatsache kultureller Verschiedenheit nicht die Beliebigkeit moralischer Positionen *innerhalb* einer Kultur ableiten. Darüber hinaus ist zu fragen, ob nicht auch Unterschiede zwischen Kulturen Gegenstand einer vergleichenden Bewertung sein können. Schließlich scheint es auch allen Kulturen gemeinsame Normen und Überzeugungen zu geben - nirgendwo beispielsweise darf jeder jeden umbringen.

Intrakultureller Bezug auf die gemeinsame Grundlage

Zunächst ist einfach festzuhalten, daß es Grenzen dessen gibt, was wir als Bestandteil eines moralischen Lebens akzeptieren. Stellen wir uns einen Menschen vor, der Freude daran hat, kleine Kinder zu quälen. Wir sind nicht bereit, uns auf Argumente und Begründungsversuche einzulassen, die eine solche Lebensgestaltung interessant erscheinen lassen wollen. Ganz unabhängig davon, ob sich eine andere Kultur findet, in der eine solche Praxis gebilligt wird, sagt uns unser gesamtes Lebensverständnis, daß ein solches Tun indiskutabel und ehestens krankhaft ist.

Um »intrakulturell«, also innerhalb einer Kultur in Opposition zu allgemein akzeptierten Auffassungen treten zu können, bedarf man eines Maßstabs, anhand dessen man bewertende Vergleiche verschiedener Positionen vornimmt. Damit dieser Maßstab überhaupt als *moralischer* Maßstab verstanden wird, muß er Kernelemente einer Konzeption von gutem und erfülltem Leben übernehmen, die in der Gemeinschaft anerkannt ist. Erst auf dieser Grundlage können einzelne Normen gängiger Moral als in Wirklichkeit unmoralisch, Lebensideale als überlegen und unterlegen klassifiziert werden.

In grundlegenden Fragen gibt es Grenzen der Selbständigkeit und der Individualität. Eine Position, die sämtliche moralischen Vorstellungen der eigenen Kultur zurückweist, stellt eben keine alternative *moralische* Auffassung dar, sondern - allenfalls - eine Alternative zur Moral.

Auch als Verwirklichungsweise eines glücklichen Lebens können nicht beliebige Praktiken gelten. Stellen wir uns wiederum ein extremes Beispiel vor. Ein Mensch fügt sich ohne ersichtlichen Grund - nicht, um gesund zu werden, oder zur Buße o.ä. - Verletzungen zu, und zwar immer wieder; er weint und schreit dabei; dennoch nimmt er jede Gelegenheit wahr, mit diesem Verhalten fortzufahren. Wir würden nicht sagen, daß für diesen Menschen das intensive Erleben von Schmerz offenbar zu seiner Vorstellung eines glücklichen Lebens gehört. Unser Begriff des Glücks ist *auf einen solchen Fall nicht anwendbar.* (Man könnte den Verdacht äußern, in solchen Fällen bilde vielleicht die Zuwendung anderer Menschen oder ein ähnlich erstrebenswertes Ziel den eigentlichen Zweck des Tuns. Indessen lassen sich durch unwesentliche Erweiterungen des Gedankenexperiments solche Erklärungen leicht ausschließen: Die Person versucht, ihr Verhalten vor anderen zu verbergen, usw.)

Natürlich ist umgekehrt nicht jedes dem gesellschaftlichen Konsens entsprechende Verhalten nur deshalb auch moralisch vertretbar. Ganz sicher gibt es Fälle, in denen es das Recht oder sogar die Pflicht des einzelnen ist, einer »moralischen« Norm seiner Umgebung zuwiderzuhandeln.

Beispielsweise mag es zum Ehrenkodex eines Stammes gehören, Mitgliedern benachbarter Stämme bei jeder Gelegenheit, auch ohne Anlaß, Schaden zuzufügen. Außergewöhnliches Engagement in dieser Hinsicht wird besonders gelobt; Leute aus den eigenen Reihen, die sich solchen Aktionen verweigern, werden bestraft und verachtet. Hier ist Kritik an der gemeinschaftlichen Praxis gefordert.

Wie kann aber ein Kritiker der Praxis seine Ablehnung begründen, wenn er bei den Stammesgenossen erwartungsgemäß auf Unverständnis stößt?

Er kann auf Argumentationsmuster zurückgreifen, die von den Mitgliedern der Gemeinschaft selbst in anderen Kontexten benutzt werden: Die praktizierten Verhaltensweisen werden unter normalen Umständen verurteilt - etwa wenn die Mitglieder selbst von Schädigungen durch andere Stämme betroffen sind. Der Aufsässige wird nachzuweisen versuchen, daß die fragliche Behandlung der Nachbarn mit einer Vielzahl anderer wichtiger Elemente der in seinem Stamm akzeptierten Moral nicht vereinbar ist. Diese Unvereinbarkeit legt eine Neubeurteilung der Schädigungspraxis mindestens nahe.

Anhand dieses Beispiels wird nochmals deutlich, daß Diskussion und Kritik einzelner Überzeugungen den Bezug auf zentrale Vorstellungen voraussetzen, die alle teilen.

Gegen die Relevanz übereinstimmender Grundüberzeugungen mag man einwenden, daß unterschiedliche gesellschaftliche Gegebenheiten in den Bereichen von Erziehung und Rollenerwartung, in politischen und ökonomischen Verhältnissen durchaus *unterschiedliche* Maßstäbe bedingen. Dieser Hinweis kann wenigstens zweierlei bedeuten.

Erstens mag gemeint sein, daß bei der Beurteilung einer Verhaltensweise die jeweiligen *Umstände* zu berücksichtigen sind, unter denen sie praktiziert wird. Dies ist, genau besehen, gar kein Einwand: Auch und gerade dann, wenn eine Antwort auf die Frage nach dem richtigen Verhalten für eine *bestimmte* Person in einer *bestimmten* Situation gegeben wird, kann sie wahr - oder falsch - sein.

Der Einwand kann aber zweitens auch besagen: Unterschiedliche kulturelle Umstände führen zur Ausprägung unterschiedlicher Verhaltensnormierungen mit gleichberechtigten, aber unverträglichen Geltungsansprüchen. In diesem Fall ist zu fragen, ob es nicht auch eine interkulturell geteilte Basis der Beurteilung von Lebens- und Verhaltensweisen gibt. Vor allem aber spricht die Tatsache unterschiedlich geprägter Moralen noch nicht gegen die Wahrheit einer Moral; sie verlangt nur nach Kriterien der Beurteilung und der Entscheidung. Der folgende Abschnitt diskutiert die Frage, wie ein solches Kriterium aussehen könnte.

Interkultureller Bezug auf den Sinn der Moral

Unsere bisherigen Überlegungen zur *intrakulturellen* Verbindlichkeit der Moral scheinen den Vertretern relativistischer Positionen ein starkes Argument zu liefern: Gerade die Tatsache, daß keine moralische Position umhin kann, von einem gegebenen Maßstab - nämlich ihrem eigenen - auszugehen, beweist, so scheint es, die unvermeidliche Einseitigkeit jeder *interkulturell* vergleichenden Bewertung moralischer Normen und Systeme. Der Maßstab einer scheinbar *absoluten* Bewertung zeigt nach dieser Ansicht lediglich, *welches* Moralsystem dieser Bewertung zugrunde gelegt wurde.

Worauf also kann sich ein bewertendes Urteil über moralische Systeme stützen? In erster Annäherung wird man wenigstens dies sagen können: Die Bewertung eines moralischen Systems hängt wesentlich davon ab, inwieweit es zum guten Gedeihen der Gemeinschaft und ihrer Mitglieder beiträgt. Denn was immer sonst von einer Moral zu erwarten sein mag: das Wohl der Menschen muß eine zentrale Funktion jedes Systems sein, das den Namen »Moral« verdient.

Um das Kriterium des guten Gedeihens zu veranschaulichen, ohne dabei moralische Gesichtspunkte vorauszusetzen, betrachten wir ein fiktives Ameisenvolk. Die Mitglieder dieses Volkes leben in einem unterirdischen Höhlenbau, dessen Eingänge gerade groß genug sind, um das Ein- und Ausgehen der Tiere zu ermöglichen. Bei Regenfällen besteht die Gefahr der Zerstörung des Baus durch das Eindringen von Wasser. Wir beobachten nun, daß die Tiere, die sich bei einsetzendem Regen in der Nähe der Eingänge befinden, diese mit ihren Körpern verstopfen. Die Ausbildung der Tendenz, sich so zu verhalten - und nicht z.B. bei anbrechendem Regen panisch das Innere des Baus aufzusuchen -, dient dem Gedeihen des ganzen Ameisenvolks. Denn es sichert wichtige Nahrungsreserven und das Überleben der Nachkommenschaft.

Was wir nun sagen wollen, ist: Die Moral einer menschlichen Gemeinschaft hat auf deren Gedeihen Auswirkungen, die den Auswirkungen der beschriebenen Ameisentendenz analog sind und ein grundlegendes Kriterium für die Bewertung der Moral dieser Gemeinschaft abgeben. - Diese Sicht ist hauptsächlich drei Einwänden ausgesetzt.

Zum ersten hängt es von den Lebensumständen der Gemeinschaft ab, ob ein moralischer Wert eine Funktion hat und erforderlich ist. So ist beispielsweise die Bedeutung von Tapferkeit und Mut in Abhängigkeit vom Ausmaß an Gefahrensituationen im Lebensraum der Gemeinschaft zu bestimmen. Für eine Gemeinschaft, die ihr Dasein unter paradiesischen Verhältnissen führte, wären diese Tugenden durchaus entbehrlich.

Aber selbst wenn wir davon absehen, daß Tapferkeit und Mut auch im Umgang der einzelnen miteinander eine Funktion haben könnten, entkräftet dieses Argument die oben formulierte Position noch nicht. Es warnt uns nur vor einer vorschnellen Bewertung ohne Einbeziehung der jeweiligen Lebensumstände.

Grundlegender ist ein *zweiter Einwand*, der besagt, daß über das *Kriterium* des guten Gedeihens die eigenen moralischen Vorstellungen auf verdecktem Wege in die interkulturelle Bewertung eingehen.

Man kann auf diesen Einwand zunächst mit dem Verweis auf die Möglichkeit *kulturimmanenter* Kritik antworten: Oftmals lassen sich Moralsysteme über den Nachweis von internen Inkonsistenzen kritisieren, indem die Unverträglichkeit einzelner Elemente einer Lebensform mit den übrigen Bestandteilen aufgezeigt wird. Diese Form der Kritik verläßt das kritisierte Moralsystem nicht.

Was aber kann man sagen, wenn es kaum noch geteilte Grundlagen zwischen der eigenen und der fremden Lebensform zu geben scheint? Stellen wir uns eine Gruppe von Jugendlichen vor, in der die Ausübung von purer Gewalt und Zerstörung das wichtigste Verhalten darstellt: Wer die brutalsten Einfälle hat und ausführt, steigt in der Gruppenhierarchie nach oben und wird bewundert. Mitleid und Hemmungen, auch wehrlose Opfer zu mißhandeln, werden als Zeichen von Schwäche ausgelegt.

Der Weg der immanenten Kritik scheint in diesem Fall dadurch verbaut, daß das Verhalten innerhalb der Gruppe ebenfalls durch rücksichtslose Machtkämpfe gekennzeichnet ist - was von den Jugendlichen auch akzeptiert wird: wer da nicht mithält, ist eben ein Schwächling. Eine Argumentation, die sich auf Werte wie Gerechtigkeit, Ehrlichkeit, Freundschaft oder Menschenwürde beriefe, erschiene den Mitgliedern dieser Gruppe als überholt oder lächerlich.

Betrachten wir aber die Konsequenzen einer solchen Lebensführung! Sie bedeutet ein Leben in beständiger Ruhelosigkeit und Angst vor Rache, Hinterhältigkeiten und Verrat; daher auch Mißtrauen unter den Mitgliedern der Gruppe; und folglich Unmöglichkeit der Durchführung von Aktionen, die die Mithilfe aller erfordern. Kann ein vernünftiger Mensch solche Konsequenzen in Kauf nehmen wollen?

Das Bewußtsein der eigenen Durchsetzungsfähigkeit ist ein zu geringer Lohn für diesen Einsatz. Es mag zwar Leute geben, die von sich *behaupten*, eine solche Lebensgestaltung entspreche genau ihren Wünschen und Vorstellungen. Bei einer solchen Äußerung zweifelt man aber entweder an der Glaubwürdigkeit der Person oder daran, daß hier wirklich eine überlegte Meinung geäußert wird. Es liegt auf der Hand, daß eine solche Lebensform dem Gedeihen der Gruppe und ihrer Mitglieder abträglich ist. Hier wird kein alternativer Entwurf eines guten menschlichen Lebens praktiziert, sondern die Hoffnung auf gutes Leben ist aufgegeben.

Es ist mit unseren Überlegungen durchaus vereinbar, daß in manchen Fällen vielleicht nicht zu entscheiden ist, welche Lebensorientierung die bessere ist. Allerdings bedeutet dies eben nicht, daß alle Lebensentwürfe gleichwertig sind. Manche können ausgeschlossen werden; zwischen anderen wird es Qualitätsunterschiede geben. Wie weit genau die Möglichkeit geht, solche Unterschiede nachzuweisen, müßte die differenzierte Argumentation im Einzelfall zeigen.

Nun noch ein *dritter Einwand* gegen das oben vorgeschlagene Bewertungskriterium für moralische Systeme. Dieses Kriterium mißt eine Moral an ihrem Beitrag zum guten Gedeihen der Gemeinschaft und ihrer Mitglieder. Der Einwand bestreitet die

Übereinstimmung zwischen Wohl der Gemeinschaft und Wohl der einzelnen Person und lautet etwa so: Die vorgeschlagene Norm mag für Tier-Populationen eine geeignete Betrachtungsweise abgeben, weil es hier keine individuellen Ziele gibt. Menschen können jedoch ihre Lebensorientierung individuell für sich bestimmen. Den Maßstab für ein gutes und gelungenes menschliches Leben stellen die jeweils persönlich gewählten Ziele dar - und nicht das Gemeinwohl.

Diesem Einwand wollen wir nun begegnen. Dabei betrachten wir zunächst den hier behaupteten Gegensatz zwischen eigenem und fremdem Wohl (4.4) und dann die verbreitete Neigung, Gut und Schlecht im menschlichen Leben als bloße Angelegenheit der persönlichen Zufriedenheit zu behandeln (4.5).

4.4 Individuelles Glück und Moral

Die Schwierigkeit, moralische Fragen objektiv zu beantworten und insbesondere das eigene Interesse mit dem von anderen ins richtige Verhältnis zu bringen, führt gelegentlich zu einer Art Zufriedenheitsethik. Diese besagt, das einzige Kriterium für ein gutes und gelingendes Leben sei das subjektive Wohlbefinden einer Person und jeder wisse selbst am besten, was zu seinem Wohlbefinden beiträgt und was nicht.

Eine solche Zufriedenheitsethik wird von dem verbreiteten Verdacht gestützt, Verhaltensgewohnheiten, die überlieferten Tugenden wie Ehrlichkeit, Gerechtigkeit, Hilfsbereitschaft, Mäßigung usw. entsprechen, seien dem Wohlbefinden in der Regel eher abträglich als förderlich. Nahezu jedem fallen ohne Schwierigkeit Beispiele von erfolgreichen weil unmoralischen Menschen ein. (Wem sie nicht einfallen, der wird sie von den Unterhaltungsmedien in genügender Zahl präsentiert bekommen.) Rücksichts- und Gewissenlosigkeit, Egoismus, Gier und Unverschämtheit werden manchmal geradezu als Voraussetzungen für ein erfolgreiches Leben in der Gesellschaft angesehen.

Moralisches Verhalten wird dagegen häufig mit zähneknirschender Selbstüberwindung gleichgesetzt: Moral soll im Verzicht auf den eigenen Vorteil bestehen. Moral und Vorteil werden hier umstandslos als Gegensatzpaar aufgefaßt. So scheint es klar, daß man eine Entscheidung treffen muß: für die Moral oder für den Erfolg. - Was läßt sich dieser Sicht entgegenstellen?

Wir werden in den folgenden Abschnitten Varianten der egoistischen Einstellung prüfen, um dann auf die Frage zurückzukommen, ob Wohlbefinden und Zufriedenheit über die Qualität eines menschlichen Lebens entscheiden.

Zunächst einmal: Die Vorstellung eines durch radikal unmoralisches Verhalten herbeigeführten erfolgreichen Lebens ist verzerrt. Die meisten Menschen würden wohl in kurzer Zeit alle Freunde und Sozialkontakte verlieren und auf der Straße oder im Gefängnis landen, wenn sie anfingen, bei jeder sich bietenden Gelegenheit zu lügen und zu betrügen. Eine derart radikale Praxis wird daher für die meisten Menschen auch nicht ernstlich zur Debatte stehen.

Viel verbreiteter ist die Überzeugung, daß wohldosierte, den eigenen Möglichkeiten entsprechende oder unauffällige Abweichungen von den moralischen Maßstäben einem angenehmen Leben doch erheblich zugute kommen dürften. Dabei müsse die Gefahr, bei unerlaubtem oder verpöntem Verhalten entdeckt und bestraft zu werden, natürlich mitberücksichtigt werden. (Eine Übereinstimmung des auf dieser Grundlage gewählten Verhaltens mit moralischen Maßstäben wäre dann allerdings nur zufällig.) Für Menschen mit dieser Überzeugung ist moralisches Verhalten nur Ausdruck von Ohnmacht oder Einfallslosigkeit.

Zugleich legen sie der Erklärung menschlichen Handelns einen einfachen Kosten-Nutzen-Kalkül zugrunde, der nur erwartete Belohnung oder Bestrafung als Verhaltensmotive ins Auge faßt. Ein Verhalten, das sich, ohne die Drohung äußerer Sanktionen, an moralischen Maßstäben orientiert, muß nach dieser Auffassung durch die - irrationale - Angst vor einem schlechten Gewissen motiviert sein. Warum sollte man sonst freiwillig Nachteile in Kauf nehmen?

Vor einem solchen Hintergrund ist es nicht erstaunlich, daß Menschen versuchen, ihre Gewissensbisse abzubauen, um ein von überflüssigen Hemmungen unbelastetes, unbeschwertes Leben führen zu können.

Entgegen der beschriebenen Auffassung läßt sich Moral geradezu als Versuch betrachten, das eigene Wohl (und damit den eigenen Vorteil im Vergleich zu einer unmoralischen Lebensführung) zu optimieren. Diese Sicht legt freilich eine Vorstellung von menschlichem Wohl zugrunde, die nicht durch ein begrenztes Kosten-Nutzen-Modell eingeschränkt ist, da sie fremden und eigenen Nutzen nicht künstlich voneinander unabhängig macht oder gar einander entgegensetzt. Die Moral nämlich berücksichtigt die vielfältigen Abhängigkeiten des persönlichen Wohlbefindens vom Leben in einer funktionierenden Gemeinschaft.

Die Kurzschlüssigkeit einer ausschließlich am eigenen Nutzen orientierten Verhaltensplanung wird deutlich, wenn man das mittlerweile klassisch gewordene Szenario des »Gefangenendilemmas« betrachtet.

Ein klassisches Beispiel

Zwei Personen befinden sich in Untersuchungshaft. Sie werden einer schwerwiegenden Straftat verdächtigt, die sie auch tatsächlich gemeinsam begangen haben. Die Beweise sind aber so spärlich, daß für beide Täter nur eine geringe Strafe (ein Jahr Gefängnis) verhängt werden kann, wenn sie sich gegenseitig decken. Gesteht jedoch einer - aber nur einer - der beiden Angeklagten vor Beginn des Prozesses das gemeinsam begangene Verbrechen ein, so kann er eine Kronzeugenregelung in Anspruch nehmen und jeder Strafe entgehen, während der nun ebenfalls belastete zweite Täter eine hohe Strafe erhält (zehn Jahre Gefängnis). Gestehen beide vor dem Prozeß, kann keiner von ihnen die Kronzeugenregelung in Anspruch nehmen; allerdings erwartet beide eine Haftverkürzung von einem Jahr, da sie freiwillig geständig waren (jeder sitzt neun Jahre).

Die folgende Tabelle liefert eine Übersicht über die Folgen der möglichen Handlungskombinationen. (Die Zahl vor dem Schrägstrich bezeichnet die Haftdauer für Person 1, die Zahl nach dem Schrägstrich die Haftdauer für Person 2.)

Gefängnisjahre für: Person 1 / Person 2	Person 1 redet	Person 1 schweigt
Person 2 redet	9 / 9	10 / 0
Person 2 schweigt	0 / 10	1 / 1

Die beiden Gefangenen haben in dieser Situation kein anderes Ziel, als möglichst wenig Zeit im Gefängnis zuzubringen. Die Verlagerung des Beispiels in das Schwerverbrechermilieu erleichtert die Isolierung des Problems: es geht den Beteiligten nicht um eine Bewertung ihres Verhaltens nach moralischen Maßstäben im engeren Sinne. Auch im Kontext unserer Überlegungen geht es nur darum, ob die Orientierung am individuellen Nutzen wirklich diesem individuellen Nutzen besser dient als Strategien, die den gemeinsamen Nutzen in den Blick nehmen.

Wie kann man auch nur daran zweifeln, möchte man nun fragen, daß die Orientierung am eigenen Nutzen diesem Nutzen am besten dient? Sehen wir aber genauer hin.

Beiden Gefangenen empfiehlt eine Eigennutzkalkulation, unbedingt zu gestehen: Gleichgültig, ob der andere redet oder schweigt: die eigene Haftstrafe fällt *in jedem Fall* geringer aus, wenn ich rede. *Schweigt nämlich der andere*, so sitze ich, wenn ich rede, gar nicht, während ich ein Jahr sitze, wenn ich schweige. *Redet der andere*, so sitze ich mit Reden nur neun statt zehn Jahre.

Handeln die Gefangenen entsprechend diesem vermeintlich eigennutzdienlichen Kalkül, so werden sie beide neun Jahre hinter Gittern sitzen. Es liegt jedoch auf der Hand, daß damit gerade ihrem eigenen Nutzen am wenigsten gedient ist: Hätten sich beide am »Gemeinwohl« orientiert und geschwiegen, so wäre ihre Haftstrafe auf je ein Neuntel zusammengeschrumpft.

Moral als Vorteil

Gerade dem hartgesottenen Eigennutztheoretiker dürfte es schwerfallen, sich angesichts dieser vertrackten Situation damit zu trösten, die beiden hätten schließlich ihre neun Jahre *verdient*. Denn das Wort »verdienen« hat hier für einen moralisch abstinenten Egoisten keine Bedeutung. Im übrigen kennen wir ja genug analoge Situationen, in denen dieser vermeintliche Trost nicht zur Verfügung steht.

Beispielsweise dient es nur scheinbar dem eigenen Vorteil, wenn man sich dadurch Zeit und Mühe zu sparen versucht, daß man geliehene Bücher in der Bibliothek nicht sorgfältig an ihren richtigen Ort, sondern in das nächstbeste Regal stellt. Nicht nur wird man dieses Buch beim nächsten Mal selbst kaum noch finden; sondern wenn sich andere nach dem gleichen Kalkül der Zeitersparnis verhalten, wird bald für alle sehr viel mehr Zeit beim Bücher-Suchen verlorengehen, als beim Zurückstellen gewonnen wurde.

Weitere Beispiele lassen sich den verschiedensten Bereichen menschlichen Zusammenlebens mühelos entnehmen. Das Gefangenendilemma ist in vielen Aspekten typisch für Situationen, in denen eigene und fremde Interessen auf den ersten Blick auseinanderklaffen, obwohl sie bei näherem Hinsehen sehr eng zusammenhängen. Verhaltensweisen, die dieser Interessenkonvergenz entsprechen, sind z.B.: ehrliches Ausfüllen der Einkommensteuererklärung, Beitrag zum Umweltschutz, Benutzung öffentlicher statt privater Verkehrsmittel und Verzicht auf Versicherungsbetrug.

Menschen, die im Gegensatz zu diesem Muster ihr Verhalten ausschließlich an den für die eigene Person ermittelten *Folgen* orientieren, bewirken anstelle des erstrebten eigenen Vorteils den gemeinsamen Schaden. Zugleich zieht diese eingeschränkte Kosten-Nutzen-Kalkulation die Auffassung nach sich, moralisches

Verhalten stehe typischerweise im Gegensatz zum eigenen Nutzen. Die angeführten Beispiele öffnen dagegen den Blick für die engen Bezüge zwischen individuellem und allgemeinem Wohl. Hier profitieren die Beteiligten davon, daß sie ihr Verhalten am gemeinsamen Interesse ausrichten.

Zu dieser Ausrichtung gehört die Bereitschaft, in zweifacher Hinsicht zu verallgemeinern. Zum einen geht es darum, die Folgen des eigenen Verhaltens *für alle Beteiligten* zu bedenken. Zum anderen ist es häufig wesentlich, das erwogene Verhalten selbst zu verallgemeinern: Was wären die Folgen für die Gemeinschaft (und also auch für mich), wenn alle das tun würden, was ich zu tun erwäge?

Nur wenn sich hinreichend viele Mitglieder einer Gemeinschaft diese Frage stellen und entsprechend handeln, läßt sich ein für alle erreichbares »Nutzen«-Maximum erzielen. Hierbei schneiden die Beteiligten nicht nur im Durchschnitt, sondern auch in jedem Einzelfall besser ab, als wenn sie ihr Handeln ausschließlich und unmittelbar an ihren jeweiligen Interessen orientieren. Wir sollten uns eben nicht davon beunruhigen lassen, daß sowohl in der Situation des Gefangenendilemmas als auch in unseren anderen Beispielen das gemeinsame Maximum für keinen Beteiligten das individuelle Maximum darstellt.

Scheinbare Chancen für Egoisten

Die Überlegungen der vorangehenden Abschnitte machen plausibel, warum die von der Moral geforderte Orientierung des Verhaltens am Wohl von anderen, die in Tugenden wie Ehrlichkeit, Pflichtbewußtsein oder Rücksichtnahme zum Ausdruck kommt, dem eigenen Wohl nicht nur nicht widerspricht, sondern in erheblichem Maße zugute kommt.

Nun muß aber endlich ein lang zurückgehaltener Einwand zu Wort kommen: Die vorgebrachte Argumentation ist nur unter der Voraussetzung stichhaltig, daß sich alle nach derselben Verhaltensmaxime richten. Genaugenommen wurde nur gezeigt, daß es jedem besser geht, wenn *alle* moralisch handeln, - im Vergleich mit einer Situation, in der *alle* unmoralisch handeln. Diese Alternative, so der Einwand, steht aber für den einzelnen gar nicht zur Entscheidung an. Für ihn lautet die Frage: Welche Konsequenzen sind faktisch damit verbunden, daß *ich persönlich* moralisch bzw. unmoralisch handle? Dabei hat er das Verhalten der mitbeteiligten Personen zu nehmen, wie es ist. Vernünftigerweise sollte er also in jeder konkreten Situation überlegen, ob er sich moralisch oder unmoralisch zu verhalten hat, um mit den besseren Resultaten rechnen zu können.

Dieser Einwand macht in der Tat auf ein Problem der vorangehenden Argumentation aufmerksam: Nur wenn der Egoismus als *Programm* vertreten und mit dem Anspruch verbunden wird, eine vernünftige Form menschlichen Zusammenlebens zu vertreten, entsteht im Szenario des Gefangenendilemmas der paradoxe Fall, daß eine direkte Ausrichtung des Verhaltens am eigenen Nutzen gerade diesem eigenen Nutzen schadet. Eine Position jedoch, die ohne einen solchen Anspruch auftritt, ein *privater* Egoismus also, wird durch die skizzierten Argumente noch nicht getroffen.

Wir wollen deshalb in den folgenden Abschnitten diese beiden egoistischen Positionen getrennt diskutieren. Unter Egoismus - das sei zur Vermeidung von Mißverständnissen gesagt - verstehen wir dabei nicht jede Orientierung des Handelns am eigenen Vorteil. Im eigenen Interesse zu handeln, ist an sich nicht unmoralisch, sondern einfach klug und damit moralisch im weiteren Sinne. Egoistisch ist ein Verhalten, das den eigenen Vorteil *rücksichtslos* oder gar *ungerecht* und auf Kosten anderer verfolgt. Unter Egoismus verstehen wir also das ausdrückliche Ja zu solchem Verhalten.

Egoismus als Programm

Zunächst betrachten wir eine Position, die den Egoismus als moralische Konzeption vertritt, also *allgemeine* Geltung beansprucht. Dieser Konzeption zufolge sollte jeder sein Verhalten auch anderen gegenüber ausschließlich am eigenen Nutzen orientieren.

Vor allem Skeptiker versuchen die Konstruktion einer solchen »Ethik« auf der Basis des Egoismus. Sie gehen davon aus, daß man sich - zumindest auf die Dauer - nur auf den Egoismus verlassen könne; denn nur eine egoistische Handlungsplanung sei wirklich rational.

Da auch diese Skeptiker einsehen, daß eine Gesellschaft ohne die überlieferten moralischen Verhaltensweisen (Ehrlichkeit, Hilfsbereitschaft, Gerechtigkeit usw.) nicht auskommt, versuchen sie, das Entstehen dieser Verhaltensweisen mit einem allgemein verbreiteten Egoismus in Einklang zu bringen. Zu diesem Zweck müssen sie aufzeigen, wie Menschen auf der Basis reiner Eigennutzkalkulation - also ohne Appell an Gewissen, Mitleid und Moral - eine Form des Zusammenlebens finden, die einen Ausweg aus Situationen wie der des Gefangenendilemmas bietet.

So könnten sich Personen durch Abschließen von Verträgen gegenseitig zu Verhaltensweisen verpflichten, die im beiderseitigen Interesse liegen. Allerdings stellt sich jetzt das Problem des

Gefangenenszenarios auf der Ebene des Einhaltens und Brechens der Verträge: Sobald Vertragsbruch, was immer der Partner tut, bessere Konsequenzen verheißt als vertragsgemäßes Verhalten, empfiehlt das Eigennutz-Modell Vertragsbruch.

Diese egoistische Konzeption erfordert also die Einrichtung umfangreicher Kontroll- und Bestrafungsinstanzen, die ein halbwegs verläßliches Einhalten der Verträge und Vereinbarungen gewährleisten. Solche Instanzen sind vergleichsweise kostspielig und belasten deshalb das Wohl der Mitglieder der Gemeinschaft. (Diese Kosten fallen bei einer allgemeinen Orientierung am Gemeinwohl weg.) Vor allem aber - wir kennen dieses Problem bereits aus einem anderen Kontext (1.4) -: Wie läßt sich auf der Basis eines egoistischen Ansatzes ausschließen, daß die »Polizei«, von den Mitgliedern der Gemeinschaft mit reichlich Macht ausgestattet, nun ihrerseits der Eigennutz-Maxime gehorchend ebendiese Mitglieder tyrannisiert?

Auf der Basis des Eigennutz-Modells läßt sich also durchaus keine moralische Konzeption entwickeln, die dem Wohl der Menschen - auch der Egoisten! - wirklich zugute käme. Egoismus als Programm kann nicht funktionieren. Was aber soll man zu einem Egoismus sagen, der gar nicht den Anspruch erhebt, eine allgemein gültige Moralphilosophie zu sein?

Privater Egoismus

Der Vertreter eines solchen privaten Egoismus wird gar nicht erst behaupten, egoistisches Verhalten sei *schlechthin gut* oder auch nur *vernünftig*. Denn beide Begriffe beinhalten eine allgemeine Empfehlung. Ein Verhalten als gut oder als vernünftig zu bezeichnen, heißt unter anderem: einen Zustand zu befürworten, in dem alle ein solches Verhalten zeigen. Die Verallgemeinerung egoistischen Verhaltens führt aber in vielen Fällen, wie sich gezeigt hat, zum Nachteil aller Beteiligten — auch der Person, die das Verhalten selbst praktiziert.

Obwohl nun dieser Einwand den privaten Egoisten nicht trifft, ist doch auch seine Position - die er gar nicht als Position *vertreten* wird - unplausibel. Auch unauffälliges egoistisches Verhalten ist nicht im Sinne des eigenen Vorteils.

Denn wie stellt sich der »heimliche« Egoist die Weitergabe und Aufrechterhaltung *moralischer* Überzeugungen in seiner Umgebung, bei den Personen, mit denen er zu tun hat, vor? Für einen *funktionierenden* Egoismus nämlich ist es unerläßlich, daß die Bereitschaft weit verbreitet ist, gemeinwohl-orientierten Normen zu entsprechen, weil nur dieser Zustand die Grundlage für ein befriedigendes Schmarotzerdasein abgibt.

Der konsequente Egoist kann nur darauf hoffen, daß nicht allzu viele Personen die eigene Einstellung teilen werden. Darum wird er alles daran setzen, bei anderen die Moral - und nicht den Egoismus - zu fördern.

Realistischerweise muß er seine diesbezüglichen Einfluß-möglichkeiten aber als gering einschätzen, wenn er von seinem Egoismus etwas haben will, sich also tatsächlich egoistisch verhält. Denn wer in Fragen der Lebensgestaltung überzeugen will, muß glaubwürdig sein.

Was Eigennutz kostet

Ganz unabhängig davon, ob man mit programmatischem oder privatem Egoismus liebäugelt, werden oft die Folgen einer *ausschließlich* am eigenen Nutzen orientierten Lebenspraxis übersehen. (Wir erinnern uns: Egoismus besteht nicht darin, daß man eigene Interessen verfolgt, sondern darin, daß man die Maximierung des eigenen Nutzens *allein* zum Maßstab des Handelns macht.) Was also sind die Folgekosten des Egoismus?

Vielleicht wird man auf diese Frage mit einer verwunderten Gegenfrage reagieren: Entgeht denn dem Egoisten etwas, wenn er fremde Interessen und Rechte nicht um ihrer selbst willen in seine Kalkulationen einbezieht? Unsere Antwort: Zunächst vielleicht nicht. Auf Dauer aber verändert Egoismus die Gestaltung des Lebens radikal und führt zu seiner Verarmung.

Denn es scheint zwar auf den ersten Blick, als lasse der Egoismus weite Bereiche des Lebens unverändert, Bereiche nämlich, in denen man ohnehin genau das gerne tut, was auch im Sinne der Moral ist. Die meisten Väter z.B. machen nicht nur ihren Kindern, sondern sich selbst eine Freude, indem sie mit ihnen spielen; freundlicher und entgegenkommender Umgang mit nahestehenden Personen gehört sich nicht nur, sondern ist zugleich angenehm; großzügiges Schenken macht Vergnügen; zuverlässige und treue Freund- und Partnerschaft erlebt man als unmittelbaren Gewinn.

Die hier genannten Verhaltensweisen und die mit ihnen verbundenen Empfindungen entspringen *weder* Gewissensregungen *noch* der Hoffnung auf baldige Rückzahlung, sondern manifestieren Formen natürlicher Anteilnahme am Ergehen anderer Menschen. Der Egoismus hat hier sozusagen keine »Aufgabe«, da eine Schmälerung des eigenen Wohlergehens gar nicht droht.

Es ist aber fraglich, ob eine konsequent egoistische Einstellung diese Lebensbereiche tatsächlich unberührt läßt. Denn sie wird dazu führen, daß man die gewohnten Verhaltensweisen unter die Frage stellt, ob sie wirklich dem eigenen Nutzen dienen.

Diese Verhaltensweisen verlieren also ihre Selbstverständlichkeit und charakteristische Natürlichkeit. Um so leichter werden sie dann untergraben, sobald sich bessere Alternativen aufzutun scheinen. Auf jeden Fall mindert oder zerstört Egoismus die spontane Anteilnahme - und damit einen zentralen Bestandteil menschlichen Zusammenlebens und Glücks: Das Leben verarmt.

Hat man sich erst einmal an ein egoistisches Kosten-Nutzen-Denken *gewöhnt*, wo das moralisch Gebotene oder Naheliegende schwerfällt, so färbt ein solches Denken auch auf die Bereiche ab, in denen Neigung und Moral zunächst zu denselben Ergebnissen kommen. Über diese Konsequenz und ihre Kosten täuscht sich der Egoist hinweg, indem er seine Überlegung auf die Fälle beschränkt, in denen Fremd- und Eigeninteresse auseinanderfallen.

Gelegenheitsegoismus

Es zeigt sich, daß weder programmatischer noch privater Egoismus *als durchgängige Lebenseinstellung* zum eigentlich intendierten Nutzen führt. Bislang bleibt aber die Frage offen, ob unter dem Gesichtspunkt des eigenen Nutzens vielleicht eine moralische Orientierung sinnvoll ist, die *Ausnahmefälle* zuläßt, in denen man um des eigenen Vorteils willen von moralischen Normen abweicht.

Es kann nicht unsere Absicht sein, das Vorkommen von Situationen und Gelegenheiten zu leugnen, in denen unmittelbares Interesse und moralische Forderung ganz offensichtlich auseinanderklaffen. Im Leben eines jeden bieten sich doch Gelegenheiten - beispielsweise etwas zu stehlen oder einen anderen sitzen zu lassen -, bei denen er mit ziemlicher Sicherheit damit rechnen kann, daß von seinem Verhalten niemand je erfahren wird, so daß er mit Nachteilen nicht rechnen muß. Läßt sich nun moralisches Verhalten auch für solche Einzelfälle verteidigen?

Aber schon die Formulierung dieses Problems entwirft ein falsches Bild vom moralischen Verhalten. Sie legt die Vorstellung nahe, man treffe in jeder Situation eine möglichst reflektierte, alle Folgen bedenkende Entscheidung über sein Verhalten. Tatsächlich jedoch verlangen viele Situationen selbstverständliches, spontanes moralisches Handeln. Und das ist ohne entsprechende Empfindungen und Verhaltensgewohnheiten, mit einem Wort: ohne Tugenden nicht zu haben.

Wirkliche Tugend äußert sich in vielen Situationen darin, daß das erforderliche Verhalten *spontaner Bereitschaft oder gar Neigung* entspringt - und nicht einer Einsicht, die man nach langer Überlegung gewinnt und anschließend mit großer Überwindung in die Tat umsetzt. Fragen wir uns nur: Vertraut man wichtige persönliche Dinge lieber einer Person an, die nur mit angestrengter Selbstüberwindung ihre eigenen Interessen zurückstellt, oder einer Person, für die das erbetene uneigennützige Verhalten selbstverständlich ist?

Erlebt also jemand in Situationen der beschriebenen Art eine starke Versuchung zu eigennützigem Verhalten, so weist das auf einen Mangel im Bereich seiner Empfindungen und Neigungen und damit auf einen Charaktermangel hin. Der wird sich auch bei anderen Gelegenheiten in unsicheren und verzögerten Reaktionen und Entscheidungen zeigen. *Moralbejahung* erfordert demzufolge eine *durchgängige* Disponierung zu Verhaltensweisen einer bestimmten Art. Die moralische Verhaltensorientierung läßt sich nicht gelegenheitsegoistisch auf Situationen begrenzen, in denen sich selbstsüchtiges Verhalten nicht auszahlt.

Der entschiedene Gelegenheitsegoist praktiziert überhaupt keine durchgängige Lebenseinstellung: weder den konsequenten Egoismus (der sich auf Dauer nicht bewährt) noch die Moral (die ihn dazu disponieren würde, eigennutz-trächtige Ausnahmen gar nicht zu erwägen). Sein Leben, auf ständiges Überlegen gebaut, ist nicht aus einem Guß. Das ist zum einen unbefriedigend und anstrengend. Zum anderen *verrät* der beschriebene Mangel an Selbstverständlichkeit die latente Bereitschaft zum eigennützigen Verhalten; Gelegenheitsegoismus läßt sich daher letzten Endes ebensowenig verheimlichen und heimlich genießen wie ein durchgängiger privater Egoismus.

Wahr ist allerdings auch, daß sich die meisten von uns - der eine mehr, die andere weniger - *tatsächlich* gelegenheitsegoistisch verhalten. Daher mögen wir geneigt sein, Gelegenheitsegoismus auch *vernünftig* zu finden. Dies entspringt dann aber der Versuchung, eigene Unvollkommenheiten nachträglich zu rationalisieren. Eine nüchterne Betrachtung erweist den Gelegenheitsegoismus als das, was er ist: das Nicht-Erreichen einer ganzheitlichen Orientierung des Handelns.

4.5 Zufriedenheit und gutes Leben

Die vorangehenden Abschnitte zeigen: Egoismus ist keine brauchbare Konzeption der Lebensführung, da auf der Basis eines am Eigennutz orientierten Ansatzes kein Modell des Zusammenlebens zu entwickeln ist, das dem Wohle aller oder auch einzelner dient. Selbst ein Egoismus ohne jeden allgemeineren Anspruch - privater oder Gelegenheitsegoismus - wird auf die Dauer dem eigenen Wohl eher abträglich sein.

Nun führt aber Ungeduld mit der Schwierigkeit, moralische Fragen rational zu beantworten, auch unabhängig von spezifisch egoistischer Motivation, gelegentlich zu der bereits erwähnten »Zufriedenheitsethik«. Ihr zufolge ist einziges Kriterium für ein gutes und gelingendes Leben das *subjektive Wohlbefinden*. Daß in diesem Sinne jeder selbst am besten wissen müsse, was ihm guttut, scheint vielen Menschen ganz selbstverständlich.

Nur Wohlbefinden?

Entgegen dieser Auffassung meinen wir, daß eine Bewertung der Lebensführung und des Verhaltens, die sich auf den Maßstab der Zufriedenheit beschränkt, zu einer ähnlichen »Verarmung des Lebens« führt wie die ausschließlich eigennützige Orientierung: *Zufriedenheit und Wohlbefinden sind zwar wichtige Aspekte eines guten Lebens; Zufriedenheit und Wohlbefinden allein jedoch reichen für ein gutes Leben nicht aus.*

Stellen wir uns zur Illustration dieses Gesichtspunktes einen begabten, vielversprechenden jungen Menschen vor, der sein Leben der Aufgabe widmet, Eisenbahnfahrpläne auswendig zu lernen. Er kapselt sich immer mehr von der Außenwelt ab und reduziert seine beruflichen Aktivitäten auf das zum Lebensunterhalt nötige Minimum, um Ressourcen für das Fahrplanlernen freizumachen. Hierbei macht er einen durchaus zufriedenen Eindruck; er ist stolz auf die bisherigen Erfolge und sieht mit Spannung der Erweiterung seines Repertoires entgegen.

Trotz dieser Zufriedenheit sind wir nicht bereit, sein Dasein als Paradebeispiel eines guten und gelingenden Lebens anzusehen. Die Zufriedenheit kann uns nicht beeindrucken; denn sie kommt dadurch zustande, daß er Maßstäbe der Lebensgestaltung anlegt, die uns unverständlich sind. Es liegt auf der Hand, daß dieser Mensch ein unangemessenes Lebensziel verfolgt, daß er seine Möglichkeiten verschwendet. Das wissen wir - auch wenn wir nicht wüßten, wie ein angemessenes Lebensziel aussieht. Oder?

Wer weiß, was gut ist?

Oder »weiß jeder selbst am besten, was gut für ihn ist«? Diese Frage berührt unmittelbar das Anliegen dieses Kapitels. Wir wenden uns ja gegen Positionen, die leugnen, daß es verbindliche moralische Maßstäbe und Regeln gibt und daß man diesbezüglich argumentieren kann.

Nun sieht es ganz so aus, als könnten im Einzelfall erfahrene Menschen sehr wohl besser wissen, was zum guten Leben - und auch zur Zufriedenheit - eines anderen führen wird, als dieser selbst es weiß. Dies gilt in erster Linie für die Wahl der angemessenen Mittel und Wege zur Erreichung wichtiger Ziele. Es lassen sich aber auch Fälle finden, in denen sich dieses Besser-Wissen anderer Personen auf die Wahl der Ziele selbst bzw. auf ihren Stellenwert im Ganzen eines Lebens bezieht.

Zunächst ein Beispiel für die erste Art von Wissen: Wir stellen uns eine junge Frau vor, die in einen Mann verliebt ist und glaubt, mit diesem glücklich werden zu können. Einem Außenstehenden kann hierbei klar sein, daß sie sich täuscht, da es sich bei diesem Mann um einen unsteten Gesellen handelt, der keine echte Zuneigung für sie empfindet und der es nur auf ihr Geld abgesehen hat. Der Frau selbst sind diese Tatsachen vielleicht nicht bekannt; oder sie gibt sich der naiven Hoffnung hin, die Ehe mit ihr werde diesen Mann verwandeln.

Ähnlich kann es Jugendlichen ergehen, die einer radikalen Sekte in die Hände gefallen sind und sich vom Leben in der neu gefundenen Gemeinschaft dauerhafte Zufriedenheit versprechen.

In diesen beiden Fällen haben Menschen zur Erreichung ihrer Ziele - einer glücklichen Partnerschaft bzw. eines erfüllten Gemeinschaftslebens - unangemessene *Mittel* gewählt. Eine unangemessene Wahl oder Wertung von *Zielen* zeigt sich besonders deutlich bei Kindern oder Jugendlichen, die sich aufgrund dieser Ziele zu folgenschweren Handlungen hinreißen lassen.

Ein drastisches Beispiel hierfür sind Straftaten, die im Zuge von Mutproben ausgeführt werden. Den hohen Stellenwert, den die Anerkennung in der Gruppe für einen Jugendlichen haben mag, erkennt ein normaler Erwachsener als kurzfristige Erscheinung. Ähnlich liegt der Fall vielleicht, wenn ein schlechtes Zeugnis oder Liebeskummer einen Selbstmordversuch auslösen.

Aber nicht nur Kinder und Jugendliche wählen ihre Ziele manchmal kurzschlüssig und unbedacht. Denken wir etwa an den Mann, der seinen beruflichen Erfolg höher bewertet als sein Familienleben und, von seiner Frau vor die Wahl gestellt, den Beruf vorzieht. Ein lebenserfahrener Mensch mag hier wissen, daß eine »Ent-Täuschung« selbst dann wahrscheinlich ist, wenn er nun seine ehrgeizigsten beruflichen Pläne verwirklichen kann.

4.6 Sein und Sollen

Bis zu diesem Punkt ist ein wichtiges Argument unbeachtet geblieben, das von Subjektivisten zur Stärkung ihrer Position vorgebracht wird. Es behauptet einen grundlegenden Unterschied zwischen Tatsachen- und moralischen Urteilen, eine

Kluft, die jedes Begründen moralischer Urteile verhindere. Das Argument kann wie folgt skizziert werden:

Tatsachenurteile (»Seinsaussagen«) muß man entweder gar nicht eigens begründen (weil die Tatsachen offenkundig sind), oder es ist klar, wie eine solche Begründung aussehen muß. Moralische Urteile (»Sollensaussagen«) dagegen bedürfen offenbar der Begründung. Würde diese Begründung aber im Verweis auf ein anderes moralisches Urteil bestehen, wäre wenig gewonnen, weil dieses Urteil seinerseits begründungsbedürftig wäre. Die Rückführung eines moralischen Urteils auf ein (nicht weiter begründungsbedürftiges) Tatsachenurteil ist jedoch, so das Argument, aus prinzipiellen Gründen unmöglich. Also lassen sich moralische Urteile überhaupt nicht begründen.

Dieses Argument hat an verschiedenen Punkten entscheidende Schwächen. Um sie identifizieren und korrigieren zu können, wollen wir zunächst seine einzelnen Schritte prüfen: Worin liegt der behauptete Unterschied zwischen Tatsachenurteilen und moralischen Urteilen? Und woran scheitert eine Begründung moralischer Urteile durch Tatsachenurteile?

Die nähere Prüfung zeigt, daß sich verschiedene Einwände gegen das Argument erheben lassen. Insbesondere stellt sich die Frage, inwieweit moralische Urteile tatsächlich zweifelhafter und insofern begründungsbedürftiger sind als Tatsachenurteile. Die vorausgesetzte Möglichkeit, die beiden Urteilsarten überhaupt hinlänglich zu kennzeichnen und voneinander abzugrenzen, wollen wir hier nicht in Zweifel ziehen.

Der problematische Unterschied

Wir betrachten zunächst ein paar einfache Beispiele von *Tatsachenurteilen*: Morgen wird es regnen. - Das Bruttosozialprodukt dieses Landes betrug im vergangenen Jahr 500 Milliarden Mark. - Friedrich hat die eigenen Kinder erschlagen. - Der Schwefelausstoß dieses Kohlekraftwerks liegt um 15 Prozent über der festgelegten Norm. - Gase dehnen sich bei Erwärmung aus. - Vera hat gestern die Unwahrheit gesagt.

All dies sind Aussagen, in denen ein bestimmter Ausschnitt oder Aspekt der Welt beschrieben wird; sie können zutreffen oder nicht. Eine Einigung darüber, ob sie zutreffen, ist offenbar im allgemeinen möglich. Es genügt, auf die augenfälligen Tatsachen zu verweisen.

Mindestens in unkomplizierten Fällen wird man am Augenschein kaum vernünftige Zweifel hegen können. Wir sagen: »Ich habe es mit meinen eigenen Augen gesehen!« Was in dieser Weise offensichtlich ist, enthebt uns der Notwendigkeit weiterer

Begründung: Es *ist* eben so. Wer nicht glaubt, was er sieht, dem ist nicht zu helfen.

Sicher wird man nicht immer unmittelbar sehen können, ob ein Tatsachenurteil zutrifft. Für die Entscheidung dieser Frage sind jedoch auch in weniger offensichtlichen Fällen nicht Meinungen einzelner Personen, sondern die Tatsachen entscheidend, mögen sie auch schwer zu ermitteln sein. (Allerdings ist kaum zu übersehen, daß bei vielen derartigen Fragen, sobald sie etwas komplizierter werden, allzu oft die Suche nach der richtigen Antwort und die Hoffnung auf Konsens von den Beteiligten aufgegeben wird.)

Wie sieht das nun aber bei *moralischen Urteilen* aus? Hier scheint der Fall anders zu liegen. Betrachten wir zunächst wieder ein paar Beispiele:

Man darf unter keinen Umständen lügen. - Man soll seine Kinder zu rücksichtsvollen Menschen erziehen. - Man soll anderen Menschen helfen, wenn man kann. - Der Moon-Sekte beizutreten ist schlecht. - Petra ist ein anständiger Mensch.

In diesen Beispielen wird nicht einfach beschrieben, es wird bewertet oder gefordert. Und daher liegt, so das Argument, die Notwendigkeit einer Begründung dieser Urteile auf der Hand: *Warum* soll ich anderen helfen? *Warum* soll ich nicht lügen?

Wie aber soll die Begründung aussehen? Man könnte sich auf ein anderes moralisches Urteil berufen. Zum Beispiel: *Man soll die Würde anderer Menschen respektieren.* Alle derartigen Begründungen sind aber anscheinend ihrerseits wieder begründungsbedürftig: *Warum* soll ich die Würde anderer (unter allen Umständen?) respektieren? Der immer wiederholbaren Warum-Frage könnte man, so scheint es, nur entgehen, wenn die Antwort an irgendeinem Punkt in einem *Tatsachenurteil* bestünde, das entweder nicht begründungsbedürftig - weil offensichtlich wahr - oder doch grundsätzlich begründbar ist.

Humes Argument

Die Subjektivisten - und nicht nur diese - behaupten jedoch, daß dieser Ausweg nicht gangbar sei. Wie in Kapitel 3 bemerkt, weist schon Hume darauf hin, daß ein direkter Übergang von beschreibenden zu bewertenden oder fordernden Urteilen nicht ohne weiteres möglich ist: Daraus allein, daß etwas soundso *ist*, folgt nicht, daß es auch so sein *sollte*. Das leuchtet ein.

Viele ziehen nun aus diesem Hinweis weitreichende Schlüsse. Hier liege, so schließen sie, offenkundig eine *logische* Kluft vor: Aus einem »ist« sei ein »soll sein« prinzipiell nicht *ableitbar*. Von hier aus ist es nur ein kleiner Schritt zu dem Schluß, was sein solle, lasse sich überhaupt nicht darauf *zurückführen,* was ist: ein »Sein-Sollen« lasse sich durch ein »Sein« nicht *beweisen.* Und das wiederum bedeutet anscheinend: Moralische Urteile, Wertungen und Forderungen lassen sich nicht mit Tatsachen allein begründen. Wie aber sollte man sie sonst begründen? Also, so lautet die verbreitete Schlußfolgerung, sind moralische Normen und Werte überhaupt nicht begründbar, vernünftiger Argumentation nicht zugänglich.

Das Argument, das wir in diesem und dem vorangegangenen Abschnitt skizziert haben, läßt sich insbesondere an zwei Punkten angreifen. Erstens kann man gegen die auf Hume zurückgehende »Nichtableitbarkeitsthese« einiges einwenden; das werden wir im folgenden Abschnitt tun. Zweitens aber und vor allem läßt sich zeigen, daß auch die Gewißheit von »Seinsaussagen« problematisch sein und daß auch die generelle Ungewißheit und notorische Begründungsbedürftigkeit von »Sollensaussagen« bezweifelt werden kann; diesen Punkt werden wir anschließend knapp diskutieren, um im fünften Kapitel ausführlicher darauf einzugehen.

Kein »Sollen« aus »Sein«?

Zunächst also einige Beobachtungen zur Frage der Ableitbarkeit. Schon hier wird deutlich: Das Verhältnis zwischen Tatsachen- und moralischen Urteilen ist keineswegs so einfach, wie das im Argument zunächst klingt.

Zum Beispiel hat sich die Frage, ob man »Sollenssätze« nur aus Prämissen deduzieren könne, die ihrerseits ebensolche Sätze enthalten, als außerordentlich kompliziert erwiesen. Die Diskussion der Fachleute hat u.a. gezeigt, daß die Frage unklar ist und daß die Regeln der Logik selbst jedenfalls kein Hindernis für eine derartige Ableitung darstellen.

Auf die meist verzwickten und eher technischen Details der einschlägigen Debatte wollen wir hier nicht näher eingehen. Entscheidend ist: Ableitungen von Sollens- aus Seinsurteilen erscheinen bei genauerem Hinsehen nur dann als »unlogisch«, wenn man einen unüberbrückbaren Unterschied zwischen den beiden »Arten« von Urteilen schon voraussetzt - etwa mit der Behauptung: »Nur Tatsachenurteile können wahr oder falsch sein.«

Jedoch wird, wenn man eine solche Voraussetzung macht, die reklamierte Kluft zwischen Sein und Sein-Sollen mit einer Unterstellung begründet, die doch gerade zur Diskussion steht: mit der Unterstellung, moralische Urteile seien grundsätzlich nicht objektiv zu entscheiden. Erinnern wir uns: Die Subjektivisten führen den Unterschied zwischen Sein und Sein-Sollen als

Argument für die Subjektivität moralischer Forderungen ins Feld. Wollte man nun diesen Unterschied wiederum damit *begründen*, daß Sollenssätze - im Unterschied zu Seinssätzen - *nicht objektiv entscheidbar* seien, würde die Argumentation ganz offenkundig zirkulär.

Nun wird freilich kaum jemand einfach bestreiten wollen, daß Sein etwas anderes ist als Sein-Sollen. Wer z.B. den Unterschied zwischen »Du lügst nicht« und »Du sollst nicht lügen!« ignoriert, der spricht offenbar unsere Sprache nicht korrekt.

Auch wird es häufig nicht schwerfallen, ein bestimmtes Urteil entweder als moralisch neutrales Tatsachenurteil oder als moralisches Urteil einzuordnen - wobei allerdings nicht vorauszusetzen ist, daß alle Urteile einer der beiden Kategorien angehören werden; oder daß die moralisch stellungnehmende Komponente eines Urteils mit dem Auftreten des Wortes »sollen« zusammenfällt; oder auch nur, daß moralische Urteile in einem eindeutigen Sinne keine Tatsachenurteile sind.

Schließlich erkennen wir auch gerne an, daß das Plädoyer, zwischen »Sein« und »Sollen« zu unterscheiden, vielfach berechtigt ist. Zum Beispiel, wenn Verhaltensforscher in Gefahr sind, naturgegebene Tendenzen ohne Umstände als Beleg dafür zu nehmen, daß Menschen sich im Sinne dieser Tendenzen verhalten *sollten*.

Die von uns kritisierte Argumentation geht aber darüber hinaus: Sie macht aus der eher trivialen Feststellung, daß etwas nicht schon deshalb *sein soll*, weil es *ist*, so etwas wie ein Schlagwort, das man nur in die Debatte werfen muß, um jeden Anspruch zurückzuweisen, ein moralisches Urteil objektiv zu begründen. Die Sein-Sollen-Unterscheidung wird als Instrument verstanden, das den Subjektivisten der Mühe zu entheben scheint, jeden einzelnen Versuch, eine moralische Überzeugung aus Tatsachen herzuleiten, auf seine jeweilige Tauglichkeit hin zu prüfen.

Plausible Beispiele

Der verbreitete Glaube, daß ein derartiges Instrument zum Repertoire der Philosophie gehört, wird vermutlich durch eine einseitige Diät von *Beispielen* bestärkt. Gewiß: Die Tatsache, daß jemand *nicht lügt*, ist kein Grund für die Behauptung, daß er *nicht lügen soll*; die *tatsächliche* Verbreitung der Einehe ist kein Grund für die Forderung, daß man monogam leben *soll*. Aber niemand, der bei Sinnen ist - noch nicht einmal ein Philosoph -, hat dergleichen je behauptet. Eine vernünftige Frage wäre, ob irgendwelche *anderen* nicht-moralischen Tatsachen die jeweilige moralische Schlußfolgerung erlauben.

Versuchen wir es also mit einem plausibleren Beispiel. Von Herrn X, der nach Mitternacht Trompete übt, wird gesagt, er sollte das nicht tun. Zur Begründung wird angeführt: »Wer nach Mitternacht in einem Mehr-Parteien-Haus Trompete übt, verhält sich rücksichtslos. Wer sich rücksichtslos verhält, tut etwas, das man nicht tun sollte, etwas Schlechtes.«

Falls Herr X tatsächlich nach Mitternacht Trompete übt, ist das gewiß eine Tatsache. Aber auch dies ist eine Tatsache: daß solches Üben (unter normalen Umständen) rücksichtslos ist. Und wer wollte bestreiten, daß Rücksichtslosigkeit etwas Schlechtes ist, daß man sich also nicht rücksichtslos verhalten soll? Aus der Feststellung der *Tatsache*, daß X nach Mitternacht Trompete übt, folgt also in Anbetracht der Umstände ein *moralisch wertendes* Urteil, nämlich: daß X nicht tun sollte, was er tut.

Wir werden noch (insbesondere in 5.7) untersuchen, welche Rolle ein Begriff wie *Rücksichtslosigkeit* in solchen Begründungen spielt. Hier wenden wir uns erst einmal einem etwas anderen Beispiel zu.

Paul hat an Peter hundert Mark verliehen. Indem wir nun sagen, Peter schulde Paul einhundert Mark, beschreiben wir eine Situation, das Ergebnis eines Geschehens. Doch »enthält« oder impliziert die Beschreibung auch eine Forderung, etwa: »Peter soll Paul die geliehenen einhundert Mark vereinbarungsgemäß zurückgeben!«. Das zeigt sich etwa darin, wie man Kinder auf ihr falsches Verständnis des Wortes »geliehen« hinweist, wenn sie ein geliehenes Spielzeug behalten wollen: »Er hat es dir nur geliehen, nicht geschenkt. Du mußt es zurückgeben.«

Dennoch haben wir es in diesem Beispiel - »Peter schuldet Paul hundert Mark« - eindeutig mit der Behauptung einer Tatsache zu tun: Die Beschreibung der Situation kann schlicht falsch sein, z.B. dann, wenn Peter von Paul das Geld nicht erhalten oder doch nicht entliehen oder bereits an ihn zurückgezahlt hat. In diesen Fällen ist dann auch die Forderung nach Rückgabe des Geldes »falsch«.

Wir sagen von diesem Geld: Es wurde von Paul in Peters Hand gelegt, ihm gegeben, ihm geliehen; es wird Paul von Peter geschuldet; es soll jenem von diesem zurückgezahlt werden. Wo findet sich in dieser Skizze einer Folgerung die Stelle, an der wir »den Boden der Tatsachen« verlassen?

Ähnlich wie das Urteil, Peter solle Paul einhundert Mark zurückzahlen, *könnte* auch das allgemeine Urteil, man solle nicht lügen, *falsch sein*. Das wäre etwa der Fall, wenn es unter bestimmten Umständen erlaubt wäre, zu lügen.

Auch wenn »Man soll nicht lügen« kein im engeren Sinne beschreibender Satz ist, liegt hier doch eine Behauptung vor. Daß wir die Frage, ob man niemals lügen dürfe, nicht ohne weiteres entscheiden können, zeigt zunächst nur, daß es sich um eine schwierige, nicht aber, daß es sich um eine nicht objektiv beantwortbare oder sinnlose Frage handelt.

Auch *wie* sie entschieden werden kann, mag nicht leicht zu sagen sein. Dies aber gilt ja auch für viele rein beschreibende Behauptungen, auch für solche der Naturwissenschaft (»Quasar 007 ist soundso viele Lichtjahre von der Erde entfernt«).

Unterschiedlicher Begründungsbedarf?

Die bisherigen Beispiele verdeutlichen, daß man die kategorische Behauptung, moralische Urteile ließen sich nicht unter Rückgriff auf eindeutig entscheidbare Tatsachenurteile begründen, in vielen Fällen nicht aufrechterhalten kann. Wenden wir uns nun noch einmal der Auffassung zu, bei moralischen Urteilen sei es immer legitim, eine Begründung zu verlangen, während bei vielen Tatsachenurteilen der Begründungsbedarf spätestens da an seine natürlichen Grenzen stoße, wo man sich durch bloßes Hinschauen von der Wahrheit oder Falschheit dieser Urteile überzeugen könne.

Dieser Auffassung stellen wir die These entgegen, daß moralisch oder sonstwie wertende Urteile sich im Hinblick auf die Notwendigkeit einer weiteren Begründung *nicht prinzipiell* von Tatsachenurteilen unterscheiden. Unserer Meinung nach lassen sich auf beiden Seiten sowohl Fälle identifizieren, die einer weiteren Begründung bedürfen, als auch solche Fälle, für die eine Begründung durch grundlegendere Wahrheiten nicht erforderlich ist bzw. gar nicht infrage kommt.

Beispiele von hohem Begründungsbedarf lassen sich für Tatsachen- ebenso wie für moralische Urteile leicht angeben. Sie sollen uns hier nicht weiter beschäftigen; denn sie sind für das Anliegen dieses Kapitels ohne Interesse - solange man nicht vergißt, daß die Notwendigkeit einer weiteren Begründung nicht die Unmöglichkeit einer solchen Begründung impliziert! Kritisch für unsere These sind die Fälle, in denen Urteile einer weiteren Begründung weder bedürfen noch fähig sind.

Beginnen wir unsere Prüfung solcher Fälle bei den *Tatsachenurteilen*. An der Wahrheit eines Tatsachenurteils kann man unter bestimmten Umständen sehr wohl zweifeln. Unter welchen Umständen aber?

Für Tatsachenaussagen müssen häufig schon sehr außergewöhnliche Umstände und sehr überzeugende Gründe vorliegen, um einen ernstlichen Zweifel an ihrer Wahrheit zu wecken. Vieler dieser Sätze sind wir uns einfach absolut sicher, weil ihre Wahrheit das Fundament unseres Handelns bildet.

Ludwig Wittgenstein, der auf diesen Zusammenhang hinweist, nennt unter vielen anderen Beispielen den Satz »Ich heiße L. W.« (*Über Gewißheit*, Oxford 1969, §§ 328, 470 u.a.). Dem Inhalt nach völlig andersartig, aber ähnlich fundamental und unbezweifelbar ist für uns der Satz »Die Erde ist eine Kugel und keine Scheibe«.

Welche Art von Argumenten oder Beweisen könnte einen Menschen, der an Sätzen dieser Art *ernstlich* zweifelte, von ihrer Wahrheit überzeugen? Wären für ihn nicht jedes Argument und jeder »Beweis« mindestens ebenso zweifelhaft wie diese Sätze selbst?

Diese Beispiele zeigen, daß die Wahrheit vieler Sätze einfach eine Grundlage unserer Lebenspraxis ist. Nichts ist normalerweise sicherer und gewisser als sie, insbesondere auch nicht die Gründe, die uns an ihnen zweifeln lassen wollen.

Gilt dies aber nicht auch für viele *moralische Urteile*? Wir sind *sicher*, daß man Kinder nicht zum Vergnügen quälen darf. (Von Erwachsenen reden wir nicht, um dem Einwand zu entgehen: »Sie könnten sich doch einverstanden erklären!«) Jedes Argument, das uns hier vom Gegenteil überzeugen wollte, wäre *schon deswegen* zweifelhaft: Eine Überlegung, die zu dem Schluß führt, man dürfe ein Kind zum Vergnügen quälen, *muß* falsch sein.

Bestimmte moralische Überzeugungen gehören nicht weniger als manche Beschreibungen der Welt zur Grundlage unseres Lebens und Zusammenlebens. Für sie besteht nicht nur kein Begründungsbedarf; es ist vielmehr gar nicht möglich, eine wirkliche Begründung für die Wahrheit dieser Überzeugungen zu liefern, da sie selbst den Maßstab für die Gewißheit von Überzeugungen abgeben. (Kapitel 5 wird das Thema »Gewißheit« weiter vertiefen.)

Unsere bisherige Argumentation sollte belegen, daß moralische Urteile mit dem gleichen Grad an selbstverständlicher Gewißheit ausgestattet sein können wie die selbstverständlichsten Tatsachenurteile. Zu diesem Zweck haben wir einen *allgemeinen* moralischen Satz als Beispiel herangezogen. Ist aber damit hinreichend gezeigt, daß Tatsachen- und moralische Urteile im Hinblick auf die Möglichkeit ihrer Gewißheit prinzipiell gleichgestellt sind? Der kritische Leser wird doch vielleicht Beispiele *situationsbezogener* moralischer Urteile vermissen, deren Gewißheit mit jener Tatsachengewißheit vergleichbar ist, die auf unmittelbarer Wahrnehmung beruht.

Wenn ich aus dem Fenster schaue, sehe ich beispielsweise, daß die Sonne scheint (oder daß es regnet). An einer entsprechenden Feststellung ist unter normalen Umständen kaum ein Zweifel möglich, sie ist unmittelbar gewiß. Einer solchen Wahrnehmungsgewißheit scheint auf dem Gebiet moralischer Urteile nichts zu entsprechen. Schließlich ist doch das bloße Aussehen der Dinge für moralische Wertungen nicht entscheidend.

Denken wir aber an den Fall, in dem wir beobachten, wie eine Gruppe angetrunkener Jugendlicher abends in der Fußgängerzone über einen wehrlosen Passanten herfällt, der gerade vorbeikommt. Die Gewißheit, mit der wir in diesem Verhalten eine gemeine Gewalttat erkennen, ist ebenso unmittelbar wie die Wahrnehmung des Vorfalls selbst. Ähnlich unmittelbar stellt sich eine moralische Bewertung ein, wenn wir etwa einen Ladendiebstahl beobachten, wenn wir hören, daß Eltern ihre Kinder sexuell mißbrauchen, wenn wir Zeugen von Folter oder sonstigem massivem Unrecht werden.

Stellen wir uns vor, jemand wollte einwenden, die skizzierten spontanen Reaktionen seien weniger unmittelbar, die Handlungsbewertungen weniger gewiß als Tatsachenurteile, die auf Wahrnehmung beruhen; denn sie hingen von entsprechenden allgemeinen moralischen Einstellungen ab und diese Einstellungen stünden *ernstlich* zur Debatte. Ein solcher Einwand würde nicht die generelle Ungewißheit situationsbezogener moralischer Urteile beweisen, sondern eine *Lebenswelt* offenbaren, die von der unseren himmelweit entfernt wäre.

4.7 Geschmackssachen

Bis zu diesem Punkt haben wir vor allem über Fragen und Urteile gesprochen, die im engeren Sinne moralisch zu nennen sind. Nun gibt es aber, mag der hartnäckige Subjektivist erklären, neben Fragen aus diesem Bereich (»Darf man in der Steuererklärung falsche Angaben machen?«) natürlich noch andere Kategorien wertbezogener Fragen: »Wie schmeckt der Wein?« »Steht mir dieses Kleid?« »Wie ist der Wert dieses Kunstwerks zu beurteilen?« Beginnt nun nicht wenigstens hier das »Reich der Beliebigkeit«: ein Bereich, in dem wirklich ausschließlich individuelle Vorlieben, Abneigungen, Einstellungen und - wie auch immer entstandene - Meinungen unsere Entscheidungen bestimmen und auch bestimmen sollen?

Tatsächlich aber gibt es bei genauerem Hinsehen sogar in bezug auf den Geschmack, über den sich einer gern zitierten Redensart zufolge nicht streiten läßt, Kenntnis und Kompetenz. Genauer gesagt: Auch die angedeuteten Beispiele betreffen Gebiete, in denen zwei Gesichtspunkte auseinanderzuhalten, Subjektives und Objektives zu unterscheiden sind.

Zum einen nämlich gibt es hier die sogenannten Geschmacksfragen: »Wie schmeckt *dir* dieser Wein, gefällt *dir* dieses Kleid, dieses Kunstwerk ...?« Sie fragen tatsächlich nach Vorlieben des Subjekts. Von ihnen sind jedoch andere Fragen zu unterscheiden: »Ist der Wein gut, das Kleid chic, das Kunstwerk wertvoll ...?« Bei der Beantwortung dieser Fragen spielen persönliche Vorlieben keine Rolle. Hier entscheiden Kriterien und - vor allem, wo es definierbare Kriterien nicht gibt - das kompetente Urteil von Kennern und Experten.

Zum Beispiel haben wir sogar im Bereich der kulinarischen Ästhetik keine Schwierigkeit damit, die Expertise eines Gourmets zu akzeptieren. Die Frage etwa, ob ein bestimmter Wein *schlecht* geworden ist (z.B. weil er falsch gelagert wurde), kann ein Experte sicherer entscheiden als ein Novize. Er nimmt Unterschiede wahr, die der Ungeübte nicht bemerkt. Und wir werden auch dem wertenden Urteil des Kenners, dieser Wein sei *besser* als jener, in aller Regel vertrauen dürfen. Er weiß, worauf es bei einem solchen Urteil ankommt; und er ist geübt, erfahren und sicher in der Anwendung dieser Maßstäbe.

Gleiches gilt sicher auch für den Bereich der Kunst und insbesondere der Musik. Denken wir etwa an einen Schubert-Experten, der jedes in der Partitur nicht vorgesehene *Ritardando* traumwandlerisch sicher identifiziert. Diese Kompetenz garantiert zwar noch nicht, daß sein Urteil darüber, ob dieses Ritardando dem Stück *schlechter* bekomme als die normale Spielweise, unbesehen zu übernehmen ist. Aber wir würden jedenfalls sein Urteil ernster nehmen als das eines Teenagers, der in den *Rolling Stones* den Höhepunkt westlicher Musikkultur erblickt. Dieser Teenager weiß einfach nicht, wovon er spricht, wenn er auf einen ersten Eindruck hin Schubert als »sentimentales Gefiedel« und als »besonders an dieser Stelle zu langsam« beurteilt.

Ein Subjektivist könnte einwenden, er glaube nicht an die objektive Erkennbarkeit von Qualitätsunterschieden: »*Wie* kommen denn die Kenner zu ihren Urteilen?« Es geht uns aber hier nicht darum, diese Frage zu beantworten, sondern nur darum: festzuhalten, daß es anerkannte Experten gibt und daß wir ihr Urteil respektieren.

Natürlich ist klar, daß nicht alles, was besser ist, jedem einzelnen auch besser gefällt oder »schmeckt«. Das ist jedoch kein Einwand. Mögen auch spontane Vorliebe und geübte objektive Beurteilung miteinander zusammenhängen, so repräsentieren sie doch, wie bereits gesagt, unterscheidbare Gesichtspunkte.

Im übrigen gibt es keinen Grund, Geschmack und Gefallen zu reglementieren. Die Übereinstimmung unserer Präferenzen und des entsprechenden Verhaltens mit objektiven Wertmaßstäben ist ja nicht immer und überall ein Erfordernis guter Lebensführung.

Andererseits sind Geschmack und Gefallen eben keine Qualitätskriterien. Sie können durch Bildung und Übung geformt sein; ebenso aber können sie Unkenntnis oder Irrtum verraten - z.B. wenn es an der Gelegenheit gefehlt hat, ein differenziertes und treffsicheres Urteil auszubilden.

Allerdings ist kaum zu übersehen, daß in einigen Bereichen auch der Expertenkonsens dramatischen Wandlungen unterworfen zu sein scheint. Dies gilt insbesondere für die Mode: Schnitte oder Farbkombinationen, die heute als raffiniert gelten, hätten vielleicht noch vor Jahresfrist den Befürworter aus dem Kreis satisfaktionsfähiger Kenner ausgeschlossen. Hier erweist sich doch, darauf könnte ein Relativist beharren, das jeweils maßgebliche Urteil als ein annähernd lupenreines soziales Phänomen!

Aber selbst in diesem äußersten Grenzbereich ist nicht jedes Urteil von vornherein jedem anderen gleichwertig. Auch hier verraten Bewertungsunterschiede nicht nur Unterschiede der Vorliebe, sondern auch solche der Kompetenz, des Wissens, der Erfahrung. Freilich zeigen die Bewertungen Relativität: sie sind relativ zum jeweils geltenden Standard. Das hindert sie aber nicht daran, vor dem Hintergrund dieses Standards objektiv richtig oder falsch zu sein. Im Gegenteil: Die Relativität schließt ein fundiertes Urteil z.B. über die Eleganz eines Kleides nicht aus, sondern erzwingt spezifische und differenzierte Gesichtspunkte.

Im übrigen kommt ein solcher Standard seinerseits nicht durch bloße Vorliebe oder willkürlichen Beschluß zustande. Neue Mode und veränderter Stil sind zumindest *auch* Ausdruck eines gewandelten Lebensgefühls und letzten Endes der Lebensorientierung. Warum sollte man unter diesem Vorzeichen nicht auch von objektiv guten bzw. schlechten Entwicklungen im Bereich der Mode sprechen können?

Aber genug über »Geschmackssachen«. Auch ein Vergleich moralischer Fragen mit Bewertungsfragen in den hier angesprochenen Bereichen dürfte nach dem Gesagten eher einen objektivistischen als einen subjektivistischen Standpunkt stützen.

4.8 Mißverstandene Toleranz

Ein Grund für die verbreitete Ablehnung des objektivistischen Standpunktes in Fragen der Moral ist vermutlich in einem Mißverständnis des Toleranzgedankens zu suchen.

Das Ideal der Toleranz hat seit der Aufklärung einen kaum glaublichen Siegeszug durch nahezu alle Bereiche menschlicher Unterschiedlichkeit und Auseinandersetzung hinter sich. Daran ändert auch die Beobachtung aktueller, teilweise beängstigender Ausnahmen nur wenig. Toleranz steht hoch im Kurs - auch bei den Zeitgenossen, die sie bestimmten Personengruppen oder Verhaltensweisen gegenüber in erschreckender Weise vermissen lassen: Toleranz in bezug auf das *eigene* Verhalten wird man selbstverständlich fordern.

Diese zweifellos begrüßenswerte Hochschätzung hat freilich auch dazu geführt, daß die Toleranz ihre ursprünglichen Konturen mittlerweile fast ganz verloren hat. Der eigentliche Sinn der Toleranz: andere Lebensweisen und -auffassungen, insbesondere religiöse Bekenntnisse, als Versuche der Orientierung gelten zu lassen und vor allem ihre Ausübung nicht gewaltsam zu unterdrücken, ist heute bis zur Unkenntlichkeit verwässert: Fragen der Wahrheit gelten weithin als gleichgültig; und die Auffassung des Gegenübers löst kaum den Wunsch nach Verstehen, Auseinandersetzung, vielleicht gar Warnung vor Konsequenzen aus.

Hierzu hat sicher das verbreitete Mißverständnis beigetragen, die Forderung, andere Meinungen zu tolerieren, bedeute, daß auch deren *inhaltliche Beurteilung unerlaubt* sei (vgl. 4.2). Von hier aus ist es dann oft nur noch ein kleiner Schritt zu der Unterstellung, eine Beurteilung sei tatsächlich *unmöglich*, da es Wahr und Falsch in solchen Fragen überhaupt nicht gebe.

Insbesondere bei der kontroversen Diskussion konkreter Fragen führt dies immer häufiger zu der entmutigenden Situation, daß der Gesprächspartner, nachdem er kein einziges der vorgebrachten Argumente entkräften oder widerlegen konnte, schließlich achselzuckend und ohne Mißbehagen einräumt: »Na schön, das ist *deine* Meinung!« Das bloße Vorliegen divergenter Positionen gilt hier als Indiz für Unentscheidbarkeit.

Nicht selten wird dabei die Ratlosigkeit zur These: »*Die Wahrheit gibt es ohnehin nicht!*« Ihr entspricht die verwunderte oder verärgerte Frage: »Kannst du denn meine abweichende Meinung nicht einfach akzeptieren?« Dahinter steht ein leicht erkennbares Mißverständnis: Aus der Forderung nach Toleranz - *Akzeptiere, daß andere ihre Ansicht äußern und gegebenenfalls auf ihr beharren!* - ist eine Forderung nach Indifferenz geworden: *Akzeptiere, daß ihre Ansicht inhaltlich genausoviel wert ist wie jede andere!*

Eine besonders beliebte Variante, inhaltliche Auseinandersetzungen zu sabotieren, besteht darin, an einem kritischen Punkt der Diskussion die Gesprächsebene zu wechseln. An die Stelle logischer treten dann psychologische Gesichtspunkte. Thematisiert wird etwa die Art der Auseinandersetzung (»Wie kannst du bei diesem Thema nur so ruhig bleiben?«) oder die Motivation des Gegenübers (»Dir ist es offenbar wichtig, hier recht zu behalten?«). Unausgesprochen verbirgt sich dahinter oft der Gedanke, es gebe keine objektiv gültigen Argumente: lediglich die *Person* des Kontrahenten bestimme seine *Position*.

Um Mißverständnissen vorzubeugen: Grundsätzlich ist natürlich gegen diese Fragen nichts einzuwenden. Freilich müssen auch sie, *wenn* sie denn Thema werden, mit Gründen und Argumenten behandelt werden. Jedenfalls aber ist ihre Beantwortung für die Behandlung der ursprünglichen Gesprächsinhalte normalerweise belanglos.

Warum es mir gelingt, bei diesem oder jenem hitzig diskutierten Thema die Fassung zu bewahren, und warum ich an diesem oder jenem Punkt der Diskussion so hartnäckig an die Richtigkeit meiner Argumente glaube, ist für die Beantwortung der Frage, ob meine Auffassungen und meine Argumente richtig *sind*, ohne Bedeutung.

Das alles wird nicht durch die unbestreitbare Tatsache widerlegt, daß faktisch oft eher die bessere Rhetorik als das bessere Argument überzeugt und daß ein Konsens durchaus an der Uneinsichtigkeit oder an einer spezifischen Motivationslage dieser oder jener Seite scheitern kann.

Die Proklamation einer mißverstandenen Toleranz, die den Unterschied zwischen Wahr und Falsch ignoriert oder bagatellisiert, läutet das Ende jeder vernünftigen Erörterung ein. Wo es diesen Unterschied nicht mehr geben darf, wird bald jede Diskussion zum bloßen sozialen Phänomen.

Das ist aber noch nicht alles: Aus dem Ideal der Toleranz wird auf diese Weise schließlich eine Absurdität. Die Protagonisten einer universellen Gleichberechtigung der Meinungen müssen nämlich den Anspruch der *so* verstandenen Toleranz-Forderung, also der Gleich-Gültigkeit, spätestens da zurückziehen, wo sie selbst für die Berechtigung *dieser ihrer Position* argumentieren wollen. Denn solange alle Auffassungen als gleichermaßen berechtigt gelten, lassen Argumente für Toleranz die Berechtigung der Intoleranz ja unangetastet. Toleranz, so könnte man sagen, wird unsinnig, wo konsequenterweise die Toleranz der Intoleranz gefordert wird.

Auch der Toleranzgedanke also stellt, sofern er nicht in die beschriebene Indifferenz und Selbstaufhebung abgleitet, keineswegs die Möglichkeit infrage, Wahrheit zu suchen und zu finden - auch in Fragen der Moral.

4.9 Das gute Leben

Blicken wir auf die Erörterungen dieses Kapitels zurück, so müssen wir sagen: Es ist einfach nicht richtig, daß wir nichts darüber wissen, wie ein gutes Leben auszusehen hätte und wie nicht. Insbesondere haben sich Subjektivismus und Relativismus als wenig plausibel erwiesen; der Egoist steht sich selbst im Weg; und bloße Zufriedenheit ist offenbar kein Ersatz für moralisches Argumentieren.

Argumente für Argumentation

Rufen wir uns im Hinblick auf diesen letzten Punkt noch einmal den Fahrplanlerner in Erinnerung (4.5). Das Beispiel mag absurd erscheinen. Aber zum einen ist es interessant, sich zu fragen, *warum* wir absurd oder vielleicht auch »krankhaft« finden, was er tut. Vermutlich doch deshalb, weil es schlechterdings kein nachvollziehbares Ziel gibt, das wir uns als *vernünftige Grundlage* einer solchen Lebensgestaltung denken können und weil wir umgekehrt *Gründe* haben, nicht so zu leben wie er. Zum anderen jedoch: Selbst wenn das Beispiel unrealistisch erscheint und deshalb nicht überzeugt, so kennen wir alle doch Fälle, in denen klar ist: Hier ist jemand gescheitert, hier hat jemand schlecht gelebt, sich verzettelt, seine Gaben verschwendet oder seine Pflichten vernachlässigt.

Ein paar Beispiele dieser Art: Die junge Frau, die um eines materiellen Vorteils willen Freunde hintergeht, macht offenbar etwas falsch; sie schädigt sich, auch wenn sich ihr Handeln finanziell auszahlt. Der Vater, der um der Karriere willen seine Kinder nie wirklich kennengelernt hat, ist auch dann gescheitert, wenn er den erstrebten beruflichen Erfolg schließlich einheimsen kann; zu spät wird er merken, wie einseitig, enttäuschend und unbefriedigend letztlich ein Leben bleibt, in dem er alles für eine Leitungsposition in die Waagschale geworfen hat. Der begabte Arzt, der ein ganzes Berufsleben lang die Gesichtszüge reicher Klienten chirurgisch dem letzten Schrei entsprechend modelliert, hat seine besondere Gabe verschwendet.

Nebenbei bemerkt: Abgesehen davon, daß in diesen und vielen vergleichbaren Fällen Ziele um einen zu hohen Preis erstrebt werden, ist es nur allzu klar, daß gerade die angedeuteten Ziele in den meisten Fällen noch nicht einmal erreicht werden.

Damit die Beispiele nicht mißverstanden werden: Wohlstand, Erfolg und Anerkennung sind durchaus erstrebenswerte Ziele. Sie zu verfolgen, ist nicht etwa unmoralisch oder Zeichen eines schlechten Lebens. Entscheidend ist allerdings der Stellenwert, den man diesen Zielen beimißt (und es ist ziemlich schwierig, Wohlstand anzustreben, ohne ihm einen zu hohen Stellenwert zuzuweisen). Es gibt einfach Wichtigeres als Geld zu verdienen; daran ändert auch die Tatsache nichts, daß manche Menschen nichts wichtiger nehmen. Und um auch dies noch einmal zu betonen: Die Tatsache, daß es Wichtigeres als Geld gibt, berechtigt, für sich genommen, nicht dazu, per Gesetz oder sonstwie zu verhindern, daß jemand das Geldverdienen zu seinem wichtigsten Ziel macht.

Daß individuelle Zufriedenheit, aktuelles Wohlbefinden und auch persönlicher Genuß um eines moralischen Lebens willen durchaus nicht zurückstehen müssen, haben wir an Beispielen und mit verschiedenen Argumenten klarzumachen versucht (4.4). Im Gegenteil wird in aller Regel das gute Leben auch ein Leben sein, an dem man Freude hat.

Und dafür ist es nicht etwa notwendig, sich erst einmal zu einem idealistischen, asketischen und gewissermaßen rein geistigen Verständnis von persönlichem Wohl und Glück durchzuringen. Es genügt, sich vor Augen zu führen, daß der kurzfristige Vorteil auch für einen selbst auf Dauer kaum befriedigend sein wird. Allerdings sind es in der Tat im allgemeinen vordergründige materielle und andere sogenannte »äußere« Vorteile, die einem wirklichen Lebensglück im Wege stehen.

Das Opfer, die eigene Bequemlichkeit u.ä. um eines dauerhafteren Nutzens und eines befriedigenderen Erfolges willen zurückzustellen, wird erstens viel seltener gefordert, als man fürchten könnte. Und zweitens wird es dann oft auch gar nicht so groß sein (nicht größer als die Opfer, die viele Leute zu bringen bereit sind, um schlank zu werden).

Mindestens so wichtig wie die Bereitschaft, um des eigenen Glücks willen auf hinderliche »Vorteile« zu verzichten, ist wohl die Zuversicht, durch Nachdenken und durch Beherzigen von Argumenten zu einer angemessenen Vorstellung von diesem Glück gelangen zu können.

Kein Grund zur Skepsis

Vertritt man eine objektivistische Sicht der Moral, so ruft man im allgemeinen Skepsis hervor. Die äußert sich insbesondere in drei Argumentationslinien: 1. Die Behauptung, es gebe objektiv bessere und schlechtere Weisen, sein Leben zu führen und zu gestalten, ist bedenklich, weil sie Paternalismus und Zwang legitimiert. 2. Der Egoismus ist einer moralischen Lebensweise überlegen. 3. Die Subjektivität moralischer Urteile und Forderungen ist unüberwindlich.

Eine nähere Prüfung hat alle drei Argumentationslinien als brüchig und wenig überzeugend erwiesen. 1. Unsere These, daß es Argumente für richtige und gegen falsche Weisen der Lebensführung gibt, ist nicht wirklich bedenklich, wenn man den einfachen Unterschied zwischen der Richtigkeit einer Ansicht und der angeblichen Berechtigung zu ihrer autoritären Durchsetzung nicht aus dem Blick verliert. 2. Der Egoismus ist einer moralischen Lebensweise nicht so überlegen und für den Egoisten nicht so erfreulich, wie ein kurzfristiger und kurzschlüssiger Kosten-Nutzen-Kalkül uns nahelegen will; und die moralische Lebenseinrichtung ist zufriedenstellender und erfüllender, als ihre Kritiker uns weismachen wollen. 3. Die These, letztlich könne jeder nur für sich selbst entscheiden, worin eine gute und richtige Lebensführung bestehe, ist in verschiedener Hinsicht einfach falsch: Grundlegende moralische Forderungen sind schwerlich im Ernst bezweifelbar; und speziell in Hinblick auf weniger gewisse Urteile und Forderungen kann man vernünftig argumentieren - was wir alle auch immerzu tun.

Wir haben nicht behauptet, »die Wahrheit der Moral zu beweisen«. Ob ein solcher Beweis überhaupt möglich ist, gehört zu den Fragen des folgenden Kapitels. Uns ging es darum zu zeigen, daß gängige *moralverneinende* Argumente *keine* guten Gründe, geschweige denn Beweise dafür liefern, daß es *keine* objektiven moralischen Maßstäbe gebe.

Insbesondere wollen wir nicht den Eindruck erwecken, moralische Überzeugungen und Forderungen mit einem Verweis auf den eigenen Vorteil begründet zu haben. In 4.4 gelangen wir umgekehrt zu der Folgerung: *Moralverneinung* kann sich *nicht* darauf berufen, daß *Moral den eigenen Vorteil untergräbt.* Immerhin haben unsere Überlegungen auch gezeigt, daß es kein Zufall ist, wenn Moral und wirkliches Glück Hand in Hand gehen.

Wenn unsere Argumente stichhaltig sind, muß man das Ende der Moral jedenfalls nicht schon deswegen diagnostizieren, weil sie sich als lebensverneinend, freiheitsfeindlich und subjektiv erwiesen habe. Unter ihrem Anspruch lebt es sich nicht schlechter, sondern besser als ohne sie. Und die Objektivität dieses Anspruchs läßt sich mit guten Gründen verteidigen.

Moralische Urteile können richtig oder falsch sein. Für die Antwort auf die Frage, wie man sein Leben einrichten solle, spielen Einsicht und Argument eine entscheidende Rolle. Insofern ist die Art und Weise unserer Lebensführung keine Sache des Beliebens. Es gibt vielmehr eindeutig falsche, es gibt bessere und schlechtere, es gibt eindeutig gute Formen der Lebensgestaltung - auch wenn es nicht nur eine einzige Weise gibt, gut zu leben.

5 Wie rational ist Moral? Alltägliche Gewißheit und philosophische Deutung

5.1 Moralbegründung: Nachfrage und Angebot

Weder als sozialwissenschaftliche bzw. meta-ethische Theorie noch als Gefährdung einer gesellschaftlichen Praxis ist Moralverneinung durch Festhalten an der Tradition allein aus der Welt zu schaffen. Sie bedeutet eine Herausforderung der Moralphilosophie. Sie wirft die Frage auf: Wie vernünftig ist die Moral?

Dieser Frage wollen wir in diesem letzten Kapitel nachgehen. Dabei werden wir Fragen der vorangehenden Erörterungen aufgreifen und erreichte Ergebnisse vertiefen. Im Vordergrund sollen drei eng miteinander verknüpfte Gesichtspunkte stehen: 1. Was kann die Philosophie zu vernünftiger Moralbejahung beitragen? 2. Was leisten Argumente auf den unterschiedlichen Ebenen moralischer Reflexion? 3. Welcher Art Rationalität repräsentieren unsere moralischen Begriffe?

Am Ende des Buches werden wir nochmals dafür plädieren, Normen des Umgangs mit anderen Menschen als Elemente eines umfassenderen Ideals gelungener Lebensgestaltung zu betrachten. Zunächst aber gehen wir hier in der Auseinandersetzung mit alltäglichen und philosophischen Auffassungen wieder von einem gängigen, nämlich engeren Verständnis von »Moral« aus.

Erwartungen

Die zuversichtlichen Töne des vorangehenden Kapitels lassen vielleicht doch den einen oder die andere mit offenen Fragen oder gar mit dem Gefühl zurück, überrumpelt worden zu sein. Sollten sich Fragen der Moral tatsächlich so schmerzlos entscheiden lassen wie andere Fragen auch? Wie kommt es dann, daß unsere Gesellschaft mit endlosen Meinungsverschiedenheiten und Konflikten aufwartet, sobald es um Richtig und Falsch in der Gestaltung des individuellen oder sozialen Lebens geht?

Und zeigt das nicht, daß die überkommene Moral doch eine überholte, ans Ende gekommene Moral ist? Bedarf es nicht - im Blick auf geänderte gesellschaftliche Verhältnisse und auf globale Probleme der heutigen Zivilisation - einer alternativen Orientierung, zu der auch die Philosophie ihren Beitrag leisten sollte?

Wenn andererseits die Moral eine Zukunft haben soll: muß dann die Philosophie nicht mehr leisten, als lediglich den bereits

Überzeugten zu predigen und darüber hinaus nur Argumente zu liefern, die bestenfalls bestehende moralische Überzeugungen gegen Einwände verteidigen? Kann und sollte sie nicht, frei von allen vorgegebenen Traditionen, ohne Voraussetzung, auf die Frage »Wie sollen wir leben?« eine Antwort geben, die jeden vernünftigen Menschen überzeugen muß, weil sie von Grund auf bewiesen und deshalb selbst vernünftig ist?

So oder so, ob wir die tradierte Moral oder eine neue Art der Orientierung brauchen: Es scheint Sache der Philosophie zu sein, das eine oder das andere auf eine gediegene Basis zu stellen.

Nun zeugt es nicht unbedingt von einem Mangel an Gewissen oder Vernunft, wenn Menschen sich fraglos an überlieferten Normen der Lebensgestaltung orientieren, solange sie keine *Gründe* haben, sie infrage zu stellen. Ebensowenig ist es besonders gewissenhaft oder besonders vernünftig, wenn jemand die Regeln, nach denen er sein Leben gestaltet, *immer wieder* daraufhin befragt, welchen Sinn sie haben und ob sie sich begründen lassen. Denn es gehört zu den Funktionen von Regeln, unser Handeln und auch unser Denken vom ständigen Begründungsbedarf zu entlasten; und diese Funktion können sie nicht erfüllen, wenn sie ihrerseits ständig der Frage nach ihrem Sinn, ihrer Legitimation usw. ausgesetzt werden.

Aber das heißt natürlich nicht, die Frage sollte unbeantwortet bleiben, wenn sie sich stellt. Und heute stellt sie sich - wir erinnern an die Kapitel 1 bis 3 - für viele Menschen in einer früher nur selten gekannten Weise.

Relativ geschlossene Lebens- und Sinnzusammenhänge, in denen moralische Traditionen nahtlos in Strukturen von Arbeitswelt, Familien- und Generationenzugehörigkeit, Heimat, Brauchtum und Religion verwoben sind, haben sich zusehends aufgelöst. Damit sind nicht nur der Befolgung moralischer Normen wirksame Stützen entzogen; auch die Moral als gesellschaftliche Macht hat ihre Verankerung in einem recht stabilen kulturellen Boden weitgehend eingebüßt. Schon dadurch droht sie ihre Selbstverständlichkeit zu verlieren.

Dazu kommt dann der ebenfalls bereits erwähnte, vor allem durch Universitäten, Schulen und Medien vermittelte Einfluß philosophischer und sozialwissenschaftlicher Theorien und Thesen, die zur Moralverneinung einladen, indem sie unsere Orientierung an unbedingten Maßstäben auf diese oder jene Weise zum Problem machen.

Unter der Einwirkung dieser Faktoren kann im Einzelfall die Frage nach dem guten Leben mitsamt der fraglosen moralischen Orientierung hinweggeschwemmt werden. Wo dies jedoch nicht eintritt, bewirkt der Wandel vielfach das Bedürfnis, überkommene Maßstäbe zu überprüfen und sich zu fragen, ob man gute

Gründe hat, sich an ihnen zu orientieren. Und das Bedürfnis scheint ganz berechtigt: »Wie sollen wir leben?« - das ist doch die wichtigste Frage unseres Lebens überhaupt. Denn auf die Antwort wollen wir sozusagen alles bauen. Wenn irgend etwas gewiß sein muß, dann diese Antwort!

Unser Paradigma der Gewißheit, der Gründlichkeit und der Objektivität ist die Wissenschaft. Zweifellos hat sie für das Leben unserer Gesellschaft große Bedeutung. Diese Bedeutung hat sie allerdings, wenigstens teilweise, weil sie uns hilft, bestimmte *Ziele* zu erreichen. Und welche Ziele erreicht werden sollten, welche Ziele erstrebt werden dürfen und welche nicht: das hängt doch von der Antwort auf jene Frage »Wie sollen wir leben?« ab. Daher sollten wir uns der richtigen Antwort mindestens ebenso gründlich vergewissern, wie Wissenschaftler und Ingenieure bei der Beantwortung ihrer Fragen vorgehen.

Es mag ja sein, so könnte man argumentieren, daß wir nach Kriterien alltäglicher Verständigung und Argumentation moralische Auffassungen verteidigen können. Wollen wir aber gründlich sein - und das sollten wir doch wohl, wenn eine so wichtige Sache wie die richtige Weise zu leben auf dem Spiel steht und zugleich die Selbstentfaltung eingeschränkt werden soll -, dann brauchen wir mehr. Wir brauchen eine Grundlegung der Moral, die höchsten Ansprüchen der Vernunft genügt, eine Begründung von Maßstäben des Handelns, die auf die letzten Gründe zurückgreift und unserer Lebensorientierung ein wirklich unerschütterliches Fundament gibt. Und wer sollte eine solche Grundlegung leisten, wenn nicht die Moralphilosophie als methodische Rückbesinnung auf Inhalt und Wahrheitsanspruch moralischer Urteile?

Angebote

Ob dermaßen vertrauensvoller Erwartung sollte die Philosophie sich geschmeichelt fühlen. Und sicher würden wir dieses Buch nicht schreiben, hielten wir sie in Fragen grundlegender ethischer Vergewisserung für gänzlich unzuständig.

Andererseits jedoch müssen die Erweise des Zutrauens in einem ehrlichen Vertreter der Zunft auch Unbehagen auslösen. Im Verlauf von 2500 Jahren europäischer Philosophiegeschichte hat es ja eine ganze Reihe von Versuchen gegeben, die Moral auf eine sichere Basis zu stellen, die allen Ansprüchen der Rationalität genügt.

Platonisten, Intuitionisten und Vertreter der Wertethik berufen sich auf eine *innere Wahrnehmung* des Guten. Mit Aristoteles finden andere in der *Natur*, in den natürlichen Tendenzen des

Menschen selbst, begründet, was sein Leben qualifiziert und an welchen Maßstäben er deshalb sein Verhalten messen soll. Kantianer glauben im Menschen *Vernunftprinzipien* zu finden, die unfehlbar ihren Anspruch auf Geltung anmelden, sobald die Vernunft sich regt. Für den Utilitarismus ist die Beförderung allgemeinen *Wohlbefindens* die einzige und jedem einleuchtende Verhaltensnorm. Wieder andere Philosophen erblicken in einer stillschweigenden vertragsartigen *Übereinkunft* die Grundlage für den Gehalt oder auch für die Geltung moralischer Normen.

Damit sind nur einige besonders einflußreiche Typen ethischer Theorie benannt. Daß die Zahl der Versuche, Moral zu begründen, noch erheblich größer ist, spricht nicht gerade dafür, daß einer von ihnen so offenkundig gelungen wäre, daß sich am Erfolg vernünftigermaßen nicht zweifeln ließe.

Dennoch erheben Philosophen immer wieder den Anspruch, der Moral eine *Basis* zu geben. So erklärt John S. Mill ausdrücklich, während in der theoretischen Wissenschaft die allgemeinsten Prinzipien zuletzt erkannt würden, müsse man sich in praktischen Fragen *zunächst* eines allgemeingültigen Tests für Richtig und Falsch vergewissern, um ihn der Beantwortung dieser Fragen zugrunde zu legen.

Enttäuschung

Wir behaupten nicht, es sei keinem Philosophen gelungen, moralische Urteile in plausibler Weise auf akzeptable Axiome oder Prinzipien zurückzuführen. Wir vertreten aber die These: Keine Moralphilosophie *beweist* die Richtigkeit eines Systems moralischer Normen so offenkundig, daß kein vernünftiger Mensch an ihm zweifeln kann.

Allerdings ist dies nach unserer Auffassung nicht zufällig, sondern notwendig so. Und die Erwartung einer philosophischen Begründung der Moral wird nicht deswegen enttäuscht, weil die *Philosophen* versagen, sondern weil die Erwartung selbst auf einem - von vielen Philosophen geteilten - Mißverständnis dessen beruht, was *ihre Disziplin* zum Erweis der Vernünftigkeit einer moralischen Orientierung beitragen kann. *Keine Philosophie ist geeignet, Moral zu begründen.*

Diese Auffassung scheint destruktiv zu sein. Um zu sehen, daß sie wahr, aber keineswegs destruktiv ist, muß man sich klarmachen, was eine Begründung im Sinne der Forderung nach Moralbegründung ist.

5.2 Das Begründen moralischer Urteile

Was also sollte die von der Moralphilosophie erwartete Begründung moralischer Normen leisten? Nicht weniger als: durch Argumente eine Gewißheit herbeizuführen, die verlorengegangen oder erschüttert worden ist oder jedenfalls nicht besteht, die Gewißheit moralischer Überzeugungen.

Zweierlei Begründung

Wenigstens zweierlei kann gemeint sein, wenn eine Begründung moralischer Maßstäbe gefordert wird. Zum einen: *Ein moralisches Urteil soll moral-intern auf andere Urteile zurückgeführt werden, aus denen es sich herleiten läßt.* Zum anderen: *Die Geltung der Moral überhaupt, die Wahrheit grundlegender moralischer Überzeugungen, soll moral-extern erwiesen werden.*

Betrachten wir zunächst ein Beispiel moral-interner Urteilsbegründung. Jemand behauptet, nukleare Abschreckung, auch zu Verteidigungszwecken, sei unerlaubt. Er begründet diese Behauptung durch folgende Überlegung:

Der *Einsatz* nuklearer Waffen ist unerlaubt, weil er unvermeidlich einer großen Zahl von Non-Kombattanten - d.h.: von Zivilisten, die am Krieg nicht beteiligt sind - das Leben kostet und daher Mord bedeutet. Eine unerlaubte Handlung auch nur bedingt zu *beabsichtigen*, ist selbst unerlaubt. Also ist die bedingte Absicht, Nuklearwaffen einzusetzen, unerlaubt. Diese bedingte Absicht hat aber unweigerlich eine Regierung, die dem militärischen Gegner für den Fall eines Angriffs *glaubwürdig* mit nuklearer Vergeltung droht. Also ist diese Drohung und damit die Strategie der nuklearen Abschreckung unerlaubt.

Wir müssen uns hier nicht damit aufhalten, die einzelnen Schritte der Argumentation zu erläutern. Das Beispiel soll nur den Begriff einer moral-internen Begründung erläutern, der verlangt, daß wenigstens eines der begründenden Urteile oder aber die Art der Herleitung ein charakteristischer Bestandteil unseres *moralischen* Denkens ist. Dies trifft hier zweifellos zu. Zum Beispiel geht die Begründung von den spezifisch moralischen Überzeugungen aus, daß man nicht morden darf und daß die Absicht einer unerlaubten Handlung selbst unerlaubt ist.

In unserem alltäglichen Denken und Diskutieren bereitet eine derartige Begründung häufig eine weitere Begründung vor, die sich auf das *Handeln* in einer konkreten Situation bezieht. Zum Beispiel könnte jemand versuchen, mit dem skizzierten Argument (und angemessener Rhetorik) seinen Parteigenossen gegenüber die Forderung zu begründen, nukleare Abrüstung ins Parteiprogramm aufzunehmen.

Moral-interne Begründungen sind nicht immer eine Angelegenheit einfacher Deduktionen und Subsumtionen. Unter Umständen bedürfen Aspekte eines Begriffs oder Formen der Argumentation einer genauen Analyse. Häufig handelt es sich - wie im Beispiel - um den Versuch, eine moralische Frage zu identifizieren und zu beantworten, die sich in früheren Zeiten nicht gestellt hat. Das gilt z.B. heute auch von kontroversen Antworten auf die Frage, ob es gerecht sei, Frauen bei der Besetzung öffentlich ausgeschriebener Stellen zu bevorzugen. Die relevanten Gesichtspunkte für die Lösung des Problems sind erst einmal zu orten und zu gewichten; und es ist noch nicht klar, wie die Maßstäbe der Gerechtigkeit auf das neue Problem anzuwenden sind.

Aufgrund von Schwierigkeiten dieser Art erwartet man häufig von der *Philosophie* die Begründung von Verhaltensmaßstäben in Fragen, die sich früher nicht aufgedrängt haben. Da trifft es sich gut, daß auch Philosophen gerade heute wieder eine Aufgabe darin sehen, auf Probleme der Praxis einzugehen, moralische Auffassungen zu begründen oder zu widerlegen und vorgefundene Argumente zu bewerten. Dabei greifen sie normalerweise ebenso wie jeder unserer Leser auf *unbezweifelte Maßstäbe der Moral* zurück.

Darin unterscheidet sich die moral-interne von einer radikaleren, moral-externen Begründung, von der jetzt die Rede sein soll. Sie antwortet - wenn sie denn möglich ist - auf die Frage: Worin gründet die Berechtigung oder der Geltungsanspruch moralischer Maßstäbe *überhaupt*, insbesondere derjenigen, die sich *nicht mehr unter Berufung auf andere moralische Maßstäbe* begründen lassen?

Gerade auf eine solche moral-externe Begründung richten sich die eingangs erwähnten Erwartungen an die Moralphilosophie und sehr häufig auch deren eigene Ambitionen. Die Philosophie soll die Frage, warum man Lüge, Mord, Vertragsbruch, Raub usw. unterlassen, ja warum man *irgendeine* unbedingte Norm des Handelns anerkennen solle, so endgültig beantworten, daß ein weiteres Nachfragen weder möglich noch nötig ist - mit einer »Letztbegründung«.

Herleitung aus wahren Prämissen?

Um zu entscheiden, ob Philosophie in dem angedeuteten radikaleren Sinn moralische Maßstäbe begründen kann, müssen wir den Begriff der Begründung näher untersuchen. Was verlangen wir z.B. von einer Begründung der Norm, man solle nicht lügen?

Und allgemeiner: Was gehört dazu, daß irgendeine Auffassung begründet wird oder begründbar ist?

Die zentrale Bedingung scheint zu sein, daß sie sich aus einer Auffassung, der Prämisse, oder aus mehreren Prämissen *herleiten* läßt. Dabei ist der Ausdruck »herleiten« in einem recht weiten, umgangssprachlichen Sinn zu verstehen, den auch das Wort »folgern« aufweist. Gemeint ist: Die fragliche Auffassung ergibt sich nach anerkannten Regeln aus den Prämissen; die Herleitungsregeln sorgen dafür, daß sie wahr ist, sofern nur die Prämissen wahr sind.

Wir werden dabei vielleicht zunächst an eine Folgerung denken, durch die man eine Auffassung oder das entsprechende Urteil mit logischer Notwendigkeit aus den Prämissen *deduziert*. Doch gibt es auch andere Weisen der Herleitung - z.B. Berechnung, Aufweis begrifflicher Implikationen, Induktion (die Verallgemeinerung oder Übertragung repräsentativer empirischer Verknüpfungen), Auswertung von Dokumenten u.v.a.m. Es ist noch nicht einmal nötig, daß man sich auf die Folgerungsmethode *ausnahmslos* verlassen kann: Viele unserer Überzeugungen leiten wir beispielsweise vom Zeugnis anderer Menschen oder von groben Schätzungen her. Entscheidend ist das Vorliegen eines anerkannten Verfahrens, das - wenigstens im Normalfall - die Wahrheit von den Prämissen auf das Ergebnis der Herleitung »überträgt«.

Hier ein paar Fälle von Herleitung im erläuterten Sinn: Daß ein bestimmtes Gebäude 40 Büroräume hat, folgt durch *Multiplikation* aus der Tatsache, daß es 5 Stockwerke und jedes Stockwerk 8 Büroräume hat. Daß im Schnee ein Pferd gegangen ist, folgt *induktiv* aus der Tatsache, daß sich dort Pferdehufspuren finden. Daß Frau X Frau Y den Vortritt lassen sollte, läßt sich aufgrund von *Regeln der Etikette* daraus herleiten, daß Frau Y Ehrengast ist.

Um das Herleiten durch Berechnung und durch Induktion zu illustrieren, haben wir in den beiden ersten Fällen zur Kennzeichnung des Ausgangspunkts von einer *Tatsache* gesprochen. Nun können aber Herleitungen bei geeigneter Folgerungsmethode durchaus *gültig* sein, obschon ihre Ausgangspunkte keine Tatsachen, die Prämissen also *nicht wahr* sind. Eine Prämisse kann eine bloße Hypothese, eine bekanntermaßen falsche (»kontrafaktische«) Annahme oder auch ein glatter Irrtum sein, ohne daß das gültige Herleiten einer Konklusion darunter leidet.

Als *Begründung* dagegen akzeptieren wir eine Herleitung nur dann, wenn wir die Prämissen, die den Grund nennen, auch für wahr halten. Genauer: Zur Behauptung einer Herleitung gehört zwar der Anspruch, ein anerkanntes Folgerungsverfahren anzuwenden, nicht aber der Anspruch, dabei von wahren Prämissen auszugehen. Diesen ferneren Anspruch erhebt, wer etwas zu begründen behauptet.

Eine gelungene Begründung liegt demnach nur vor, wenn die fragliche Auffassung tatsächlich mittels einer *gültigen* Folgerungsmethode aus *wahren* Prämissen hergeleitet wird.

Aber diese Bedingung genügt noch nicht, um eine Herleitung als Begründung auszuzeichnen. Es fehlt insbesondere noch ein entscheidendes Merkmal: *Die Begründung muß gewisser sein als das Begründete.* Mit einem Argument für eine moralische Überzeugung etwa *begründen* wir diese nur, wenn wir sie aus Prämissen und nach Folgerungsmustern herleiten, die uns gewisser sind als die anfängliche Überzeugung.

Um diese Anforderung an eine Begründung verständlich zu machen, wollen wir uns zunächst anhand eines nicht-moralischen Beispiels veranschaulichen, was sie bedeutet.

Begründung und Gewißheit

Unser Beispiel beginnt mit folgender trivialer Wahrheit: *Mehr Ehen werden geschlossen als geschieden.* Nehmen wir an, zur Begründung für die Überzeugung, daß es sich so verhalte, verweise man auf eine methodisch bestens abgesicherte Erhebung: Es wurde ermittelt, daß bei beliebig ausgewählten deutschen Standesämtern in einem Zeitraum von 3 Monaten insgesamt 1327 Eheschließungen und 489 Scheidungen verzeichnet wurden. Dieses Ergebnis scheint die ursprüngliche »Hypothese« zu bestätigen, daß - wenigstens in Deutschland - mehr Ehen geschlossen als geschieden werden!

Selbst wer den Ergebnissen dieser und anderer statistischer Erhebungen größtes Vertrauen entgegenbringt, wird doch vermutlich den zitierten Befund nicht als *Begründung* für die Überzeugung betrachten, daß mehr Paare heiraten als sich scheiden lassen. Und dies, obwohl wir hier von einer Herleitung aus wahren Prämissen sprechen können: Die fragliche Auffassung wird nach Entscheidungsregeln der empirischen Sozialwissenschaften durch das Untersuchungsergebnis, das hier als Prämisse fungiert, *bestätigt*; und diese Prämisse, daß nämlich das Zahlenverhältnis zwischen den erfragten Eheschließungen und -scheidungen 1327 zu 489 beträgt, ist nach den Voraussetzungen des Beispiels *wahr*.

Was also ist schief gegangen? Wieso liegt keine Begründung vor, obwohl wir die Behauptung, mehr Ehen würden geschlossen als geschieden, aus einer wahren Prämisse statistischen Inhalts herleiten können?

Die Antwort ist sehr einfach: Nichts ist schief gegangen; an der korrekten Auswertung der Erhebung und an der Methode der

Herleitung zweifelt niemand. Aber die Idee einer *Begründung* dieses Urteils durch eine Erhebung können wir nur als Scherz verstehen. Daß mehr Ehen geschlossen als geschieden werden, ist uns schlicht *gewisser* als alles, was uns demographische Institute als Begründung dieser Überzeugung anbieten mögen, gewisser als alle Eintragungen in Fragebögen, Auswertungen erhobener Daten, statistische Berechnungen usw. So eine »Begründung« brauchen wir nicht. *Falls* wir hier eine Begründung brauchen, dann taugt für diesen Zweck das Abzählen von standesamtlichen Vorgängen jedenfalls nicht.

Allgemein und positiv formuliert: Die *Herleitung* einer Annahme aus Prämissen ist nur dann eine *Begründung*, wenn uns *die Wahrheit der Prämissen und die Verläßlichkeit des Folgerungsverfahrens gewiß, und zwar mindestens ebenso gewiß sind wie die Wahrheit der hergeleiteten Annahme.*

Unsere Zustimmung zum Untersuchungsergebnis im erfundenen Beispiel wäre zwar geeignet, eine bestimmte Annahme über das *Zahlenverhältnis* zwischen Eheschließungen und Scheidungen zu begründen (oder zu widerlegen); nicht aber, uns zu *vergewissern*, daß *überhaupt mehr Ehen geschlossen als geschieden werden.* Denn die angebotene »Begründung« ist hier *weniger gewiß* als die Überzeugung, die »begründet« werden soll.

Um uns das ganz deutlich vor Augen zu führen, stellen wir uns vor, im Ergebnis einer anderen Erhebung verhielte sich die Zahl der Ehescheidungen zur Zahl der Eheschließungen wie 3 zu 1. Wäre dieser Befund geeignet, unsere Gewißheit, daß mehr Ehen geschlossen als geschieden werden, zu erschüttern? Wohl kaum.

Im Gegenteil - und das ist bei diesem Gedankenexperiment der springende Punkt: Aufgrund *dieser* Gewißheit würden wir die *Aussagekraft der Erhebung* infragestellen. Wir würden vermuten, die erhobene Stichprobe sei nicht repräsentativ für die zu schätzende Gesamtheit; mißverständliche Fragen hätten irrige Angaben provoziert; bei der Auswertung sei ein Rechenfehler o.ä. unterlaufen. Wir würden sagen, die Erhebung *müsse, aus welchen Gründen auch immer,* unbrauchbar und die »demographische« Folgerung, mehr Ehen würden geschieden als geschlossen, falsch sein. Wir würden dies auch dann sagen, wenn wir, selbst bei näherer Nachprüfung, *nicht angeben könnten,* an *welcher* Stelle ein Fehler unterlaufen sein möchte.

Das heißt: Wir machen in diesem Fall unsere Überzeugung nicht von der vorgeblichen Evidenz abhängig, sondern *messen umgekehrt die Aussagekraft der Evidenz an einer vorgängigen Überzeugung.* Genau darin zeigt sich, daß die Gewißheit dieser Überzeugung größer ist als die Gewißheit der herangezogenen Daten und Folgerungsmethoden.

Wenn nun unsere Überzeugung, daß mehr Ehen geschlossen als geschieden werden, durch die *entgegenstehende* empirische Evidenz nicht widerlegt wird, dann wird sie auch durch vergleichbare *günstige* Evidenz derselben Art, wie das ursprüngliche Beispiel sie bereitzustellen scheint, nicht begründet.

Denn das Gewicht einer Evidenz kann nicht davon abhängen, ob sie *für* die fragliche Auffassung oder *gegen* sie spricht. Sonst würden wir ja *genau diese Auffassung* bereits als Maßstab behandeln, nach dem wir die Stichhaltigkeit der Evidenz beurteilen. Von einer *Begründung* der Auffassung durch Evidenz könnte dann nicht die Rede sein, bestenfalls von Bestätigung. Unsere Überzeugung aber, daß mehr Ehen geschlossen als geschieden werden, ist tatsächlich ein Maßstab, an dem wir die Relevanz oder gar die Brauchbarkeit gewisser empirischer »Befunde« zum Zahlenverhältnis zwischen Verheirateten und Geschiedenen messen würden. Also wird sie *nicht* umgekehrt durch eine bestätigende Empirie *begründet*.

Das Scheitern moral-externer Normenbegründung

Zurück nun zu der Meinung, Moralphilosophie könne und solle Moral *begründen*. Für diese Meinung bedeuten die vorangegangenen Überlegungen schlechte Nachricht. Was ergeben sie für die Bedingungen einer »radikalen« Begründung moralischer Normen?

Unser Beispiel einer solchen Norm war das Lügenverbot. Von einer Begründung der Überzeugung, man dürfe nicht lügen, müssen wir die inzwischen zusammengetragenen Merkmale einer jeden Begründung verlangen: Sie besteht in einer schlüssigen Herleitung des Urteils, man solle nicht lügen, aus wahren Prämissen, wobei diese Wahrheit und die Verläßlichkeit des Folgerungsmusters nicht weniger gewiß sind als die Wahrheit der Konklusion.

Auch eine *moral-interne* Begründung des Lügenverbots müßte natürlich diese Merkmale aufweisen. Es ist jedoch plausibel anzunehmen, daß sich eine solche Begründung nicht finden läßt: Das Lügenverbot ist sehr allgemein und sehr grundlegend - aus welcher noch grundlegenderen und wenigstens ebenso gewissen moralischen Norm sollten wir es herleiten? Die Herleitung müßte daher wohl *moral-extern* erfolgen.

Stellen wir uns also folgenden Versuch der Begründung vor: Wer lügt, sagt etwas anderes, als er glaubt. Wer etwas anderes sagt, als er glaubt, verwendet die Sprache gegen ihre Natur. Wer die Sprache gegen ihre Natur verwendet, handelt schlecht. Also: Wer lügt, handelt schlecht. Daraus wiederum ergibt sich: Man soll nicht lügen. - Weist diese Herleitung die angegebenen Merkmale einer Begründung auf?

Womöglich läßt sich das vorgetragene Argument so präzisieren und interpretieren, daß man ihm nichts entgegensetzen könnte. Es soll hier keinesfalls als Argument kritisiert werden. Dennoch sieht es nicht so aus, als wären Prämissen und Folgerungsmuster wenigstens ebenso *gewiß* wie unsere Überzeugung, daß man nicht lügen darf.

Sehen wir von der Frage ab, wie gewiß uns die Zuverlässigkeit der verwendeten Folgerungsmethode ist. Die Wahrheit der *Prämissen* jedenfalls ist nicht durchwegs gewiß und keinesfalls so gewiß wie die Wahrheit jener moralischen Überzeugung. Wir sind uns bei diesen Prämissen nicht sicher, daß wir nichts übersehen haben. Und das hängt teilweise daran, daß ihr Sinn uns nicht deutlich genug ist.

Zum Beispiel ist nicht ohne weiteres klar, was es heißt, eine Sache gegen ihre Natur zu verwenden. Und angenommen, davon hätten wir eine hinreichend deutliche Vorstellung: Ist eine solche Verwendung immer schlecht? Wenn nicht, warum im Fall der Sprache? Manche Einwände werden uns einfallen. Vielleicht erweisen sie sich bei richtigem Verständnis des Ausdrucks »gegen ihre Natur« als irrelevant. Aber all das wäre zu klären. Mit *Gewißheit* sind wir jedenfalls nicht von der Wahrheit der Prämissen überzeugt.

Wenn nun unsere Überzeugung, daß man nicht lügen soll, von der soeben erörterten Argumentation abhinge, dann stünde es nicht gut um sie. Dann wären wir uns nämlich des Lügenverbots nicht sicherer als der Prämissen und der Folgerungsmethoden, die seiner Herleitung zugrunde lägen. Die Prämissen im Beispiel mögen wahr, die Folgerungsmethoden gültig sein: sie weisen dennoch nicht die *Gewißheit* auf, deren eine Herleitung bedarf, wenn sie unsere Überzeugung *begründen* will, daß man nicht lügen darf.

Denn daß man nicht lügen soll, dessen sind wir uns sicher. Wir mögen in bestimmten Fällen unsicher sein, ob eine Äußerungsweise als Lüge gelten muß. Wir mögen auch zweifeln, ob das Lügenverbot nicht Ausnahmen zuläßt - ob man nicht z.B. lügen darf, um das Leben eines Menschen zu schützen, oder wenn eine andere moralische Rechtfertigung besteht. Diese Ungewißheiten affizieren jedoch nicht die Gewißheit, mit der wir für normale Fälle die Lüge ablehnen und verurteilen. Sogar der Lügner weiß, daß er nicht lügen sollte.

Den Grad an Gewißheit, den das Lügenverbot für uns hat, erreicht der oben skizzierte Begründungsvorschlag nicht. Also werden wir unsere Einstellung zur Lüge von dem hier angebotenen Argument nicht abhängig machen. Wir werden allerdings sehen, daß der Versuch, das Lügenverbot oder irgendeine andere grundlegende moralische Norm durch ein solches Argument zu begründen, von Grund auf fragwürdig ist.

Wenn dies zutrifft, wenn also z.B. unsere Überzeugung, man dürfe nicht lügen, auf keiner Begründung beruht, so bedeutet dies nicht, die Überzeugung sei zweifelhaft. Es bedeutet vielmehr: Das Lügenverbot ist selbst eine primäre Norm, ein letztes Kriterium, das wir einsetzen, wenn es darum geht, bestimmte moralische Zweifel zu bestätigen oder zu beheben. Grundlegende moralische Überzeugungen gehören - zusammen mit unseren anderen fraglosen Gewißheiten - zu den Fixpunkten, an die unser Denken und Handeln sich hält, an denen es hängt. Wir werden sie daher in Anlehnung an Wittgensteins Wortgebrauch kurz als *Angelpunkte* bezeichnen.

5.3 Moral ohne Fundament

Der im letzten Abschnitt diskutierte Begründungsvorschlag für das Lügenverbot ist nur die Skizze einer von bestimmten Moralphilosophen vertretenen Argumentationsweise. Um die Chancen einer moral-externen philosophischen Begründung gerecht zu beurteilen, müßte man, so scheint es, diese Argumentationsweise ausgiebiger darstellen und alle anderen denkbaren Begründungsversuche mit ihren Prämissen und ihren Folgerungsmustern erörtern. Man müßte ferner nach der Begründbarkeit nicht nur des Lügenverbots, sondern auch anderer grundlegender Normen fragen.

Es geht aber gar nicht darum, ein für allemal zu demonstrieren, daß keine moral-externe Begründung irgendeiner moralischen Überzeugung für irgendeinen Menschen möglich ist. Es geht vielmehr um den Nachweis, daß der Gedanke einer radikalen *Begründung* der gesamten Moral von vornherein nicht sehr plausibel ist.

Ist radikale Moralbegründung denkbar?

Vermutlich ist es *logisch möglich*, daß ein Mensch dem Lügenverbot und anderen grundlegenden Normen oder der Moral als ganzer skeptisch gegenübersteht, bis ihm eine Argumentation begegnet, die in der angedeuteten Weise auf den »naturgemäßen« Umgang mit allem rekurriert. Es mag logisch möglich sein, daß ihm Prämissen und Folgerungsmethoden dieser oder einer anderen Argumentation völlig zweifelsfrei einleuchten und daß er auf ihrer Basis zu moralischen Überzeugungen kommt. Man mag auch vermuten, daß die Philosophie im Hinblick auf neue Bereiche der technischen und der sozialen Entwicklung tatsächlich vor der Aufgabe stehen könnte, moralische Normen in gewissem Sinne moral-extern zu begründen. Aus all dem geht aber nicht hervor, daß ganz allgemein Moralphilosophie moralische Normen moral-extern begründen kann.

Denn um so eine Möglichkeit behaupten zu können, benötigen wir mehr als eine denkbare, aber höchst unwahrscheinliche Geschichte der beschriebenen Art und auch mehr als den Hinweis auf eine technologische oder sonstige Entwicklung, welche moralische Fragen aufwerfen könnte, deren Beantwortung unser System von Normen nicht vorsieht. Es geht ja um die Frage, ob *wirkliche* Menschen wie die Leser und die Autoren dieses Buches, ob Menschen, die mit dem uns vertrauten System moralischer Normen aufgewachsen sind, von der Philosophie eine Begründung *dieser* Normen zu erwarten haben. Und da heißt die Antwort: Wohl kaum - sofern es um Begründung als schlüssige Herleitung *und* Erzeugung oder Steigerung von Gewißheit geht.

Nur ein Mensch mit einer sehr ungewöhnlichen Biographie wird ehrlicherweise von sich sagen können: Ich war ganz unsicher, ob man bei Bedarf lügen soll oder nicht; das Natur-Argument jedoch operiert mit so unbezweifelbaren Prämissen und Folgerungsmethoden, daß das Lügenverbot für mich jetzt außer Frage steht. Genauso unwahrscheinlich ist es, daß in analoger Weise ein anderes philosophisches Argument, sei es noch so unwiderlegbar, das Lügenverbot oder sonst eine etablierte primäre Norm für jemand *begründet*. Moralphilosophische Entwürfe liefern keine derartigen Begründungen, weil die »Gründe«, die sie anführen, für uns faktisch nicht gewisser sind als die zur Debatte stehenden moralischen Überzeugungen.

Wenn sich die Moral als ganze nicht begründen läßt, scheint unserer Lebensorientierung die Grundlage zu fehlen. Was also tritt an die Stelle einer Letztbegründung der Moral? Die Antwort auf diese Frage muß lauten: Gar nichts. Die Moral braucht fest in unsere Lebensvollzüge eingelassene Angelpunkte der Handlungsorientierung. Aber diese sind selbst moralische Überzeugungen, kein externes Fundament.

Letztbegründung oder letzte Begründung?

Letztbegründungen gibt es nirgends. Wohl kann es, wo immer nach Gründen für eine Auffassung gefragt wird, *letzte Begründungen* geben: solche, die für den Frager, oder für uns alle, keine nochmalige Begründung verlangen oder zulassen. Im Bereich der

Moral sind letzte Begründungen in diesem Sinne selbst moralischer Natur; sie artikulieren fraglos akzeptierte moralische Normen (»Lügen darf man nicht«) oder deuten sie durch moralische Kennzeichnungen an (»Das wäre gelogen«). Letztbegründungen, die sozusagen *kraft ihres Wortsinns* jede weitere Warum-Frage ausschließen, kann es hier ebensowenig geben wie in anderen Bereichen unseres Denkens und Handelns.

Denn wie sollte so eine Letztbegründung aussehen? Auch sie müßte mit Prämissen und einer Folgerungsmethode arbeiten. Die Prämissen nun könnten uns noch so gewiß sein - sie schlössen nicht ihrer Natur nach die Frage aus: »Warum bist du davon überzeugt?« Entsprechendes gilt für die Folgerungsmethode. Jede »Letztbegründung« erweist sich *insofern* als vorläufig.

Freilich gelangen wir beim Begründen - im allgemeinen ziemlich bald - zu Prämissen, die wir nicht infrage stellen. Dann haben wir *eine letzte Begründung* gegeben. Man könnte sie »Letztbegründung« nennen. Aber so, wie dieser Ausdruck in der Philosophie verwendet wird, weckt er Erwartungen, die eine letzte Begründung nicht erfüllt. Insbesondere erwartet man von einer Letztbegründung erstens, daß sie einen *umfassenden Bereich* von Überzeugungen wie z.B. die Moral als ganze absichert, und zweitens, daß die »letzten Gründe« *für jeden denkenden Menschen unabweisbar* sind. Beides trifft auf letzte Begründungen nicht zu. Dazu ein Beispiel:

Für Martha kommt, wie sie sagt, eine falsche Angabe in der Steuererklärung nicht infrage. Auf die Frage »Warum?« erklärt sie, daß eine solche Angabe Betrug und Lüge wäre und daß man weder betrügen noch lügen darf. Die Wahrheit dieser beiden Prämissen und die Schlüssigkeit der verwendeten Deduktionsfigur stehen für sie fest, und zwar nicht weniger fest als ihre Überzeugung, daß man in der Steuererklärung keine falsche Angabe machen darf. Außerdem ist die gegebene Begründung für sie eine »letzte«; sie hat weder für die Bejahung der Prämissen noch für die Folgerungsweise weitere Gründe.

Marthas Begründung ist offenkundig keine Letztbegründung der Moral. Daß man nicht lügen oder betrügen darf, ist gewiß ihr Grund, auch vieles andere - nicht nur falsche Angaben in der Steuererklärung - zu unterlassen. Aber die Moral ist mit Normen, die Betrug und Lüge betreffen, nicht erschöpft. Und keinesfalls begründet Martha das Lügenverbot selbst oder irgendeine andere grundlegende moralische Norm.

Der zweite Punkt, in dem Erwartungen an eine Letztbegründung von Martha nicht erfüllt werden: Sie gibt zwar eine Begründung, die für unsere Moral repräsentativ ist. Aber man kann nicht sagen: Wer auch nur *versteht*, was z.B. der Satz »Man darf nicht lügen« bedeutet, *stimmt ihm notwendigerweise auch zu.*

Der Umstand, daß Infragestellung oder gar Verneinung *sich denken lassen*, ist es ja, der die Forderung nach einer Letztbegründung auf den Plan ruft: »Aber *warum* darf man nicht lügen?«

Nun könnte man ja einräumen, daß Martha und andere philosophische Laien auf diese Frage keine Antwort wissen - jedenfalls keine, deren sie sich gewisser sind als des Lügenverbots. Warum aber sollten Moralphilosophen als geübte Kenner ihres Faches und seiner Methoden nicht in der Lage sein, die Moral als ganze und ihre grundlegenden Normen auf objektiv letzte und unüberholbare Gründe zurückzuführen, die ihnen gewisser sind als die Überzeugung, daß man nicht lügen darf?

5.4 Falsche Ansprüche der Philosophie

Auch Philosophen sind Menschen. Das heißt hier *nicht*: Auch sie haben ihre Schwächen, auch ihre intellektuellen Kräfte sind begrenzt. Es heißt erst recht nicht: Nur vom idealen Philosophen könnten wir eine Letztbegründung der Moral erwarten. Sondern: Auch philosophisch reflektierende Vernunft bedarf der *Ausgangspunkte*; auch sie ist die *Vernunft eines menschlichen Organismus*, der mit *ganz bestimmten*, auf seine Lebensmöglichkeiten bezogenen Gewißheiten ausgerüstet ist - mit angeborenen und angelernten, mit teilweise wandelbaren, aber nicht beliebigen Angelpunkten des Überlegens. Hinter diese kommen auch Philosophen nicht zurück.

Philosophen-Gewißheit ...

Zugegeben: ein Philosoph macht bei seiner Arbeit von den gemeinsamen Gewißheiten einen anderen Gebrauch als andere. Vielleicht entwickelt er z.B. Argumente für die Anerkennung einer bestimmten moralischen Norm. Aber auch hierbei gehen seine Überlegungen unweigerlich von einer Basis aus, die nicht speziell für Philosophen, sondern für uns alle feststeht.

Insbesondere mißt er eigene ebenso wie fremde moralphilosophische Argumente an moralischen Überzeugungen, die ihm *unabhängig* von solchen Argumenten unerschütterlich gewiß sind. *Widerspricht* ein Argument dem selbstverständlichen Kernbestand der Moral, so forscht er nach Fehlern - im Argument, nicht in der Moral! *Stützt und erklärt* es unstrittige Aspekte der Moral, so läßt er sich in strittigen Fragen von ihm leiten. Er macht Überzeugungen, die ihm fraglos gewiß sind, zum Prüfstein der Plausibilität seiner »Prinzipien«, seiner Prämissen und

Folgerungsmethoden - nicht umgekehrt. Philosophische Prinzipien liefern *nicht* den Grund und schon gar nicht die Letztbegründung für seine grundlegenden moralischen Überzeugungen. Manche Diskussionen um die Wahrheit des Utilitarismus liefern ein Beispiel für diesen Befund. Seine Gegner argumentieren, sehr vernünftig: Der Utilitarismus kann nicht richtig sein; *denn* er führt zu Konsequenzen, die unvereinbar sind mit zentralen Maßstäben unserer Moral. Und die Utilitaristen selbst? Viele von ihnen suchen, ebenso vernünftig, nachzuweisen, daß die Unvereinbarkeit bloßer Schein sei, daß auch aus ihren (richtig verstandenen) Prinzipien die (richtig verstandenen) Maßstäbe der Moral folgten. Beide Parteien also lassen sich von der Gewißheit ihrer moralischen Überzeugungen leiten, um philosophische Positionen und Argumente *nach ihnen* zu beurteilen. Prinzipien und Argumente liefern also - auch für Philosophen - *nicht* die Begründungen grundlegender moralischer Überzeugungen.

Und wenn nun ein Philosoph beteuert, *er* habe sich *durch moralphilosophische Argumente* davon überzeugen lassen, daß man nicht lügen oder daß man andere nicht ermorden dürfe? Dann handeln wir im allgemeinen vernünftig, wenn wir ihm keinen Glauben schenken. Denn Selbsttäuschung und Mißverständnis sind hier nicht weniger wahrscheinlich als das, was er da behauptet. Wie sollte er denn dazu gekommen sein, die Prämissen und Folgerungsmethoden seiner Argumente selbstverständlicher zu finden als grundlegende moralische Normen, die er akzeptiert? Hat er Gründe? Dann stellt sich für diese dieselbe Frage. Oder rekurriert er auf private Intuitionen?

Allerdings müssen diese rhetorischen Fragen die *Möglichkeit* offenlassen, daß jemand - wie auch immer - dazu gekommen ist, eine bestimmte philosophische Position gewisser zu finden als eine gemeinhin unbezweifelte moralische Norm. Was aber wäre ein *Kriterium* dafür, daß ihm seine philosophischen Prinzipien unumstößlich gewiß sind, während er sein Ja zu Lügen- und Mordverbot (im Sinne der Moral, nicht des Strafgesetzbuches) ganz von dieser Gewißheit abhängig macht?

Vielleicht gibt es das gesuchte Kriterium für die Fälle, in denen die philosophische Position zu einer *Abweichung* von etablierten Überzeugungen führt: Wer eine Verhaltensregel, die einer unserer grundlegenden moralischen Normen *widerspricht*, nicht nur aus seinen Prinzipien herleitet, sondern *sich in seinem Handeln zu eigen macht*, der scheint damit zu zeigen, daß er sich seiner Argumente gewisser ist als der fraglichen Normen. Aber auch hier bleibt die Frage: Was würde uns bei einem, der bereit ist, einen anderen Menschen zu ermorden, seine eigene Erklärung bedeuten, es sei ein für ihn unbezweifelbares Prinzip, das ihn von der Erlaubtheit des Mordes überzeuge?

Wir können diese Frage auf sich beruhen lassen. Denn wichtig ist ja nicht, ob es denkbar ist, daß ein Philosoph in Ergebnisse seiner Reflexion tatsächlich mehr Vertrauen setzt als in grundlegende moralische Normen, die für alle anderen fraglos feststehen. Wichtig ist, wie wir auf den Anspruch von Philosophen reagieren, Angelpunkte unserer Handlungsorientierung gegebenenfalls zu korrigieren.

Diese Frage ist nicht rein akademischer Natur. Denn Moralphilosophen äußern sich heutzutage ausgiebig und öffentlich zu aktuellen Fragen. Besonders gilt dies für den Bereich der »Bioethik«, einer zeitgenössischen Variante der medizinischen Ethik. Zum Beispiel plädieren Helga Kuhse und Peter Singer für die Auffassung, »daß es unter bestimmten Umständen ethisch gerechtfertigt ist, das Leben mancher schwerstbehinderter Neugeborener zu beenden« (*Muß dieses Kind am Leben bleiben?*, Erlangen 1993, S. 25). Sie verlangen, daß nicht nur Fachkollegen ihre Argumente beherzigen. Welche Autorität steht diesen Argumenten zu?

Das Ergebnis von Kuhses und Singers moralphilosophischen Überlegungen tangiert in diesem Fall einen zentralen Bestandteil unserer ethischen Tradition, nämlich ein Tötungsverbot, das durch die besondere körperliche oder seelische Verfassung des Gegenübers nicht außer Kraft gesetzt wird. Wem dieser Bestandteil unserer Moral eine feste Gewißheit ist, wird sich von einer entgegenstehenden Argumentation nicht beirren lassen, auch wenn er zugeben muß, von Bioethik weniger zu verstehen als die Autoren.

Ist das vernünftig? Soll sich nicht der philosophische Laie dem Urteil von Experten anvertrauen, die, vermutlich nicht leichtfertig, mit den Mitteln ihrer Kunst zu Schlußfolgerungen gekommen sind, denen er nichts entgegenzusetzen hat? Mit dieser Frage sieht sich mancher konfrontiert, wenn ihm in Büchern, in der Presse, im Fernsehen Überlegungen professioneller Moralphilosophen begegnen und einleuchten. Wie ist sie zu beantworten?

Zunächst einmal: Es ist nicht richtig, daß der Laie den Schlußfolgerungen von Fachleuten hier nichts entgegenzusetzen habe. Vielleicht hat er ihnen keine Argumente entgegenzusetzen. Aber *wenn* für ihn die ins Auge gefaßte »Früheuthanasie« unter keinen Umständen infrage kommt, dann hat er ihnen *diese Gewißheit* entgegenzusetzen.

Und daran ist nichts Unvernünftiges. Denn auch Fachleute wie Kuhse und Singer können in ihren Argumenten zuletzt auf nichts Besseres zurückgreifen als auf Prämissen und Folgerungsmethoden, die für sie *zweifelsfrei feststehen*. Allen Unterschieden der Kompetenz zum Trotz steht im angenommenen Fall, so scheint es jedenfalls, zuletzt Gewißheit gegen Gewißheit. Und gerade auf der Ebene fragloser *moralischer* Überzeugungen gibt es kein Expertentum; hier haben Philosophen keinen Vorsprung.

Wenn philosophische Laien den Argumenten eines Moralphilosophen in weniger grundlegenden moralischen Fragen (also insbesondere bei einer moral-internen Argumentation) mehr vertrauen als eigenen Reflexionen, so ist dies prinzipiell vernünftig. Aber die Erwartung, sie sollten solchen Argumenten auch *auf Kosten von Angelpunkten ihres Reflektierens und Handelns* folgen, ist in doppelter Weise unsinnig.

Erstens ist es der Gewißheit *eines anderen* nicht gegeben, *unsere eigene* Gewißheit zu erschüttern, es sei denn, *wir selbst* wären uns der besonderen Autorität seiner Gewißheit unsererseits *gewiß.* Das Vertrauen in eine solche Autorität wird jedoch gerade dadurch erschüttert, daß jener andere auf der Grundlage dessen, was *ihm* gewiß ist, eine Auffassung vertritt, der *unsere fraglose Überzeugung entgegensteht.* Mag sich dieser andere auch noch so sehr auf Expertise oder berufliche Qualifikation, auf mystische Eingebung, Gespür oder was auch immer berufen: Schon die Relevanz bzw. Glaubwürdigkeit dieser Ansprüche hätte die Tatsache gegen sich, daß *seine Auffassung für uns ausgeschlossen* ist.

Ein zweiter Einwand gegen die Erwartung, philosophische Laien *sollten* den Argumenten der Fachleute auch folgen, wo ihre sichersten Überzeugungen tangiert sind: Wenn diese Aufforderung nicht Propaganda oder Einschüchterung, sondern Appell an die Vernunft sein will, dann verweist sie das Gegenüber auf *Gründe* - Gründe, die Argumente zu akzeptieren und *nicht den »sichersten Überzeugungen«* Vorrang zu geben. Aber diese Überzeugungen sind ja gerade solche, von denen das Begründen und Widerlegen ausgeht, während sie selber weder für Gründe noch für Widerlegungen Raum lassen. Genau diesen Status eines Angelpunkts verlieren sie, indem sie sich durch die »Autorität von Fachleuten« oder durch das Für und Wider ihrer Argumente infrage stellen lassen.

Ein solcher Status-Wandel ist freilich möglich, und wir werden noch sehen, was er bedeutet. Es ist aber jetzt schon klar, daß er keine Sache der *Wahl* ist. Die Aufforderung, man *solle* sich in seinen grundlegenden moralischen Überzeugungen auf die Philosophen stützen, setzt also auch ein *Können* voraus, das hier alles andere als selbstverständlich ist. Man kann sich dazu entschließen, ein alltägliches Urteil - sagen wir: die Bewertung eines Bewerbers - noch einmal Gegenargumenten auszusetzen oder aber dies abzulehnen. Niemand aber *entschließt sich* dazu, eine für ihn völlig fraglose Angelegenheit zu bezweifeln.

Das gilt bei näherem Hinsehen für sehr vieles. Es gilt für das induktive Denken mit seiner Erwartung, Gleiches werde sich unter gleichen Umständen gleich verhalten; es gilt für die Gewißheit, daß nicht mehr Ehen geschieden als geschlossen werden; es gilt für die spontane Auskunft einer deutschsprachigen Person, die gefragt wird, ob sie deutsch spricht; und es gilt - bei den meisten von uns - für grundlegende moralische Überzeugungen: daß man nicht lügen, daß man niemand zum Vergnügen quälen, daß man auch Todgeweihte nicht umbringen darf u.a.m.

In allen diesen Fällen ist man frei, Gegenargumente anzuhören und *vorzugeben*, daß man ihnen Einfluß gewährt; man ist aber gar nicht in derselben Weise frei, diesem Einfluß wirklich stattzugeben, *weil Angelpunkte betroffen sind.*

Und insofern ist es unsinnig, wenn man sich unter den Anspruch stellt oder stellen läßt, man *solle* auch solche Überzeugungen nicht nur diskutieren, sondern sie dem Schiedsgericht der Argumente *unterwerfen*. Diesem Anspruch zu widerstehen, ist keineswegs irrational. Denn *jede* Bewegung menschlicher Vernunft ist auf Angelpunkte angewiesen, die man vom Ergebnis einer Argumentation gar nicht abhängig machen *kann*. Weder für Begründung noch für Widerlegung ist Platz, wo es sich um *Maßstäbe des Begründens und Widerlegens* handelt. Und *welche Überzeugungen* es sind, die diesen Status genießen, ist nicht der Willkür anheimgestellt, sondern in »ursprünglichen« Lebensvollzügen verankert: in Lebensvollzügen, zu denen uns keinerlei Überlegung motiviert.

Gewißheit und Ungewißheit lassen sich nicht befehlen. Auf der Ebene der Angelpunkte aber läßt sich auch argumentative Infragestellung nicht befehlen.

5.5 Wurzeln der Gewißheit

Es leuchtet zwar ein, daß gewisse Überzeugungen in unserem Leben die Rolle von Angelpunkten spielen und sich der kritischen Infragestellung entziehen. Dieses Faktum bereitet jedoch dem Denken Unbehagen:

Wenn schon Begründung und Widerlegung und daher kritische Prüfung vor Angelpunkten unseres Denkens und Handelns Halt machen müssen, so wollen wir wenigstens *verstehen*, *warum* dies hier und nicht dort geschieht. Wir haben *weder willkürlich noch mit Gründen festgelegt*, daß wir z.B. gerade das Lügenverbot nicht in Zweifel ziehen. Wie also kommt es, daß diese, nicht aber jene Überzeugung den Status eines Angelpunkts hat?

»Intuition«

Eine ehrwürdige, durch so unterschiedliche Denker wie Platon und Descartes repräsentierte Tradition sieht die Quelle letzter Gewißheit in der *Intuition*, einer geistigen Wahrnehmung sozusagen. Viele Philosophen haben in diesem Sinne die Gewißheit moralischer Überzeugungen auf ein Erblicken von Werten o.ä. zurückgeführt. Auch in der Umgangssprache reden wir von Intuition, wo wir unser Urteil nicht weiter begründen können. Erkennen wir also *intuitiv*, daß wir nicht lügen, nicht quälen, nicht betrügen sollen usw.?

Das könnte man sagen. Allerdings müssen wir die Analogie zwischen wirklicher Wahrnehmung und moralischer oder sonstiger Intuition darauf beschränken, daß man beim intuitiven so wenig wie beim Wahrnehmungsurteil die Frage nach Anhaltspunkten, nach Gründen oder Gegengründen beantworten kann.

In anderer Hinsicht bricht der Vergleich mit einer Schau zusammen. Was hieße im Fall von Intuitionen: Korrektur durch nochmaliges schärferes Hinsehen; Vergewisserung, ob zwei Personen dieselbe Sache betrachten; Unterscheidung zwischen Qualität des Wahrnehmungsorgans und Erkennbarkeit des Gegenstands; usw.?

Auch gibt es viele unbegründbar und unwiderlegbar gewisse Überzeugungen, die wir gar nicht als Intuitionen zu bezeichnen versucht sind. Niemand z.B. »blickt in sich hinein« und »sieht«, daß er deutsch spricht.

Wie also läßt sich das »Gegeben-Sein« grundlegender Gewißheiten verstehen?

Fragloses Verhalten

Wie schon angedeutet, sind diese Gewißheiten in ursprünglichen, selbstverständlichen *Lebensvollzügen* verankert und an ihnen ablesbar. Solche Lebensvollzüge können wir als *überzeugungstragend* bezeichnen. In typischen, nicht gewählten *Impulsen, Reaktionen, Verhaltensmustern* sind uns fraglos gewisse Überzeugungen »mitgegeben«. Wenn das so ist, wurzelt die Gewißheit moralischer Normen, wie andere fundamentale Gewißheiten auch, in unserem Verhalten.

Nicht, als wären diese Normen mit dem Hinweis auf tatsächliche Verhaltensweisen zu *begründen*. Das wäre ein grobes Mißverständnis. Vielmehr *verstehen* wir unser Verhalten richtig, wenn wir es *im Licht bestimmter moralischer Überzeugungen* betrachten - ähnlich, wie wir überhaupt unseren Umgang mit den Dingen richtig verstehen, wenn wir ihn im Licht bestimmter

Überzeugungen betrachten, z.B. der Überzeugung, Gleiches werde sich unter gleichen Umständen gleich verhalten.

Freilich verschwenden wir keinen *Gedanken* an dieses »Induktionsprinzip«, wenn wir uns auf den Stuhl setzen, der uns auch gestern nicht hat fallen lassen. Sondern wir setzen uns normalerweise, ohne erst einmal unsere Erfahrungen mit Stühlen zu generalisieren und anzuwenden. Gerade darin liegt die Gewißheit der Überzeugung. Und wenn wir tatsächlich die Stabilität des Stuhls überprüfen, dann mit Methoden, auf die *wir uns wie bisher verlassen*. Auch hier offenbart das fraglose Verhalten die Fraglosigkeit der Überzeugung, daß heute gilt, was die Vergangenheit gelehrt hat. Ebenso offenbart die Weise, wie ein Deutscher sich an einer Unterhaltung mit Deutschen beteiligt, daß er an seiner Sprachkompetenz nicht zweifelt; er besinnt sich nicht auf diese Kompetenz, um dann das Wort zu ergreifen.

Ähnlich zeigen wir in anderen Zusammenhängen ein bestimmtes Verhalten nicht *deshalb, weil* wir uns einer relevanten moralischen Norm vergewissert hätten; mit diesem Verhalten ziehen wir normalerweise nicht bewußt *die Konsequenz aus einer moralischen Überzeugung*. Sondern das *Verhalten selbst* ist uns *selbstverständlich*. Die Überzeugung gehört sozusagen zur Seele, die sich im Verhalten manifestiert. - Diesen Gedanken wollen wir an einem Beispiel erläutern.

Jemand wird Zeuge, wie in einem Laden die Verkäuferin ein Kind übergeht und Erwachsene zuerst bedient. Er ist empört. Er schüttelt den Kopf und wirft der Verkäuferin einen vorwurfsvollen Blick zu. Diese selbstverständliche Reaktion könnte er vielleicht unterdrücken; aber die *Verhaltenstendenz* ist *spontan*, auf keinerlei Reflexion gegründet.

Das beschriebene Verhalten - darauf kommt es hier an - ist nur im Blick auf eine *moralische Norm* verständlich. Denn es wäre nicht Ausdruck von *Empörung*, wenn es nicht die Überzeugung manifestierte, daß hier *Unrecht* geschieht, daß die Verkäuferin etwas tut, was sie *nicht tun sollte*.

Es wäre hier absurd, zu sagen: Mit seinem Verhalten zieht der Empörte die *Konsequenz* aus dieser Überzeugung. Aber in einem anderen Sinne liegt die Überzeugung und damit die Zustimmung zu einer Norm der Gerechtigkeit und der Achtung seinem Verhalten »zugrunde«: Wenn wir es uns verständlich machen und richtig einordnen wollen - als Ausdruck der Empörung, nicht z.B. der Verärgerung -, kommen wir nicht umhin, auf die *moralische Überzeugung* zu rekurrieren, ohne die das Verhalten in der Situation unterblieben bzw. nicht erklärbar wäre.

Auch das wäre nicht richtig: die Empörung als eine Art Argument zu betrachten oder gar zur Begründung der Überzeugung heranzuziehen, die Verkäuferin habe Unrecht getan. So etwas wäre, wie bereits gesagt, ein grobes Mißverständnis der Bedeutung fragloser Reaktionen. Empörung gehört vielmehr zu den Komponenten unseres Verhaltens, *um die herum* sich das Argumentieren und Begründen in moralischen Fragen erst anlagert und die durch Vernunftgebrauch nicht ersetzt oder überholt werden.

Empörung ist sozusagen ein moralischer Reflex vor jeder Reflexion. Sie ist *nicht rational*, insofern sie der Überlegung vorausliegt, aber auch *nicht irrational*, da sie eben deshalb mit anderen überzeugungstragenden Reaktionen, Impulsen, Verhaltensweisen grundsätzlich auf einer Stufe steht, so daß sie selbst einen *Maßstab* der Rationalität impliziert und nicht an solchen Maßstäben *gemessen* wird.

(*Im Einzelfall* kann Empörung durchaus irrational sein. Zum Beispiel, wenn man den Vorgang, über den man sich empört, nicht richtig einordnet; oder wenn das Ausmaß der Empörung in keinem Verhältnis zu ihrem Gegenstand steht. Die Quelle der Irrationalität liegt dann aber nicht in dem allgemeinen *Muster* des Reagierens, das wir Empörung nennen.)

Für den Kontext unserer Argumentation ist nun folgendes wichtig: Wenn auch das empörte Verhalten in gewissem Sinne in einer fraglosen Überzeugung wurzelt, so wurzelt doch die Fraglosigkeit dieser Überzeugung in der Fraglosigkeit des Verhaltens. Die Spontaneität ursprünglicher Impulse und Reaktionen hält sozusagen die in ihnen offenbarten Überzeugungen fest.

Vergleichen wir Fälle *»grundloser«* Gewißheit im Bereich ganz alltäglicher Überzeugungen. Wittgenstein, der als erster den Zusammenhang zwischen selbstverständlichem Verhalten und Überzeugungsgewißheit in seiner Bedeutung erkannt und im Hinblick auf Erfahrungssätze ausgiebig untersucht hat, verwendet u.a. das unter 4.6 bereits zitierte Beispiel »Ich heiße L. W.«

Einen solchen Satz überprüft der Träger des Namens unter normalen Umständen nicht an der Erfahrung (auch wenn er ihn aus Erfahrungssätzen *herleiten* kann!). Man nimmt vielmehr seine Wahrheit bei der Überprüfung und Begründung anderer Sätze (»Das ist *mein* Ausweis«) als gewiß in Anspruch. Die Gewißheit, daß wir den und den Namen tragen, ist in unsere täglichen Handlungszusammenhänge verwoben. Wir reagieren auf Ruf und Anrede, wir öffnen Briefe beim Anblick der Adresse, wir unterschreiben Überweisungen, stellen uns einem Fremden vor usw. usw. Es ist diese tägliche *Praxis*, deren Fraglosigkeit auch die Überzeugung, man heiße Soundso, jeder Ungewißheit entzieht. *Sie* widerlegt z.B. die Beteuerung eines Skeptikers, er *zweifle*, ob er wirklich Soundso heiße.

Ähnlich wie Wittgensteins Gewißheit bezüglich des eigenen Namens sind auch grundlegende moralische Gewißheiten in fraglose Reaktionen eingelassen. Hier ein paar Beispiele: Bei einer Lüge ertappt, empfinden die meisten von uns nicht nur Verlegenheit wegen der peinlichen Situation, sondern *Beschämung*; in der Spontaneität dieser Reaktion ist die Gewißheit des Lügenverbots verankert - auch wenn wir Lügen für moralisch belanglos *erklären* mögen. Wer belogen wird, ist nicht nur verärgert; Vorwurf, Verachtung und ähnliche Reaktionen implizieren moralische Wertung. Und ein behaupteter Zweifel an den Forderungen der Gerechtigkeit wird durch die *empörte Reaktion* auf ungerechte Behandlung lügen gestraft.

Betrachten wir dieses letzte Beispiel etwas näher: Die Fraglosigkeit, mit der wir grundlegende Maßstäbe der Gerechtigkeit bejahen, bekundet sich natürlich auch in entsprechenden *Aussagen*. Noch mehr aber ist sie eine Sache des non-verbalen Verhaltens.

Des gerechten Verhaltens etwa? Erliegen wir denn nicht oft der Versuchung, um unseres Vorteils willen ungerecht zu sein?

Doch, durchaus. Aber in diesen Fällen halten Gewissensregungen, Empfindungen von Scham oder Reue, Entschuldigungen u.a.m. unsere moralische Überzeugung sozusagen fest. Und in anderen Fällen tun dies andere Verhaltensweisen - z.B. das selbstverständliche Nicht-Erwägen bestimmter Vorgehensweisen, die doch zweckdienlich wären; und nicht zuletzt die empörte Reaktion auf Unrecht, das man uns oder anderen zufügt.

Prinzipien und primäre Normen

Wir haben die Auffassung vertreten, daß auch Moralphilosophen sich nicht auf besondere Einsichten oder Intuitionen berufen können, um moralische Normen und vielleicht ein ganzes Moralsystem auf der Grundlage übergeordneter Prinzipien zu begründen, zu überprüfen oder zu widerlegen. Die soeben angestellten Erwägungen lassen uns verstehen, warum solche Prinzipien nicht die Gewißheit von Normen aufweisen:

Es hat sich gezeigt, daß spontane, nicht der Überlegung entspringende Verhaltensmuster offenbaren, was für uns feststeht, ohne begründbar zu sein. Nun sind aber *nicht alle* Überzeugungen so geartet, daß sie sich in dieser Weise manifestieren könnten und daß ihre Gewißheit in die Selbstverständlichkeit eines Verhaltensimpulses eingelassen wäre. Sind *moralphilosophische Prinzipien* so geartet?

Im Bereich der Moral bezeugen tief wurzelnde Reaktionen unsere grundlegenden Überzeugungen, z.B. unsere Beurteilung von tapferem, selbstlosem, aufbauendem und vor allem von ungerechtem, ehrfurchtslosem, egoistischem, grausamem Handeln usw. Welches fraglose, spontane Verhalten indessen würde etwa die fraglose Bejahung eines der folgenden Prinzipien bekunden: nur nach Maximen zu handeln, von denen man wollen kann, daß sie allgemeines Gesetz würden; sich an Normen zu orientieren, die in einem herrschaftsfreien Diskurs die Zustimmung aller vernünftigen Teilnehmer finden; in allen Situationen das zu tun, was die Wünsche aller Betroffenen am meisten befriedigt?

Um Mißverständnissen vorzubeugen: Es geht hier überhaupt nicht um *Wahrheit und Falschheit* der zitierten Prinzipien und der dazu gehörigen moralphilosophischen Theorien. Auch behaupten wir keineswegs, daß die Verteidiger des Kategorischen Imperativs, der Diskurs-Ethik oder des Präferenz-Utilitarismus behaupten oder gar behaupten sollten, die Prinzipien, die ihre jeweilige Philosophie der Moral zugrunde legt, zeigten ihre Gewißheit in spezifischen Reaktionsweisen.

Wir wollen nur sagen: Wenn jemand von der Wahrheit eines solchen *Prinzips* mit Gewißheit überzeugt ist, dann ist *diese Gewißheit eine abgeleitete*. Sie ist keine ursprüngliche Gewißheit wie die der moralischen Überzeugungen, die in unserem Verhalten, speziell in charakteristischen emotionalen Reaktionen, verwurzelt ist.

Deshalb ist es kein Zufall, wenn unerschütterliche Gewißheit mit den uns vertrauten moralischen Normen verbunden ist, nicht jedoch mit einem Prinzip, auf das diese oder jene philosophische Schule die Normen zurückführt. Dieser Unterschied der Gewißheit bedeutet, daß eine solche Zurückführung *keine Begründung der Moral* ist - auch wenn das erarbeitete Prinzip noch so unangefochten und sogar die einzige überzeugende Basis für eine *Herleitung* aller akzeptierten Normen sein sollte. Was die erwähnten Prinzipien bzw. die dazugehörigen Theorien als Begründungsvorschläge disqualifiziert - die Möglichkeit einer Letztbegründung mußten wir ja ohnehin ausschließen -, ist schlicht das Fehlen einer ursprünglichen, in spontanen Impulsen und Reaktionen verwurzelten Gewißheit, wie sie unsere grundlegenden moralischen Überzeugungen aufweisen.

Dabei ist es gleichgültig, *worauf* ein Prinzip oder eine Theorie ihre Richtigkeit und ihre Gewißheit zurückführen. Sie mögen sich außer-ethischen Grundlagen verdanken oder im Ausgang von moralischen Urteilen auf deren »verborgene Prämissen« oder eine Pointe der Moral zurückschließen. In keinem Fall ist es der Philosophie gegeben, moralische Überzeugungen zu begründen. Moralphilosophischen Prämissen und Verfahren fehlt *die* Art von Gewißheit, aus der moralische Maßstäbe ihre Gewißheit gewinnen könnten.

Anwendung, Begründung, Erklärung

Wir halten inne, um im Rückblick auf die bisherigen Erörterungen dieses Kapitels das Verhältnis zwischen den unterschiedlichen Ebenen moralischer Überzeugung näher zu bestimmen.

Im Mittelpunkt dieser Erörterungen standen primäre Normen, grundlegende Überzeugungen, die unserem moralischen Denken und Handeln als Angelpunkte dienen und insofern die *Begründungsebene* moralischen Urteilens bilden: »Menschen in Not soll man nach Möglichkeit helfen; man soll Versprechen halten; man soll nicht lügen; ...« In derartigen Formulierungen mögen sie sich selten präsentieren, am ehesten vielleicht in pädagogischen - und natürlich moralphilosophischen - Kontexten. Aber auch im Alltag kommen Überzeugungen der Begründungsebene zum Ausdruck, meist allerdings auf anderen Wegen, z.B. in der Frage »Und er hat ihr nicht geholfen?« oder in dem Ausruf »Lügner!«.

Entscheidend an den Überzeugungen und Urteilen der Begründungsebene ist dies: Ihre Gewißheit beruht nicht auf einer Begründung durch ebenso gewisse oder noch gewissere Prinzipien. Andererseits begründen wir mit ihnen weniger grundlegende und weniger generelle Überzeugungen und Urteile, die der *Anwendungsebene* angehören.

Diese nehmen mehr oder weniger spezifisch auf Handlungssituationen Bezug. Als erläuterndes Beispiel diene das Urteil: »Ich darf nicht behaupten, daß ich die Einladung nicht erhalten habe.« Es läßt sich als Schlußfolgerung aus zwei Prämissen denken. Deren eine, so nehmen wir an, liegt auf der Begründungsebene moralischer Urteile: »Ich darf nicht lügen.« Die andere könnte lauten: »Es wäre gelogen, wenn ich behauptete, ich hätte die Einladung nicht erhalten.« Diese *Zusatz-Prämisse* bringt die Handlungssituation mit dem Lügenverbot in Verbindung, indem sie eine situationsspezifische Handlungsmöglichkeit als Lüge klassifiziert. Auf der Anwendungsebene ergibt sich das Urteil: »Daß ich die Einladung nicht erhalten habe, darf ich nicht behaupten.«

Das heißt nicht, wir stiegen in solchen Fällen immer durch Schlußfolgerungen von der Begründungs- auf die Anwendungsebene hinab. Es heißt aber: Auch wenn wir beispielsweise auf eine *konkrete Verhaltensempfehlung* spontan mit Empörung reagieren, dann ist der *eigentliche Gegenstand* dieser Reaktion *der moralische Aspekt* des empfohlenen Verhaltens. Und dieser Aspekt macht das Verhalten zu dem, was das Urteil der *Begründungsebene* verurteilt - zur Lüge, zum Mord usw. Die moralische Reaktion richtet sich *nicht unabhängig hiervon* auf die empfohlene Behauptung, ich hätte die Einladung nicht erhalten, oder auf den Stich mit einem Messer usw.

Wenn wir moralische Urteile der Anwendungsebene begründen oder begründen können, sind sie uns häufig kaum weniger gewiß als die der Begründungsebene. Denn die Zusatz-Prämissen und Folgerungsmethoden, auf die wir uns stützen, lassen oft keinen Zweifel zu. Aber es kann auch anders kommen. Wenn uns z.b. klar ist, daß wir keine Bestechung annehmen dürfen, mag doch die »Zusatz-Prämisse«, daß wir uns durch Annahme dieses bescheidenen Gastgeschenks bestechen lassen, zweifelhaft sein. Dann ist das Urteil, man dürfe dieses Geschenk nicht annehmen, sicher nicht fraglos gewiß.

Das Beispiel weist übrigens darauf hin, daß Meinungsverschiedenheiten in moralischen Fragen häufig *nicht* die angeblich dissens-trächtige Begründungsebene betreffen, sondern Fragen der Klassifizierung, der Anwendung. Solche Fragen stellen sich aber in vergleichbarer Form auch bei der Begründung »reiner Tatsachenurteile«, sobald sie z.b. einigermaßen komplexe menschliche Phänomene betreffen.

Von den Ebenen der Begründung und der Anwendung läßt sich die *Erklärungsebene* unterscheiden. Auf ihr sind Theorien und Prinzipien angesiedelt - Annahmen, mit deren Hilfe wir zu verstehen suchen, was wir auf der Begründungsebene für richtig halten, und vielleicht Super-Normen, die unsere grundlegenden moralischen Maßstäbe auf eine Formel bringen sollen.

Stufenlose Übergänge, verborgene Zusammenhänge

Es soll nicht verschwiegen werden, daß die getroffene Unterscheidung von Überzeugungsebenen Grenzfälle keineswegs ausschließt. Das hängt u.a. damit zusammen, daß Gewißheit in ungefähren Graden auftritt und daß es im allgemeinen eine Frage nachträglicher Besinnung ist, ob wir eine Überzeugung auf eine andere gründen oder nicht.

Wenn wir es z.B. für grundsätzlich richtig halten, einen Streit zwischen uns nahestehenden Personen zu schlichten: um welche Überzeugungsebene handelt es sich da? Gründet unsere Überzeugung in der fraglosen allgemeineren Gewißheit, daß man Vertrauten gegenüber zur Hilfe verpflichtet ist? Dann liegt sie auf der Anwendungsebene. Oder ist sie eher ein eigenständiger Angelpunkt unserer moralischen Orientierung als eine begründbare Auffassung? Dann gehört sie der Begründungsebene an. Vielleicht aber können wir die Frage nicht entscheiden. Dann handelt es sich um einen Grenzfall.

Oder fragen wir: Auf welcher Ebene ist die Goldene Regel anzusiedeln, die gebietet, andere so und nur so zu behandeln, wie man selbst von ihnen behandelt werden will? Steht ihre Geltung für uns so unerschütterlich fest, daß wir jedes Für oder Wider, anstatt die Goldene Regel daran zu messen, an dieser Regel messen würden? Dann liegt sie auf der Begründungsebene. Oder ordnen wir sie der Erklärungsebene zu - würden wir also ihre Geltung davon abhängig machen, daß sie die Moral oder einen unbezweifelbaren zentralen Teil der Moral in plausibler Weise zusammenfaßt? Auch hier liegt vielleicht ein Grenzfall vor.

Auch in anderer Hinsicht vereinfacht das Modell der drei Überzeugungsebenen komplexere Bezüge: Angelpunkte unseres Denkens und Handelns sind zwar jeder Begründung oder Widerlegung entzogen; sie mögen aber trotzdem davon abhängig sein, daß nichts oder wenig gegen sie spricht, daß *sie im System unserer Überzeugungen von bestätigenden Annahmen und Erfahrungen gestützt* werden. Hier bestehen verborgene Zusammenhänge.

Ein Beispiel: Die Gewißheit, daß man nicht lügen soll, ist ursprünglich, von keiner grundlegenderen Überzeugung abgeleitet. Das schließt aber nicht aus, daß sie durch andere - nicht nur moralische - Überzeugungen bestätigt und gestützt wird: Der Unwahrhaftige muß erhebliche Mühe auf die Erinnerung daran verwenden, wem er was vorgelogen hat; bei einer Lüge ertappt zu werden, ist höchst peinlich, oft auch schädlich; man verliert durch Lügen das Vertrauen von Freunden; es mindert die Lebensqualität, eine grundlegende Haltung wie Indifferenz gegenüber der Wahrheit vor anderen verbergen zu müssen; durch Lügen trägt man zu wachsender Unverläßlichkeit von Informationen bei; ... Keine dieser Überzeugungen *begründet* unsere Einstellung zur Lüge. Dennoch: wenn sie alle nicht wären, stünde die Forderung der Wahrhaftigkeit nicht in der Weise fest, wie sie es tut - zumal wir in einer ganz anderen Welt als der unseren leben würden, wenn keine der genannten Überzeugungen zuträfe.

Ein anderes Beispiel für die Bedeutung von stützenden Annahmen und Erwartungen ist uns unter 4.4 begegnet. Hier geht es um das Verhältnis zwischen Moral und individuellem Glück. Es liegt uns fern, das Interesse am eigenen Vorteil als Grundlage einer moralischen Orientierung anzusehen. Dennoch nehmen wir die Herausforderung durch den Egoismus ernst: Erwiese sich die Moral als Feindin des individuellen Wohlergehens, so könnte das eine fraglose Bejahung der Moral erschüttern. Insofern ist zu vermuten, daß für die meisten von uns die Erwartung einer grundsätzlichen Harmonie zwischen Moral und Glück zu den stillschweigenden stützenden Voraussetzungen - nicht: Gründen - ihrer Einstellung zu moralischen Normen gehört.

Mit *unscharfem* Grenzverlauf zwischen den Überzeugungsebenen und mit der *stützenden und stabilisierenden* Rolle von

Annahmen und Erfahrungen für Überzeugungen der Begründungsebene ist also zu rechnen. Das ändert aber nichts daran, daß die Ebenen unterscheidbar sind und daß Bestätigung nicht dasselbe ist wie Begründung. Vor allem: Die *Kriterien* für das Vorliegen eines Begründungszusammenhangs sind hinreichend klar; und wo wir Erklärungen identifizieren können, die wir am Erklärten überprüfen, haben wir es sicher nicht mit Begründungen zu tun.

5.6 Wo Philosophie gefragt ist

Die vorangehenden Abschnitte geben Anlaß zu der Frage: Was sollen moralphilosophische Theorien, wenn sie nicht die Moral begründen? Was sollen die Prinzipien, die sie ihr zugrunde legen wollen? Haben sie keinerlei Berechtigung oder Interesse? Sollte etwa eine Jahrtausende alte Geschichte der Moralphilosophie für die Moral überhaupt keine Bedeutung haben? Diese Fragen sollen uns in den folgenden Abschnitten beschäftigen.

»Aufklärung«

Am Ende des dritten Kapitels haben wir uns in einem bestimmten Sinn zum Impuls der Aufklärung bekannt: Wenn wir uns selbst in unserem moralischen Denken und Handeln verstehen, aber auch auf Anfragen an die Moral mit Antworten zugunsten der Moral reagieren wollen, sollten wir uns einem Denken anvertrauen, das nach Gründen fragt, und ihm folgen, wohin immer es führt, - auch zur Ergänzung und vielleicht sogar zur Korrektur. Wir sollten ihm *keine Grenzen setzen, die es nicht selbst seinen eigenen Bedingungen entnehmen kann.* Einen Streit zwischen Ansprüchen von Tradition und Vernunft z.B. hat die *Vernunft* zu schlichten, nicht die Tradition und auch keine sonstige Instanz. Allerdings stützt sich die Vernunft dabei unweigerlich auf Angelpunkte, die sie nicht selbst etabliert, sondern schon immer in Anspruch nimmt - und teilweise der Tradition verdankt.

Eine *in diesem Sinne verstandene* Aufklärung ist, ihrem Selbstverständnis im 18. Jahrhundert entsprechend, nicht Feindin, sondern Bundesgenossin der Moral. Und wir können der Moralphilosophie die Aufgabe zuschreiben, unsere Selbstaufklärung über moralisches Denken und Handeln zu unterstützen: Gründe zu benennen und gegebenenfalls auch Lücken und Irrtümer aufzudecken.

Dazu gehört nach den bisherigen Überlegungen *nicht* ein Programm, das die Rationalität der Moral an eine Letztbegründung bindet. Es ist die unaufgeklärte Suche nach Letztbegründung, deren Scheitern den Aufklärungsanspruch zur Bedrohung der Moral werden läßt.

Moralphilosophische Theorien sind immer wieder als Begründungen moralischer Maßstäbe *intendiert* oder *aufgefaßt* worden. Wenn wir einen solchen Anspruch zurückweisen, sind damit diese Theorien weder widerlegt noch für nutzlos erklärt. Theorien, die die Moral in der Vielfalt ihrer Aspekte auf einen Nenner oder ihre Normen auf eine allgemeine Formel bringen, unsere moralischen Überzeugungen auf allgemeine Prinzipien des Wertens und Wählens zurückführen wollen, sind vor allem als - gelungene oder mißlungene - *Erklärungen* zu verstehen.

Ebensowenig wie das Begründen ist das Erklären ein bloßes Herleiten aus Axiomen. Während wir jedoch von der Begründung verlangen, daß sie uns das Begründete *gewiß* (oder gewisser) macht, erwarten wir von der Erklärung, daß sie uns das Erklärte *verständlich* (oder verständlicher) macht. Für die Moralphilosophie bedeutet dies: Sie fragt nach dem *verbindenden Sinn der moralischen Normen*. Sie versucht zu erklären, warum wir wahrhaftig und unbestechlich und versöhnlich und vieles andere sein sollen. Und sie fragt noch umfassender nach dem *Sinn der Moral*; sie versucht deren Rolle in unserem Leben zu deuten.

Deuten

Verstehen zu wollen, gehört zu den elementaren Impulsen menschlichen Lebens. Darüber hinaus eröffnet das Verstehen auch praktische Möglichkeiten: Wenn wir eine Aussage verstehen, bedeutet das u.U. nützliche Information; wenn wir verstehen, warum jemand dies und nicht jenes tut, kann das unsere Pläne oder unsere ganze Einstellung zu ihm ändern.

Was jemand tut, verstehen wir, wenn uns klar geworden ist, warum, genauer: aus welchem Motiv oder zu welchem Zweck er es tut. Ein entscheidendes Kriterium ist dabei seine *Auskunft* über die Gründe oder den Sinn seines Handelns.

Ein solches Kriterium scheint nicht zur Verfügung zu stehen, wenn wir nicht Handlungen, sondern Institutionen, Gebräuche, Verfahren, Zeremonien, Spiele, Wettbewerbe, Systeme von Verhaltensregeln und andere *Praxis-Kontexte* verstehen wollen. (Ein Praxis-Kontext umfaßt einen Bereich des Verhaltens, dem er Maßstäbe vorgibt und Bedeutungen verleiht, die diesem Verhalten nicht aufgrund individueller Motive, Absichten, Sinngebungen und Zielsetzungen allein zukommen.)

Denken wir etwa an eine Vereidigung. Sie ist ein solcher Praxis-Kontext, und wir können fragen, welchen Sinn sie habe. Die Auskunft beteiligter Personen, die etwa die Vereidigung vornehmen oder den Eid leisten, hat hier keinerlei besondere Autorität; sie ist kein Kriterium für die richtige Antwort. Dennoch ist klar, daß wir sowohl nach der Bedeutung einzelner Handlungen im Rahmen einer Vereidigung als auch vor allem nach dem *Sinn der ganzen Institution Vereidigung* fragen können und daß es mehr und weniger plausible Antworten auf diese Fragen gibt.

Nach welchen Kriterien wir in einem solchen Fall eine richtige Antwort zu suchen haben, soll uns nicht weiter beschäftigen. Wichtig ist hier, daß auch die *Moral* einen Kontext bildet, nach dessen Sinn wir fragen können und der unserem Verhalten Bedeutungen verleiht, die ihm nicht aufgrund individueller Motive, Absichten, Sinngebungen und Zielsetzungen allein zukommen.

Zum Sinn der Moral gehören vermutlich Funktionen, die sie in der Gesellschaft hat: Knappe und notwendige Güter allen zugänglich zu machen, gegenseitige Gewalt und Behinderung einzuschränken, wichtigen Erwartungen an Mitmenschen und der Kooperation mit ihnen eine verläßliche Grundlage zu geben usf. Vielleicht aber bietet sie auch dem einzelnen Möglichkeiten, sein Wollen im Gewirr von inneren Antrieben und äußeren Erwartungen zu stabilisieren, Impulse der Anteilnahme, der Empörung, der Scham usw. in eine übergeordnete Handlungsorientierung zu integrieren, Achtung vor sich selbst zu gewinnen, seinem Leben eine Einheit zu geben u.ä.

Was die Moral in Wirklichkeit soll, ob ihr ein einheitlicher Sinn innewohnt, woher sie ihre Autorität nimmt usw.: das alles scheint nicht so offenkundig auf der Hand zu liegen wie beispielsweise der Sinn einer Lehrwerkstatt oder einer Prüfung in dieser Werkstatt. Es ist daher kein Wunder, wenn Philosophen einige Mühe auf die Beantwortung der Frage verwenden, welchen Sinn denn die Moral habe.

Zudem ist das Problem von besonderer Bedeutung, weil die Moral - im Gegensatz zur Werkstatt, zur Prüfung und zur Vereidigung - ein Kontext ist, in den *alles* hineinzugehören scheint, was wir überhaupt als menschliches Handeln ansehen. Der Bereich der Moral ist das Leben, nicht ein Ausschnitt des Lebens; unser Moralverständnis prägt unser Selbstverständnis. Außerdem *beansprucht* die Moral im Für und Wider unserer praktischen Überlegungen grundsätzlich das *letzte* Wort.

Wir wollen also letzten Endes uns selbst, die Konstanten unserer menschlichen Existenz und einen umgreifenden, entscheidenden Aspekt unserer Welterfahrung verstehen, wenn wir zu verstehen suchen oder uns von Philosophen erklären lassen, was die Moral in unserem Leben soll.

Wir werden noch sehen, daß die Deutung der Moral für unsere moralischen Überzeugungen selbst von einiger Bedeutung sein kann. Insbesondere wird ein Philosoph auf seine Deutung der Moral zurückgreifen, wenn es darum geht, zu einer Entscheidung schwieriger Probleme beizutragen oder gar gängige Maßstäbe zu überprüfen. In solchen Fällen wird es darauf ankommen, *welche* Deutung die gesicherten Bestände der Moral am überzeugendsten, also möglichst umfassend, konsistent und einheitlich, verständlich macht, so daß wir dieser Deutung zutrauen, auch ungeklärte Fragen ins richtige Licht zu rücken.

Erklären

Wenn Philosophen sich um eine Deutung der Moral bemühen, besteht ein wichtiger Bestandteil ihrer Arbeit im *Erklären* moralischer Normen. Und zwar sollen moralphilosophische Theorien nicht etwa erklären, warum wir bestimmte moralische Überzeugungen *für wahr halten* - das wäre eine Frage für Psychologen oder Soziologen -, sondern warum sie *wahr sind,* sofern sie es sind. (In einem analogen Sinne kann auch der Subjektivismus als philosophischer Erklärungsversuch gelten, obwohl er moralischen Überzeugungen keine Wahrheit zubilligt. Auch er erhebt den Anspruch, moralische Urteile des Subjekts auf ein Prinzip zurückzuführen, das die Grundlage dieser Urteile offenbart.)

Eine ganze Reihe von Philosophen versuchen, unsere Maßstäbe auf die Orientierung an einem übergeordneten *Ziel* zurückzuführen. So sind z.B. nach Aristoteles die Verhaltensnormen, die man sich mit den ethischen Tugenden aneignet, deshalb richtig, weil ohne sie ein wirklich glückliches Leben nicht möglich ist. Die Utilitaristen deuten unsere moralischen Überzeugungen als Umsetzungen des übergeordneten Ideals einer möglichst ausgedehnten Verbreitung von Wohlergehen.

Andere Theorien sehen die einheitliche Grundlage der Moral in einem *formalen Aspekt* ihrer Urteile, z.B. in einem charakteristischen Verfahren, sie zu etablieren. So ist nach Kant eine Norm des Handelns dann moralisch, wenn sie einen bestimmten Test besteht: Sie darf nur ein Verhalten erlauben, dessen allgemeine Verbreitung jeder vernünftige Mensch bejahen kann. Vertreter der zeitgenössischen Diskurs-Ethik übernehmen von Kant das Prinzip der Verträglichkeit zwischen den Verhaltensorientierungen verschiedener Individuen; nur unterwerfen sie moralische Normen einem anderen Prüfungsverfahren: Nicht wenn eine einzelne Person bei einsamer Abwägung hypothetischer Interessen ihre Verhaltensnorm verallgemeinern könnte, ist diese eine moralische Norm, sondern nur, wenn die fragliche Norm in einem vernünftigen Diskurs, an dem alle Betroffenen beteiligt sind, allgemeine Zustimmung findet.

Auch die Diskurs-Ethik *erklärt*: Gültig ist eine Norm, *weil* sie einem bestimmten Verfahren entspringt bzw. entspringen könnte und deshalb zu Konfliktlösungen beiträgt. Die Forderung nach tatsächlichen Diskursen zu dem Zweck, Verhaltensnormen zu etablieren, zeigt allerdings, daß diese Moralphilosophie bereits der Versuchung erlegen ist, Moral *begründen* und nicht nur die Richtigkeit bestimmter Normen *erklären* zu wollen.

Die Funktion einer Moralphilosophie ist der Funktion einer physikalischen Theorie vergleichbar. Gesetze der Molekularbewegung erklären, warum heißes Wasser schneller verdampft als kaltes. Unsere Überzeugung, daß es sich so verhält, beruht auf Erfahrung; wir *begründen* sie nicht mit der physikalischen Theorie. Vielmehr führt diese die bekannten Erscheinungen auf allgemeinere Gesetzmäßigkeiten zurück und läßt uns auf diese Weise *verstehen*, warum heißes Wasser schneller verdampft als kaltes, warum also unsere Überzeugung richtig ist, daß es sich so verhält. Das heißt: Sie gibt eine *Erklärung* für etwas, das uns längst bekannt ist.

Ähnlich verhält es sich mit moralphilosophischen Theorien. Denken wir uns eine Theorie, die vertraute Normen wie das Lügenverbot auf die Forderung zurückführt, *die Würde jedes Menschen zu respektieren*. Auch in dieser Theorie, auch in diesem Prinzip ist ein *Erklärungsversuch* zu erblicken.

Das wird deutlich, wenn wir die Frage formulieren: *Warum soll man nicht lügen? (Warum ist die Überzeugung, man solle nicht lügen, richtig?)* Jene Theorie würde etwa folgende Antwort geben: *Man soll die Würde jedes Menschen respektieren; belügt man einen Menschen, so respektiert man seine Würde nicht; deshalb soll man keinen Menschen belügen.* Die Überzeugung, man solle nicht lügen, wird nicht erst durch diese Herleitung *begründet*. Aber falls die Theorie wahr ist, läßt sie uns *verstehen*, warum wir nicht lügen sollen - warum unsere Überzeugung, man solle nicht lügen, wahr ist.

Entscheiden

Nicht nur in ihrer erklärenden Funktion ist eine moralphilosophische Theorie einer naturwissenschaftlichen vergleichbar. Gesetze der Molekularbewegung lassen uns nicht nur verstehen, warum heißes Wasser schneller verdampft als kaltes. Sie erlauben uns auch, z.B. den Siedepunkt einer Flüssigkeit zu berechnen, und allgemeiner: Sachverhalte zu folgern, die wir noch nicht durch Beobachtung kennen, vielleicht noch nicht einmal durch

Beobachtung überprüfen können. Moralphilosophische Prinzipien können eine analoge Bedeutung gewinnen.

Sofern nämlich eine Theorie die Moral als ganze verstehen läßt und so den Sinn ihrer Elemente erschließt, kann diese Theorie die Gewißheit und damit die Autorität gewinnen, aus der heraus sie uns dann bei der Lösung neuer moralischer Probleme leitet und unsere Überzeugungen ausbauen hilft. Denken wir etwa an die Frage, ob In-Vitro-Fertilisation eine moralisch vertretbare Praxis sei oder nicht. Zwei Situationen lassen sich unterscheiden:

Es könnte sich herausstellen, daß eine Antwort sich auf vertraute Überzeugungen der Begründungsebene berufen kann. Sie wäre damit moral-intern begründet. Zu einer begründeten Entscheidung dieser Art kann Philosophie natürlich auch im Falle von Problemen der Anwendungsebene beitragen, die weniger neuartig sind.

Es könnte aber auch sein, daß zweifelsfrei feststehende Maßstäbe der Moral die In-Vitro-Fertilisation nicht zu beurteilen erlauben. In dieser Situation käme der Rekurs auf eine überzeugende philosophische *Deutung* der Moral in Betracht. Zum Beispiel könnte vielleicht ein näher präzisiertes Prinzip des *Respekts gegenüber allen Menschen* eine Antwort begründen.

Wir wählen den Ausdruck »begründen« mit Bedacht. Denn *hier* ist uns die Antwort auf eine moralische Frage nicht auf dem Wege der fraglosen, spontanen Reaktion gewiß. Hier also wäre es möglich und vernünftig, die Antwort aus einem Prinzip nicht nur herzuleiten und zu erklären, sondern mit diesem Prinzip tatsächlich zu begründen.

Aber ein solches Verhältnis zwischen moralphilosophischem Prinzip und moralischer Norm ist notwendigerweise die Ausnahme: Die ursprüngliche Gewißheit grundlegender Normen bleibt die Basis der sekundären Gewißheit des Prinzips.

Reformieren?

Die bisher erwähnten Aufgaben der Moralphilosophie sind weitgehend konservativ. Sie liegen im Bereich des Verstehens und Fortschreibens eines vorgefundenen Bestandes. Wo bleibt die innovative Bedeutung des Philosophierens?

Man könnte erwidern: Ist denn nichts damit gewonnen, wenn Philosophen zu moral-internen Argumenten in schwierigen Fragen beitragen oder gar auf der Grundlage überzeugender Prinzipien neuartige Probleme lösen?

Gewiß wäre damit etwas gewonnen. Vielleicht aber sollte die Gegenfrage so lauten: Wer sagt, daß Innovation eine zentrale Aufgabe der Philosophie sei, speziell der Moralphilosophie?

Auf dieses Thema näher einzugehen, würde zu weit führen. Es sieht aber ganz so aus, als hätte die Philosophie - soweit sie »praxisrelevant« ist - im Kontext der Kultur eine andere Bedeutung. Technik, Wirtschaft, Politik und soziale Verhältnisse sind Bereiche raschen, weitgehend ungeplanten Wandels. Dabei ist nicht jede Innovation, aus größerer Entfernung betrachtet, ein Sieg der Vernunft. Die Philosophie gehört zu den Instanzen, die zur *vernünftigen Bewertung* von Schwund und Neuerung beitragen und insbesondere bei staatlichen Steuerungsversuchen (z.B. durch Gesetzgebung) an *moralische Kriterien* erinnern können. Das Neue ist als solches kein Wert - weder im Bereich des zivilisatorischen Wandels noch gar im Bereich moralischer Kriterien.

In einem bestimmten Sinn ist sogar, was übernommen wird, dem Neuen vorzuziehen: es hat die Bewährungsprobe bestanden, die dem Neuen noch bevorsteht. Das scheint ausschlaggebend, wo nicht Gründe die Überlegenheit des Neuen beweisen.

Zugleich aber kann gerade die Haltbarkeit des Überkommenen moralische Verblendung verfestigen. Was hätten z.B. unsere bisherigen Überlegungen zu der Überwindung der amerikanischen Sklavenhaltung beitragen können - in einem Teil der Gesellschaft, deren moralische Maßstäbe diese Einrichtung in keiner Weise infrage stellten?

Auf den ersten Blick steht es um die Möglichkeit eines solchen Beitrags nicht gut. Denn wir haben erklärt, für Begründung und Widerlegung moralischer Auffassungen sei Raum nur, wo sich eine bestimmte Verhaltensweise moral-intern als Erfordernis oder als Mißachtung einer fraglos gewissen Norm erweisen lasse. Die Verwendung einer bestimmten Menschengruppe zu Sklavendiensten aber ist nicht von dieser Art, wo sie ihrerseits selbstverständlicher Teil der überlieferten Lebensform ist. Wie also ließe sich hier der moralische Ausschluß dieser Praxis begründen?

Nehmen wir an, die Sklavenhalter hätten durchaus eine Norm des Respekts vor der Freiheit anderer. Einen Widerspruch der Sklavenhaltung zu dieser Norm vermögen sie aber vermutlich nicht zu erkennen: »Unsere Sklaven gehören doch nicht zu denen, deren Freiheit die Norm intendiert!«

Wir mögen einwenden: Sie sind doch ebenfalls Menschen! Dann ist es zwar denkbar, daß unser Gegenüber uns recht gibt und *dazu geführt wird*, sich eine *Präzisierung* der erwähnten Norm zu eigen zu machen, also ein Erfordernis anzuerkennen, die Freiheit aller Menschen zu respektieren und also keine Sklaven zu halten. Aber auch folgendes ist denkbar: Er wird sich zwar einer Spannung innerhalb seiner moralischen Vorstellungen bewußt, behilft sich aber mit der Erklärung, die Norm betreffe nur die »richtige« Bevölkerung, aus der ja auch tatsächlich niemand versklavt werde.

Für unseren Zusammenhang ist die Möglichkeit wichtig, daß *beide* Überzeugungen für ihn in fraglose Verhaltensimpulse und -reaktionen eingelassene Angelpunkte sind: die Überzeugung, daß die ihm vertraute Sklavenhaltung in Ordnung ist, und die Überzeugung, daß man die Freiheit anderer zu respektieren habe. Muß er die Spannung zwischen ihnen denn nicht bemerken? Nein. Denn keine der beiden ist ja eine Überzeugung von der Art, daß er bewußt, auf bestimmten Denkwegen, zu ihr gelangt wäre.

Die jeweiligen Verhaltensmuster, denen sich die beiden Überzeugungen entnehmen lassen, mögen ihrerseits ganz friedlich miteinander koexistieren - und insofern auch die Überzeugungen selbst. Man könnte sagen: Erst mit dem Akzeptieren einer Spannung *werden* diese zu präziseren Überzeugungen, die entweder klar miteinander vereinbar sind:

Die Freiheit von Menschen meiner Bevölkerungsgruppe muß ich respektieren.

Andere Menschen darf ich als Sklaven halten.

oder aber deutlich unvereinbar:

Die Freiheit aller Menschen muß ich respektieren.

Manche Menschen darf ich ihrer Freiheit berauben, um sie als Sklaven zu halten.

Nehmen wir an, unser Gegenüber gestehe die Unvereinbarkeit seiner bisher nicht artikulierten Überzeugungen zu. Dann stellt sich immer noch die Frage, *welche* von beiden er aufgibt. Da beide in selbstverständlichen Verhaltensweisen verankerte Gewißheiten sind, handelt es sich hier nicht primär um eine Frage nach der Kraft von *Argumenten*, sondern um die Unvorhersehbarkeit der Wirkungen einer *Erschütterung*. Aus demselben Grund wird übrigens unser Gegenüber dazu neigen, bei seinen selbstverständlichen Verhaltensmustern und bei den weniger präzisen und weniger kollidierenden Überzeugungen zu bleiben, die mit diesen Verhaltensmustern einhergehen.

Argumentieren und appellieren

Was ergibt sich aus der Erörterung des Beispiels für die Frage, ob bzw. wie moralphilosophische Überlegungen grundsätzlich zur Überwindung unmoralischen Verhaltens beitragen können, das den akzeptierten Angelpunkten moralischer Orientierung *nicht widerspricht*? Wir wollen hier nur Gesichtspunkte andeuten, die zu einer Antwort auf diese Frage beitragen können.

Nur ein System, das menschlichem Leben zugute kommt, kann Moral heißen. Ein solches System wird also Spannungen enthalten, wenn es eine Praxis wie Sklavenhaltung billigt. Auch wo die Spannungen sich nicht als *formelle Widersprüche* artikulieren lassen, werden sie doch im Netz der Überzeugungen aufweisbar sein. Und eine *Deutung* des Systems (z.B. im Blick auf menschliches Wohl) kann zu einem Verständnis seines »Geistes« führen, mit dem jene Praxis nicht konsistent ist. (Entsprechende intra- und interkulturelle Argumentationsverfahren wurden unter 4.3 bereits angedeutet.)

Mit anderen Worten: Haben wir es mit einem Normensystem zu tun, das auf der Begründungsebene eine fragwürdige Praxis billigt oder gar fordert, dann enthält oder impliziert es als *Moral*-System auch Überzeugungen, die ein *Verbot* der Praxis *stützen* - wie eine Reihe von Überzeugungen, die wir uns in einem früheren Abschnitt vor Augen geführt haben, das Lügenverbot stützen.

Solche Stützen liefern Argumente, die die moralische Grundlage der fraglichen Praxis destabilisieren. Was können solche Argumente ausrichten?

Bereits im vorausgehenden Abschnitt hat sich gezeigt: Sogar dem Zugeständnis formeller Widersprüche kann sich das Gegenüber entziehen. Und solange eine Praxis wie die Sklaverei in ökonomische oder soziale Strukturen eingebaut ist, werden Argumente zwar destabilisierend wirken, aber erst im Verein mit strukturellen Veränderungen zum Erfolg führen. Denn solche Strukturen prägen die vorrationalen Wurzeln der Überzeugungsgewißheit. Das bedeutet aber nicht, daß Argumentation nichts auszurichten vermag.

Gewiß ist eine *grundlegende* Überzeugung, die sich in einer fragwürdigen Praxis manifestiert, nicht *widerlegbar*. Sie ist jedoch *erschütterbar*. Was wir als Unerschütterlichkeit bezeichnen, ist die *als Gewißheit erlebte Rolle*, die eine Überzeugung für unser Denken und Handeln spielt; eine *Garantie* dafür, daß die Gewißheit nie erschüttert wird, ist solche »Unerschütterlichkeit« nicht. Destabilisierende Argumente appellieren nicht nur an das »logische Gewissen«. Sie setzen auch Reaktionen und Impulse frei oder bringen sie in einem Bereich des Denkens und Handelns zur Auswirkung, den bislang andere selbstverständliche Verhaltenstendenzen dominiert haben.

So können natürlich nicht nur Moralphilosophen argumentieren. Man denke an Huckleberry Finn, der mit sich selbst argumentiert, wenn er seine spontane Erwiderung der Freundschaft, die er von Jim, einem entlaufenen Sklaven, erfahren hat, mit dem angeblich richtigen Verhalten konfrontiert und dabei an seine eigenen Reaktionen appelliert. (Mark Twain: *The Adventures of Huckleberry Finn*, New York 1899, S. 230: »Then I thought a minute, and says to myself, hold on; s'pose you'd a done right and give Jim up, would you felt better than what you do now? No, says I, I'd feel bad - I'd feel just the same way I do now.«)

Argumente gegen Überzeugungen der Begründungsebene sind Appelle zur Besinnung darauf, *wie unübergehbar* konkurrierende, einander destabilisierende Verhaltenstendenzen *im Vergleich zueinander* sind. Insofern sind derartige Argumente zugleich Appelle an die *Aufrichtigkeit*. Auch dies darf man nicht vergessen, wenn man nach ihren Chancen fragt.

Und noch etwas: Sie knüpfen an Überzeugungen oder überzeugungstragende Verhaltenstendenzen an, die das Gegenüber - vielleicht man selbst - tatsächlich nicht infrage stellt. Jedes Argument muß in diesem Sinn *ad hominem* sein: an Angelpunkte im Denken dessen anknüpfen, der überzeugt werden soll.

Das gilt nicht weniger, sondern erst recht, wenn wir mit unserem Argument *an einem seiner Angelpunkte rütteln*. Daraus ergibt sich, daß wir nicht an allen seinen Angelpunkten gleichzeitig rütteln, also nicht den Ehrgeiz haben sollten, ein System der Moral als ganzes infrage zu stellen - insbesondere auch das eigene nicht. Moral konstruiert man nicht, vor allem nicht aus Elementen, zu denen spezifisch moralische Überzeugungen oder Begründungsmuster nicht bereits gehören. Man konstruiert die Moral genausowenig wie die Sprache. Auch Philosophen finden sie vor, um sie dann - wiederum ganz ähnlich wie die Sprache - zu analysieren und zu interpretieren, in einzelnen Punkten zu präzisieren, zu kritisieren und zu extrapolieren, als Ganzes zu verteidigen und - einmal im Jahrhundert an einem ihrer Angelpunkte zu rütteln.

Verteidigen

Wenn sich auch Moral nicht *konstruieren* läßt, so kann doch Philosophie Versuchen ihrer *Destruktion* entgegentreten. Es gibt keine Begründungen grundlegender moralischer Normen; das schließt aber nicht die Möglichkeit aus, behauptete Widerlegungen zu widerlegen und Einwände zu entkräften.

Dazu ist es nämlich nicht nötig, die Wahrheit angegriffener Positionen zu beweisen. Es genügt zu zeigen, daß und warum der Angriff sein Ziel verfehlt: daß er sich problematischer Prämissen oder Folgerungsmuster bedient; oder daß die fragliche Position nicht wirklich die der Moral ist. Solche Verteidigung der Moral praktiziert im Blick auf populäre Infragestellungen Kapitel 4. Naturgemäß ist sie niemals endgültig.

Doch geht sie über bloße Zurückweisung hinaus. Zwar ist auch die Zurückweisung von Argumenten, die uns weniger gewiß sind als die angegriffenen Überzeugungen, ein Gebot der

Vernunft; dies gegen prinzipielle philosophische Begründungs- und Widerlegungsansprüche gleichermaßen sicherzustellen, war eines unserer Anliegen. Argumentative Verteidigung indessen hat den Sinn, über legitime Zurückweisung hinaus einer *Destabilisierung* moralischer Überzeugungen entgegenzuwirken, die von nicht widerlegten Gegenargumenten ausgeht.

Unterscheiden und erinnern

Über der Abwehr moralverneinender oder -gefährdender Theorien sollten Philosophen eine scheinbar bescheidene, in Wirklichkeit wichtige Aufgabe nicht vergessen: die immer bedrohte moralische Einstellung und deren Reflexion und Umsetzung im Alltag zu unterstützen. Dazu gehört insbesondere das Unterscheiden des leicht Verwechselbaren und das Erinnern an leicht Vergessenes.

Einschränkend bemerken wir sogleich: Analysen und Argumente eines Moralphilosophen werden die Hinweise, Rückfragen und Vorschläge eines klugen Beraters nicht ersetzen. Das hat vor allem zwei einfache Gründe.

Der erste ist eher banal: Moralphilosophen melden sich, vorwiegend ungefragt, über Veröffentlichungen und Vorträge zu Wort. Wir wollen gar nicht davon reden, daß ihre Erörterungen meist in der Fachliteratur zu finden und auch dem Verständnis nicht leicht zugänglich sind. Entscheidend ist, daß sie - sofern sie sich nicht ohnehin auf Meta-Ethik beschränken - nur über *Typen* von Problemen oder doch über solche Probleme reden, die in *ihren* Blick getreten sind, und selbstverständlich nicht über das, was eine bestimmte Person in einer bestimmten Situation gerade beschäftigt und beunruhigt. Besonders wo im privaten oder beruflichen Leben des einzelnen auch nach reiflicher Überlegung moralische Forderungen ungewiß oder miteinander unvereinbar scheinen, kann nichts die Beratung durch einen weisen Menschen ersetzen, der sich seinem Gegenüber und dessen Fragen zuwendet. Oft ist er allerdings nicht da - oder nicht gefragt. Eine erneuerte Kultur des moralischen Beratens täte unserer Gesellschaft gut.

Und wenn nun Moralphilosophen als Berater in tatsächlich auftretenden Problemsituationen zur Verfügung stünden? Mit dieser Frage kommen wir zu einem zweiten Grund für die Unterscheidung zwischen Beratung und angewandter Moralphilosophie. Um gut zu raten, muß einer selbst moralisch - nicht moralphilosophisch - qualifiziert sein: ein erfahrener und einigermaßen guter Mensch. Erfahren muß er sein, um die Komplexität der jeweiligen Situation zu erkennen und seine Phantasie im

Lösen von Problemen bereits geübt zu haben; und möglichst gut, weil die Anwendung moralischer Kategorien auf neue Fälle, wie wir noch sehen werden, ein Urteilsvermögen verlangt, das sich vom Charakter nicht völlig trennen läßt.

Nicht, als trauten wir dem Moralphilosophen Erfahrung, Anstand und Weisheit nicht zu. Es ist aber nicht die Moralphilosophie, die ihn damit ausrüstet. Eher ist gute Moralphilosophie ein Stück weit auf moralische Qualifizierung angewiesen. Denn *diese* steckt den Boden ab, den seine Untersuchung zu erkunden hat: die vorgegebenen Inhalte der Moral. Auf diesen Boden gründet er seine Schlußfolgerungen zu neu entstandenen Fragen; in ihn gräbt er auf der Suche nach sinngebenden Erklärungen; ihn verläßt er nur, wo Konsistenz und verläßliche Deutung eine Grenzbegradigung notwendig machen.

Die vorgegebenen Inhalte der Moral zu klären, plausibel zu machen, miteinander in einen Zusammenhang und mit den Belangen der unterschiedlichen Bereiche des Lebens in Verbindung zu bringen: darin liegt eine grundlegende, vielleicht die erste Aufgabe der Moralphilosophie. Eine wichtige Rolle spielen dabei, wie gesagt, Erinnern und Unterscheiden.

Erinnern: Wegen des raschen Wandels der Lebensverhältnisse, der Vielfalt der Handlungsmöglichkeiten und der Komplexität der Situationen - denken wir an die Auflösung der Familie oder an Erwartungen an die Medizin - bedarf es der Erinnerung an bleibende Maßstäbe und des Aufweises ihrer jeweiligen Relevanz. Angesichts intellektueller Verunsicherung bedarf es insbesondere der Erinnerung an Berechtigung und Vorrang ursprünglicher Gewißheiten. Die Philosophie steht vor der Frage, ob sie heute, zumal die Medien zur ersten moralischen Autorität avanciert sind, ihre kritische Wachsamkeit nicht in Aufgaben dieser Art investieren sollte.

Unterscheiden: Maßstäbe der Moral geraten immer wieder »unter Druck«. Nicht nur durch die Tendenzen der Moralverneinung, von denen in den ersten drei Kapiteln die Rede war. Auch durch »Sachzwänge«, die sich als soziale Isolierung oder Überforderung, als Gefährdung der wirtschaftlichen Existenz, als Erfordernisse von Prestige oder Karriere etc. vordrängen. Wir selbst und andere reden uns Rechte ein, die es bisher nicht gab; neue Pflichten - z.B. im Hinblick auf die Erhaltung unserer Lebensbedingungen - sind weniger populär; es kann doch, so scheint es, von mir kein Engagement gefordert sein, wo niemand sonst sich einsetzt; die Betätigung von Wahrhaftigkeit, Ehrlichkeit, Rücksicht, Mut darf die Schmerzgrenze nicht erreichen, an der sie uns Entscheidungen zuungunsten vordergründiger Interessen abverlangen könnte - vor allem, wenn doch »alle«, einem »gesunden« Empfinden folgend, zunächst einmal ihr Schäfchen ins trockene bringen. Hier sind *Unterscheidungen* erforderlich, wenn wir uns nichts vormachen und die Grenze zwischen »erlaubt« und »sehr naheliegend« nicht verwischen wollen.

Es scheint nicht viel auszumachen, ob ich - unter so vielen - meinen *unmerklichen Beitrag* leiste oder nicht; ob der Arzt den ohnehin Todgeweihten *sterben läßt* oder *den Tod herbeiführt*; ob man *die Antwort geschickt vermeidet* oder *lügt*; ... Philosophen sollten für solche Fälle zeigen, welche Unterschiede moralisch relevant sind und warum. Sie sollten Wortbedeutungen unterscheiden, wo Äquivokationen uns irreführen wollen; gute von schlechten Argumenten, das Gültige vom Gängigen, die Rechtfertigung von der Entschuldbarkeit unterscheiden; usw. Sie sollten auf stillschweigende, ungeprüfte Voraussetzungen aufmerksam machen und akzeptierte Meinungen auf Implikationen überprüfen, die man leicht übersieht.

Motivieren?

Die Gewißheit grundlegender moralischer Überzeugungen zeichnet sich durch Selbstverständlichkeit der Reaktionsweise aus. Daß wir indessen diese Überzeugungen haben, daß sie unsere Einstellung bestimmen und unsere Lebensgestaltung motivieren, ist viel weniger selbstverständlich.

Das war vermutlich niemals anders. Es gab jedoch in früheren Zeiten motivierende Kräfte, die unserer Gesellschaft nur noch in geringem Maß zur Verfügung stehen, insbesondere die der Gemeinschaft und die der Religion. »Moralisch motivierend« wirken diese Kräfte, insofern sie die *moralische* Motivation, dies zu tun und jenes zu lassen, vermitteln und stützen. Die *Gemeinschaft* tut dies, indem sie nach *übereinstimmenden* Maßstäben und zu *übereinstimmenden* Maßstäben sozialisiert und indem sie Pflichterfüllung als Teil von insgesamt sinnvollen Bindungen erleben läßt. Die *Religion* wirkt auf ihre Weise, indem sie moralische Normen als göttliche Gebote deutet oder doch auf eine dem Menschen überlegene Autorität zurückführt.

Wie immer man die moralische Bedeutung dieser Kräfte beurteilen mag: ihr Schwinden läßt nach anderen Quellen fragen, aus denen sich die Motivation, moralisch zu handeln, speisen könnte.

Ob die Philosophie zu einer solchen Motivation viel beitragen kann, ist fraglich. Moral-externe Begründungen moralischer Gesinnung liefert sie nicht. Und das Interesse an moralphilosophischer Erklärung und Bestätigung dürfte der moralischen Einstellung eher folgen als vorausgehen.

Freilich kann die Moralphilosophie für den etwas tun, der sich durch Argumente gegen die Moral verunsichert sieht. Sie kann seine Auffassungen verteidigen und so seine Einstellung bestärken. Auch mögen moralphilosophische Deutungen Sinnerlebnisse vermitteln, Argumente an »schlummernde Gewißheiten« rühren, Auseinandersetzungen die Reflexion anstoßen. Doch werden solche Beiträge zur moralischen Motivation kaum das vermögen, was einem guten Buch oder einem erschütternden Film gelegentlich gegeben ist.

Eher hat Moralphilosophie zu fragen: Worin besteht moralische Motivation überhaupt? Woher kann sie kommen? Was darf, was sollte moralisch motivieren? Gegen Ende des Buches werden wir auf diese Fragen kurz zurückkommen.

5.7 Sind unsere moralischen Begriffe überholt?

In den letzten Jahrzehnten haben sich Philosophen besonders darum bemüht, die *Begriffe der Moral* zu untersuchen. Solche Untersuchungen zeigen u.a., wie komplex und unübersichtlich der Praxis-Kontext Moral und seine Sprache sind. Weist ihr Befund auf wichtige Aspekte moralischer Vernunft hin? Oder stellt er die Rationalität der Moral infrage? Muß vielleicht unter der verwirrenden Oberfläche unserer Ausdrucksweise eine plausible »moralische Tiefengrammatik« entdeckt werden?

Wir werden in den nächsten Abschnitten zu diesen Fragen so viel sagen, daß erstens ein Eindruck von der Eigenart gewöhnlicher moralischer Begriffe und Urteile entsteht und zweitens der Verdacht entkräftet wird, wenn es vernünftig zugehen solle, müsse man eigentlich die komplexe Begrifflichkeit der Moral verabschieden.

Wahrheitsanspruch und Forderung in einem

Der Begriff der *Norm*, an den auch wir unsere Überlegungen weitgehend angeschlossen haben, beherrscht zwar die gegenwärtige ethische Reflexion. Er verführt jedoch dazu, die Komplexität der Moral zu ignorieren. Er läßt uns allzu leicht an Regeln denken, die unser Tun und Lassen lenken wie Rechenregeln das Schreiben der richtigen Ziffer an der richtigen Stelle. Auch Moralphilosophen vermitteln oft genug durch einseitige Orientierung am Begriff der Norm eine falsche Vorstellung von der Einheitlichkeit des Praxis-Kontexts Moral.

Der alltägliche Gebrauch der moralischen Sprache bringt demgegenüber eine große Vielfalt moralischer Begriffe und Bezüge zum Vorschein: In den Zusammenhängen von Begründung und

Einwand, Vorwurf und Rechtfertigung, in der Erziehung durch Lob, Ermahnung und Tadel, in Verdächtigungen und Würdigungen, in öffentlicher Argumentation, Kritik und Polemik begegnet uns das reichhaltige Vokabular, von dem im ersten Kapitel andeutungsweise die Rede war. Hier haben Begriffe wie Respekt, Gerechtigkeit, Treue, Freigebigkeit und Dankbarkeit ihren Platz; hier ist von Verleumdung, Heuchelei, Paternalismus, Egoismus, Betrug, Vergewaltigung und Mord die Rede; hier liefern die Vorstellungen von Menschenrechten und Befugnissen, von Verträgen und Versäumnissen, von Autoritätspositionen und Bindungen wie Verwandtschaft oder Freundschaft die moralische Basis von Pflichten und Erwartungen.

Mit allen diesen Begriffen - sie mögen *primäre moralische Begriffe* heißen - sind *Normen* verbunden: Um *gerecht* zu sein, *soll* man gewisse Dinge unterlassen; *Betrug* ist *nicht erlaubt*; als *Vater* hat man dies und jenes *zu tun*.

Um das Besondere eines solchen Begriffs genauer zu erfassen, betrachten wir die Äußerung: »Was du tun willst, ist Betrug.« Unter passenden Umständen dient sie sowohl dazu, ein Verhalten - sagen wir: das Verstecken von Geldscheinen - *zu beschreiben*, als auch dazu, dieses Verhalten *zu unterbinden oder zu verurteilen*. Allgemein gesagt: Zur *typischen* Verwendung von Begriffen der genannten Art gehört, daß sie eine Person, eine Gegebenheit, eine Absicht o.ä. näher kennzeichnet und *auf diesem Weg* eine *Begründung* dafür liefert, etwas Bestimmtes zu tun bzw. zu lassen oder aber eine entsprechende Haltung dazu einzunehmen. Diese beiden Aspekte der Begriffsverwendung werden wir als *klassifizierende oder beschreibende* und als *motivierende oder stellungnehmende* Funktionen bezeichnen.

Primäre moralische Überzeugungen und Urteile - solche, die sich in den erwähnten primären moralischen Begriffen artikulieren - haben also einen Doppelcharakter. Einerseits erheben sie wie alle Überzeugungen und Urteile den Anspruch, wahr zu sein. Andererseits aber ist ihre Äußerung zugleich der Ausdruck einer Einstellung zu gewissen Forderungen, u.U. sogar selbst der Ausdruck einer solchen Forderung.

Dabei ist uns der Wahrheitsanspruch primärer moralischer Urteile zunächst ganz selbstverständlich. Zwar haben wir keine klare Vorstellungen von *Kriterien*, nach denen wir ein Verhalten als gerecht oder ungerecht oder arrogant o.ä. einordnen. Das gilt aber auch für so unschuldige Begriffe wie *zögernd* oder *souverän*, was uns nicht daran hindert, Urteile, in denen sie auf Personen angewendet werden, für wahr oder falsch zu halten.

Moralisch und Unmoralisch - merkwürdige Kategorien

Anscheinend weisen wir nun mit Hilfe eines primären moralischen Begriffs ein bestimmtes Verhalten nicht nur den Kategorien des aufrichtigen, betrügerischen, gerechten, arroganten Verhaltens usw., sondern mittelbar zugleich der weiteren Kategorie des moralisch Unerlaubten, des Erlaubten oder des Gebotenen zu. Denn falls Geld zu verstecken in einem bestimmten Fall Betrug und Betrug als solcher moralisch unerlaubt ist, muß offenbar das Geld-Verstecken in diesem Fall moralisch unerlaubt sein. Es fällt unter die ganz allgemeinen, sekundären moralischen Begriffe des *Unerlaubten* oder dessen, was man nicht tun soll, nicht tun darf. - Bei näherem Hinsehen fällt an dieser Einordnung einer Handlung allerdings zweierlei auf.

Zum einen ist die Kategorie des Unmoralischen oder moralisch Unerlaubten nicht ganz leicht zu fassen. Sie verweist ja nicht auf irgendeines Menschen Verbots- und Erlaubnis-Äußerungen oder auf sonstige offenkundige Anhaltspunkte. Es ist daher nicht klar, an welchen *Merkmalen* das moralisch Unerlaubte zu erkennen sein soll. Daher ist auch nicht klar, was wir von einer Handlung wie dem Geld-Verstecken eigentlich *aussagen*, wenn wir es als unmoralisch bezeichnen.

Als Zweites fällt an der vorgenommenen Kategorisierung des Geld-Versteckens eine Verdoppelung auf, die unschädlich sein mag, aber auch unnötig scheint. Wenn nämlich eine Handlung als Betrug bezeichnet wird, dürfte doch damit sozusagen alles gesagt sein. Der Hinweis darauf, daß Betrug oder gar Mord etwas Unerlaubtes seien, klingt merkwürdig überflüssig.

Manche Philosophen erblicken die Erklärung derartiger Probleme im Doppelcharakter primärer moralischer Begriffe und Urteile. Nach ihrer Auffassung gäbe es diese Probleme nicht, wenn unsere Sprache säuberlich zwischen evidenz-gebundener Beschreibung und evidenz-entbundener Stellungnahme trennte. Im einzelnen argumentiert dieses Trennungsdenken folgendermaßen:

So wie unser moralisches Vokabular beschaffen ist, zwingt es uns, *in einem Atemzug* zu beschreiben und Stellung zu nehmen, zu klassifizieren und zu motivieren. Reden wir beispielsweise von *Betrug*, so klassifizieren wir nicht nur; wir fordern zugleich zum Unterlassen der klassifizierten Handlung auf oder äußern doch eine Ablehnung, die sich unter gegebenen Umständen als derartige Aufforderung äußern könnte. Dadurch hindert unsere Sprache uns daran, konsequent zu trennen zwischen der Frage, ob X einer bestimmten Art von Handlungen angehöre, und der Frage, ob man X (und andere Handlungen dieser Art) tun dürfe oder gar solle. Ein primärer moralischer Begriff wie Betrug ist, so gesehen, schon eine komplexe Angelegenheit, also eher sekundär. Dagegen repräsentieren allgemeine, »sekundäre« Ausdrücke wie »sollen«, »nicht dürfen«, »richtig«, »unerlaubt« etc. in reiner Form die Funktion der moralischen Stellungnahme.

Kurz: Die alltägliche moralische Sprache verknüpft beschreibende und stellungnehmende Bedeutungsfunktion. Diese Verknüpfung ist - so der Trennungsdenker - insofern irreführend, als sie den Eindruck erweckt, gewisse Klassifizierungen eines menschlichen Verhaltens seien von dessen moralischer Verurteilung bzw. Billigung logisch nicht zu trennen.

Das erste der beiden oben genannten Probleme ist nach dieser Diagnose nicht mehr verwunderlich: Die Kategorie des moralisch Unerlaubten, des »nicht Gesollten« ist *deshalb* schwer zu fassen, weil sie in einem entscheidenden Sinne *gar nicht existiert*: Kein relevantes gemeinsames *Merkmal* verbindet Fälle von Betrug und von Mord miteinander oder mit Fällen von Arroganz etc. Wenn man *sie alle* für unmoralisch erklärt, so äußert man damit keine gemeinsame *Kennzeichnung*, sondern eine *spezifisch moralische Ablehnung, die man ihnen allen entgegenbringt*.

Auch das zweite Problem reflektiert die doppelte Funktion des moralischen Vokabulars. Tatsächlich ist ein Ausdruck wie »Betrug« allein schon geeignet, außer der klassifizierenden auch die stellungnehmende Funktion zu erfüllen. Die verurteilende *Stellungnahme* wird dann lediglich isoliert wiederholt, wenn man - nur *scheinbar* weiter *klassifizierend* - hinzufügt: »deshalb moralisch unerlaubt«.

Trennung von Beschreibung und Stellungnahme?

Aus der soeben skizzierten Perspektive wäre eine ideale Sprache der Moral in der Lage, Beschreibung und Aufforderung sauber voneinander zu trennen. Sie würde damit auf der Ebene der *Ausdrücke* einen Unterschied widerspiegeln, den eine angemessene Analyse unserer moralischen *Begriffe* ohnehin anerkennen muß.

Zwar möchte einer Moral »für alle« diese ideale Sprache weniger gut bekommen. Für Zwecke der Erziehung und der groben Orientierung im Alltag nämlich dürften primäre - also zugleich beschreibende und fordernde - Urteile den Vorteil haben, zwischen Erkenntnis und Verhaltensmotivation keinen Spalt zu lassen, in dem sich zeitraubendes Bedenken, Selbsttäuschung und andere verhängnisvolle Feinde der Moral einnisten könnten.

Im Prinzip aber hält das Trennungsdenken die sprachliche Scheidung zwischen Verhaltensbeschreibung und (positiver oder negativer) Verhaltensbewertung nicht nur für möglich, sondern auch für wünschenswert. Insbesondere der Auseinandersetzung um ungewöhnliche und schwierige Fälle käme aus dieser Sicht die strenge Trennung zwischen klassifizierender und vorschreibender Funktion der Sprache zugute. Ein Beispiel mag dies verdeutlichen:

Wir denken uns einen Arzt, der aktive Sterbehilfe verweigert. Er *kennzeichnet* sie als Mord und *begründet* so zugleich seine Einstellung zu ihr und sein Verhalten. Trennungsdenker werden nun seine Äußerung in zwei Komponenten zerlegen, in eine klassifizierende und eine imperativische oder motivierende: Erstens wird aktive Sterbehilfe unter einen weiteren Begriff gebracht - für den vorläufig »Umbringen«, neutraler als »Mord«, der passende Ausdruck zu sein scheint. Eine solche Klassifizierung begründet aber noch kein Ja zu dem moralischen *Imperativ*: »Leiste keine aktive Sterbehilfe!« Eine zweite Komponente der ärztlichen Äußerung - die motivierende Funktion des Wortes »Mord«, die moralische Verurteilung - läßt sich als negative Stellungnahme zu jeder Art von Umbringen isolieren, als Bejahung des Imperativs: »Bring niemand um!« Erst aus der Kombination der Sätze »Aktive Sterbehilfe ist Umbringen« und »Bring niemand um!« würde demnach unser Arzt die Folgerung ziehen: »Leiste keine aktive Sterbehilfe!«

Anders ausgedrückt: Die wirkliche, in der Umgangssprache *verborgene* Struktur einer moralischen Begründung wird durch die angedeutete Übersetzung in eine ideale Sprache *enthüllt*. Was der Arzt tatsächlich meint, läßt sich trennungsdenkerisch so artikulieren: *Aktive Sterbehilfe darf man nicht leisten; denn sie ist ein Fall von Umbringen, und umbringen darf man niemand.*

Ein wichtiges Ergebnis des Trennungsdenkens liegt in der Unterscheidung von zwei Weisen, dem Arzt zu widersprechen: Entweder man lehnt es ab, aktive Sterbehilfe als Umbringen zu klassifizieren. (Ob diese Klassifizierung korrekt ist oder nicht, müssen Untersuchungen begrifflicher und empirischer Art entscheiden.) Oder man bestreitet die moralische Geltung der Forderung, niemand umzubringen. (Wie ist zu entscheiden, ob die Forderung moralische Geltung besitzt? Hier geben verschiedene Trennungsdenker verschiedene Antworten. Verbreitet ist eine Variante des Subjektivismus: Moralische Geltung besitzt eine Forderung, die das Subjekt an sich selbst und an beliebige andere zu stellen bereit ist.)

Die wichtige Unterscheidung zwischen Dissens in der Klassifizierung und Dissens in der Stellungnahme wird dieser Auffassung zufolge unterschlagen, solange die Begründung einfach lautet: »Aktive Sterbehilfe ist Mord.« Auch wer dem Arzt hierin zustimmt, scheint *zwei verschiedene* Sätze zu bejahen: die *Beschreibung* »Aktive Sterbehilfe ist Umbringen« und die *Forderung* »Bring niemand um!«.

So weit die Skizze der von Trennungsdenkern empfohlenen Klärung moralischer Begriffe. Läßt sich ihr gegenüber der Doppelcharakter dieser Begriffe in Schutz nehmen? Ist unser moralisches Vokabular mit seiner klassifizierend-motivierenden Verwendung vernünftig?

Ist unser moralisches Vokabular ersetzbar?

Zunächst: Wir haben schon gezeigt, daß die Vernünftigkeit eines Folgerungsmusters u.U. eine Frage seiner Gewißheit ist. Solange für uns die fraglose Einordnung einer Handlung als Mord *ohne jeden Zweifel* ein zwingender Grund ist, sie abzulehnen, besteht kein Anlaß, auf das Angebot einer »alternativen Rationalität« einzugehen - auch wenn zumindest einen Philosophen natürlich die Frage interessieren sollte, was von den trennungsdenkerischen Argumenten zu halten ist. Die fraglosen, spontanen Reaktionen, in denen unser Umgang mit dem Ausdruck »Mord« verwurzelt ist, machen diesen Umgang zu einem *Maßstab* auch der Beurteilung vorgeschlagener Begründungsmuster.

Wie aber, wenn diese Reaktionen ihre Fraglosigkeit verlieren sollten - vielleicht, weil philosophische Argumentation sie aushöhlt, oder einfach, weil traditionelle Lebensformen, in die sie verwoben sind, sich auflösen? Uns scheint, daß ein solcher Wandel eher einen Verlust an Moral als einen Gewinn an Rationalität bedeuten würde.

Denn nicht nur bedingt die übereinstimmende fraglose Reaktion auf Lüge, Mord usw. unsere *Begriffe* der Lüge, des Mordes usw.; sondern die Verwendung dieser Begriffe hat ihrerseits Rückwirkungen auf unsere *Einstellungen*. Indem primäre moralische Begriffe Klassifizierung und Motivierung miteinander verbinden, befestigen sie Angelpunkte unseres Denkens und Handelns: sie sichern gewissen Handlungsbeschreibungen eine begründende, handlungsleitende Rolle.

Und wer sagt, daß so etwas wie Moral ohne ein moralisches Vokabular wie das unsere, also ohne primäre Begriffe, bestehen kann? Denn unsere Sprache der Moral ist Teil einer Tradition, die - teilweise durch eben dieses Vokabular - grundlegende Überzeugungen und Begründungsmuster vermittelt oder stabilisiert. *Woher* will ein Denken, das auf diese Vorgaben verzichtet, moralische Maßstäbe nehmen? *Woher* die frischen Grundlagen, die an die Stelle dieser Vorgaben treten sollten, woher ihre Gewißheit?

Moralphilosophisch ermittelte Prinzipien und Folgerungsmuster helfen da sicher nicht weiter. Denn soweit wir ihnen zustimmen, beziehen sie ja gerade daraus ihre Plausibilität, daß sie

Angelpunkte unseres moralischen Denkens erklären oder bestätigen, die uns *vorgängig* gewiß sind. Würden diese Angelpunkte unserem Argumentieren und Deuten entzogen, *welche Gründe* blieben uns dann, jene Prinzipien und Folgerungsmuster an ihre Stelle zu setzen?

Das bedeutet: Wenn so etwas wie Moral auf Prinzipien (im früher erläuterten Sinn) gegründet werden könnte, müßte deren Gewißheit eine unmittelbare sein, in fraglosem Verhalten verwurzelt und jenseits aller Begründung oder Widerlegung. Wie sich bereits herausgestellt hat, spricht nichts dafür und vieles dagegen, daß der Moralphilosoph oder irgend jemand sonst Prinzipien dieser Art zu bieten hat.

Könnte man überhaupt eine Moral »entwerfen«, deren Sprache die Forderung nach konsequenter Trennung zwischen beschreibender und stellungnehmender Funktion erfüllte? Könnte man die für uns feststehenden Normen der Moral in einer solchen Sprache rekonstruieren? Das scheint sehr zweifelhaft.

Zu diesem Zweck nämlich müßte ja an die Stelle jedes primären moralischen Begriffs ein rein klassifizierender treten: das soeben konstruierte *Umbringen* an die Stelle von *Ermorden*; *Sagen, was man nicht glaubt*, an die Stelle von *Lügen*; usw. Grundlegende moralische Normen könnten dann etwa lauten: »Man darf niemand umbringen«; »Man darf nicht sagen, was man nicht für wahr hält«; usw.

Nehmen wir einmal an - obwohl auch das keineswegs selbstverständlich ist -, die Ausdrücke »Umbringen« und »Sagen, was man nicht glaubt« implizierten tatsächlich keinerlei Wertung. Daß nun der zweite dieser Ausdrücke dieselben Phänomene bezeichnet wie »Lügen«, wollen wir ebenfalls nicht bezweifeln. Es sieht aber gar nicht so aus, als ließen sich zu *allen* primären Ausdrücken rein klassifikatorische Entsprechungen finden.

Das Wort »Umbringen« z.B. schien als eine solche Entsprechung zu »Ermorden« geeignet zu sein. Kann es bei näherem Hinsehen diese Aufgabe erfüllen? Umgangssprachlich findet es offenkundig auch auf Handlungen Anwendung, die wir nicht als Mord bezeichnen - z.B. auf Tötung in Notwehr. Wir müßten also für den beschriebenen Zweck den Anwendungsbereich von »Umbringen« auf Fälle von Mord einschränken.

Das aber ist leichter gesagt als getan. Denn »Mord« entzieht sich einer Definition. Die korrekte Anwendung des Wortes fußt zwar auf einer *Kernbedingung - Tötung eines Menschen -*, im übrigen aber wird sie durch *Ausnahmebedingungen* eingeschränkt, die sich anscheinend nicht in einer Liste aufzählen lassen: Die Tötung eines Menschen ist Mord, *es sei denn ...*

Zu den verschiedenen Ausnahmebedingungen, deren Möglichkeit die drei Punkte andeuten, gehören z.B. folgende: Der

Täter selbst ist der Getötete; er erfüllt mit einem tödlichen Schuß die verzweifelte Bitte seiner Frau, die dabei ist, unter Qualen zu verbrennen; der Tod des Opfers ist weder beabsichtigt noch als Handlungsfolge vorhersehbar; der Tod ist, obzwar vorhersehbar, die unbeabsichtigte Nebenwirkung einer lebenswichtigen oder moralisch gebotenen Handlung; die Tat ist als Maßnahme der Notwehr erforderlich; sie ist letztes Mittel beim Versuch, die Flucht eines Schwerverbrechers zu verhindern; sie ist eine Hinrichtung unter rechtsstaatlichen Bedingungen; sie ist als Tötung eines gegnerischen Kombattanten im Kontext einer legitimen Kriegshandlung gerechtfertigt ...

An dieser Liste ist Verschiedenes bemerkenswert: 1. Sie ist *nicht* eine Liste moralisch *erlaubter* Tötungen (sie beginnt nämlich mit zwei Fällen, in denen man zwar nicht von Mord, aber auch nicht fraglos von Erlaubtheit spricht); »Mord« bezeichnet also nicht einfach *die* Klasse von Tötungen, die man zugleich ablehnt. 2. Selbst wenn es uns gelingen sollte, die Liste abzuschließen, so gehört doch die vollständige Aufzählung der Ausnahmebedingungen offenbar nicht zu den Wegen, auf denen wir lernen, den Ausdruck »Mord« zu verwenden. 3. Einzelne Punkte der Liste werden kontrovers sein; überwöge aber nicht der Konsens, so gäbe es gar nicht den Begriff des Mordes - die übereinstimmende Wortverwendung. 4. Die Ausnahmefälle lassen sich im allgemeinen nicht durch »rein klassifikatorische« Kennzeichnungen ausgrenzen. Dieser letzte Punkt soll nun näher erläutert werden.

Das Geflecht primärer moralischer Begriffe

Betrachten wir den Fall der Notwehr. In *Notwehr* tötet nur, wer einem *ungerechten* Angriff auf sein Leben, auf das eines anderen oder auf etwas Lebensnotwendiges nicht anders abwehren kann. Ein flüchtiger Schwerverbrecher z.B. handelt nicht in Notwehr, wenn er einen schußbereiten Polizisten erschießt. So greift also der Begriff der Notwehr auf den der *Ungerechtigkeit* zurück.

Der aber ist wiederum ein primärer moralischer Begriff. Auch er erfüllt eine klassifizierende und eine motivierende Funktion. Auch für ihn erhebt sich daher die Frage, ob sich diese beiden Funktionen voneinander trennen lassen, wie das eine trennungsdenkerische Reform der moralischen Begrifflichkeit verlangen würde.

Und da zeigt sich, daß auch im Falle von »Ungerechtigkeit«, wie bei »Mord« und dann bei »Notwehr«, die korrekte Anwendung des Begriffs auf *Kernbedingungen* fußt und durch *Ausnahmebedingungen* eingeschränkt wird. Dafür ein traditionelles

Beispiel: X hat Y eine Waffe geliehen, die er nun zurückverlangt; Y erkennt, daß X vorübergehend suizid-gefährdet ist, und verweigert die Rückgabe. Im Normalfall fordert die Gerechtigkeit, Geliehenes absprachegemäß zurückzugeben. Das Beispiel führt einen Ausnahmefall vor: Die Verweigerung der Rückgabe ist hier nicht ungerecht, weil sie durch *Fürsorge* legitimiert ist.

Die Begriffe des Mordes, der Notwehr und der Gerechtigkeit bzw. Ungerechtigkeit widerstehen dem Versuch, klassifizierende und motivierende Komponenten zu trennen. Genauer gesagt: Einer Bestimmung der jeweils klassifizierenden Komponente stehen zwei Schwierigkeiten bei der Erwähnung der *Ausnahmebedingungen* im Weg. 1. Deren Liste läßt sich nicht von vornherein begrenzen; z.B. kann nicht nur Fürsorge, sondern auch eigene Lebensgefahr eine Handlungsweise rechtfertigen, die unter normalen Bedingungen ungerecht wäre. 2. Noch in einem anderen Sinne ist die Liste der Ausnahmebedingungen nicht grundsätzlich abschließbar. Die zu klärenden Begriffe verweisen aufeinander: *Mord* auf *Notwehr*, *Notwehr* auf *Gerechtigkeit*, *Gerechtigkeit* auf *Fürsorge* ... Überhaupt werden die jeweiligen Ausnahmebedingungen, mit denen wir die Anwendbarkeit dieser Begriffe begrenzen, wenigstens teilweise wiederum mit Hilfe *primärer* moralischer Begriffe spezifiziert.

Diese Schwierigkeiten verhindern nicht nur in den genannten Fällen, sondern auch bei vielen anderen moralischen Begriffen eine Entflechtung von beschreibender und stellungnehmender Komponente. Was z.B. unter normalen Umständen *rücksichtslos* ist, muß man anders beurteilen, wenn die Rücksicht einem *legitimen* Bedürfnis oder einem Erfordernis der *Aufrichtigkeit*, der *Freundschaft*, der *Gerechtigkeit* o.ä. im Weg steht. Einen Vorwurf der *Undankbarkeit* weisen wir zurück, indem wir etwa zeigen, daß uns der Geber aus *unlauteren* Motiven beschenkt hat. Und so weiter.

Es gibt keinen Grund zu der Annahme, daß die Reihe der Ausnahmebedingungen, die sich bei der Erläuterung unserer moralischen Begriffe auftut, entweder endet oder auf rein klassifizierende Begriffe führt. Wir müssen vielmehr damit rechnen, daß die Isolierung der klassifizierenden Komponente eines primären moralischen Begriffs im allgemeinen mißlingt: bei der erforderlichen Bestimmung von Ausnahmebedingungen erreichen wir niemals ein Stadium, in dem jede weitere Spezifizierung auf rein klassifikatorische Begriffe rekurriert. Die stellungnehmende Komponente eines primären moralischen Begriffs läßt sich nicht generell durch Analyse eliminieren.

Demnach ist es nicht möglich, für »Umbringen« - oder für irgendeinen anderen Ausdruck - nach einer Art Abstraktionsregel eine künstliche Bedeutung zu konstruieren, etwa so: *Man tilge die stellungnehmende Komponente aus der Bedeutung von »Mord«, und zurückbleibt die rein beschreibende, die dann dem Wort »Umbringen« seinen neuen, neutralen Sinn gibt.* Die Regel läßt sich nicht anwenden, weil die vorausgesetzten Begriffskomponenten sich nicht isolieren lassen.

Unser Ergebnis wird durch *Kontroversen* um die genaue Reichweite primärer moralischer Begriffe eher bestätigt als infrage gestellt. Denn auch wo wir darüber streiten, unter welchen Umständen z.B. Tötung Mord ist, sind es, wenigstens u.a., *moralische* Begriffe, die unsere Argumente leiten. Wer etwa erbetene aktive Sterbehilfe nicht als Mord beurteilt, stützt sich dabei nicht auf unterscheidende Aspekte des technischen Vorgehens oder der biochemischen Wirkung; er denkt vielmehr, sie sei eine *Wohltat* und *als solche* sei sie *auszunehmen* von der Einordnung als Mord. Auch *Wohltat* (es mußte ja so kommen!) ist ein primärer moralischer Begriff und verweist auf weitere primäre moralische Begriffe ...

Was zeigen diese Überlegungen? Sie zeigen, daß wir einem verständlichen, aber schwerwiegenden Mißverständnis unseres moralischen Vokabulars erliegen, wenn wir meinen, die Bedeutung seiner Ausdrücke lasse sich generell in rein beschreibende und stellungnehmende Komponenten trennen. Tatsächlich müßte ein Programm der Bedeutungsentflechtung daran scheitern, daß es - gegen alle Evidenz - voraussetzt, die Erklärung unserer primären moralischen Begriffe könne letzten Endes auf Ausdrücke zurückgreifen, in deren Bedeutung die Komponenten von Beschreibung und Stellungnahme isoliert benennbar sind.

Man könnte meinen, es sei gar nicht die *stellungnehmende Funktion* eines Begriffs wie *Mord*, die uns auf andere moralische Begriffe verweist und so die »Roßkur« vereitelt. Das Problem bestehe lediglich in der *Undefinierbarkeit* des Begriffs, in der *offenen Liste* von Ausnahmebedingungen, die seine Anwendung *unüberschaubar* einschränken. Wir werden aber sogleich noch deutlicher sehen, wie sich eben diese Undefinierbarkeit aus der handlungsleitenden Funktion eines solchen Begriffs ergibt.

Wie sind primäre moralische Begriffe möglich?

Halten wir fest: In unserem moralischen Vokabular sind beschreibende und stellungnehmende Funktion nicht voneinander trennbar. Wir lassen die Frage offen, ob Ausdrücke wie »sollen«, »unmoralisch«, »erlaubt« u.a., bar jeder Beschreibungsfunktion, eine rein imperativische Bedeutung aufweisen. Von den meisten Begriffen, die unser moralisches Denken beherrschen, gilt das jedenfalls nicht.

Auf dem Hintergrund dieses Ergebnisses leuchtet übrigens ein, warum wir die stellungnehmende Funktion dieser Begriffe auch »*motivierend*« nennen können, während die Bezeichnungen »*imperativisch*« und »*präskriptiv*« weniger angemessen sind. Ein Satz z.b., in dem wir etwas als »Betrug« bezeichnen, hat ja nicht die Funktion, ein Handeln *erstens* soundso zu klassifizieren und dann *außerdem* - in einer davon unabhängigen Vorschrift oder unparteiischen Willenskundgabe im Sinne der »Präskriptivisten« - die Ablehnung dieses Handelns auszudrücken. Vielmehr setzt die gebräuchliche Verwendung des Ausdrucks »Betrug« eine Disposition der Beteiligten voraus, die korrekte *Klassifizierung* einer Handlung als Betrug *ohne weiteres* zum *Grund* dafür zu nehmen - sich also dazu *motivieren* zu lassen -, diese Handlung zu unterlassen.

Wie aber sind primäre moralische Urteile mit ihrem Ineinander von Beschreibung und Stellungnahme möglich? Unsere typischen moralischen Ausdrücke müssen ja erlernbar sein. Wie kann jemand ein Wort verstehen lernen und verstehen, dessen Bedeutung in der beschriebenen charakteristischen Weise auf einen anderen Begriff verweist, der seinerseits ebensowenig autonom ist, usw.? Der Aufbau einer moralischen Sprache im Verlauf der Sozialisation scheint zu verlangen, daß wir ein ganzes Netz von Begriffen *zugleich* erlernen.

Offenbar sind wir dazu tatsächlich in der Lage - wobei »zugleich« natürlich »allmählich« nicht ausschließt So lernen wir etwa, rücksichtsvolles Verhalten von rücksichtslosem zu unterscheiden, ohne daß uns eine Definition von Rücksicht gegeben würde. Wir lernen an Beispielen - zunächst an unkomplizierten, paradigmatischen Fällen, in denen allein die Kernbedingungen der Anwendung des Begriffs in den Blick kommen.

Aber auch unsere fernere Verwendung der Ausdrücke »rücksichtsvoll« und »rücksichtslos« stimmt bemerkenswert weitgehend mit ihrer Verwendung um uns herum überein - *obwohl wir doch deren Ausnahmebedingungen* (die Umstände, unter denen wir etwa die Beurteilung »rücksichtslos« trotz Vorliegen der Kernbedingungen zurückziehen bzw. zurückweisen) *gar nicht aufzählen könnten*. Wie ist solche Übereinstimmung möglich? Gehört sie zu den Gaben der gemeinsamen Natur? Entspringt sie gleichartiger Sozialisation? Auf jeden Fall ist sie notwendig, damit der Ausdruck überhaupt Teil einer Sprache sein kann.

Zugleich aber ist die Übereinstimmung begrenzt. Dies scheint daran zu liegen, daß moralische *Einsicht* nur mit lebenswirksamer moralischer *Orientierung* und *Praxis* wächst. Denn wo uns die Erfordernisse der Rücksicht angesichts möglicher Erfordernisse der Freundschaft, der Gerechtigkeit o.ä. unklar sind, da erwarten wir Rat von *guten* und *erfahrenen* Menschen.

Was rücksichtsloses Verhalten ist, lernen wir nicht im Sprachunterricht, sondern im Kontext moralischer Erziehung, also *in Verbindung mit der Zurückweisung solchen Verhaltens*. Wir lernen ineins mit der *Kennzeichnung* »rücksichtslos« ihre Verwendung zu dem Zweck, *die Ablehnung einer Verhaltensweise zu begründen*. Entsprechendes gilt auch für andere moralische Begriffe.

Dies erklärt, inwiefern die handlungsbegründende, motivierende, stellungnehmende Funktion eines moralischen Begriffs für seine »Undefinierbarkeit« sorgt, dafür also, daß seine korrekte Anwendung eine offene Reihe von Ausnahmefällen berücksichtigt. Um nämlich der *unmittelbaren praktischen Anleitung* zu dienen, muß ein Ausdruck wie »rücksichtslos« *ausnahmslos* falsches Verhalten bezeichnen; und zu diesem Zweck muß *seine* Anwendung bereits ausschließen, daß *andere*, vorrangige Gesichtspunkte das bezeichnete Verhalten rechtfertigen. Insofern bestimmt hier die motivierende Bedeutung des Begriffs eine Eigenart seiner Klassifizierungsweise.

Die Abhängigkeit zwischen Vermittlung des moralischen Vokabulars und moralischer Motivierung ist gegenseitig. Wir lernen auch - und darauf kommt es hier an - moralisches Verhalten nicht unabhängig vom Lernen der moralischen Begriffe. Wozu ermahnt, was verboten, was an anderen gelobt oder verurteilt wird usw.: das wird in den wenigsten Fällen mit einem *neutralen* Vokabular bezeichnet. Es wird vielmehr als Hilfsbereitschaft, Betrug, Verläßlichkeit, Unfreundlichkeit usw. bezeichnet, also mit stellungnehmenden, handlungsleitenden Ausdrücken qualifiziert.

Es ist keineswegs klar, daß sich auch ohne den Einsatz dieses Vokabulars so etwas wie Moral in uns befestigen und verwurzeln könnte. Zwar liegen moralische Begriffe moralischen Gewißheiten nicht so zugrunde, als lägen sie ihnen voraus. Aber unsere Handlungsorientierung basiert auf letzten *Gründen*, sich so und nicht anders zu verhalten; und spezifische Gründe sind *auf spezifische Begriffe angewiesen*. In primären Begriffen artikulieren sich die Angelpunkte unseres moralischen Denkens.

Jeder Begriffserwerb beruht auf der Disposition, die Weiterverwendung eines Ausdrucks an diese und nicht jene Umstände, Merkmale, Perspektiven, Motive usw. zu knüpfen. Diese Disposition, so können wir annehmen, geht bei den Ausdrücken unseres *moralischen* Vokabulars mit jenen ursprünglichen, spontanen Impulsen und Reaktionen einher, in denen unsere moralischen Gewißheiten verankert sind.

Moralische Rationalität

Wenn wir nach der Rationalität der Moral fragen, kann es nach den bisherigen Erörterungen nicht darum gehen, die Moral an einem ihr vorgeordneten Maßstab des Vernünftigen zu messen. Zwar unterliegt unser moralisches Denken auch Erfordernissen der Rationalität, die über den Bereich der Moral hinausgreifen, wie dem der Konsistenz. Im übrigen aber konstituiert die Moral als System charakteristischer *Angelpunkte* unserer Denk- und Lebensweise selbst einen Rationalitätsbereich, einen Zusammenhang von Maßstäben des Vernünftigen.

Ein Angelpunkt moralischer Vernunft ist z.B. das Folgerungsmuster des Bibliotheksbenützers (4.4), der Bücher ordentlich zurückstellt, *weil* die *allgemeine* Befolgung dieser Regel allen zugute kommt. Nicht weniger gewiß ist der Grundsatz, daß Böses tut, wer eine andere Person zu etwas Bösem verleitet. Angelpunkte moralischer Vernunft sind schließlich auch die nicht weiter begründbaren vertrauten Überzeugungen der Begründungsebene.

Obwohl ein eigenes System von Maßstäben, an denen wir Auffassungen und Verhaltensweisen messen, ist doch die Moral von anderen Bereichen der Rationalität nicht isoliert, sondern in das Ganze menschlicher Vernunft *integriert*. So haben wir z.B. betont, daß Moral mit einer langfristigen Orientierung am eigenen Interesse verträglich ist und in gewissem Sinne sogar weitgehend übereinstimmt. Solche Harmonie der Rationalitätsbereiche gehört zur umfassenden Rationalität des Menschen.

Andererseits jedoch ist ebenso zu betonen, daß man die Vernünftigkeit der Moral nicht auf moral-externe Maßstäbe der Rationalität zurückführen kann. Insofern ist die Rationalität der Moral nichts anderes als moralische Rationalität. Das ist aber kein Grund, sie für suspekt zu halten.

In der Moral sind Begriffe, Begründungen und Grundüberzeugungen mit unseren übereinstimmenden vorrationalen Impulsen und Reaktionen verflochten; in ihren Urteilen lassen sich Klassifizierung und Stellungnahme nicht voneinander trennen; und die Kriterien primärer Begriffe wie *Mord, Gerechtigkeit, Rücksichtnahme, Wahrhaftigkeit, Tapferkeit, lautere Gesinnung, Freundschaft* usw. greifen ineinander. Ist diese Komplexität ein Einwand gegen die Rationalität der Moral?

Nein. Vielmehr *gehört sie zu den Grundzügen ihrer Rationalität*, d.h.: zu den Grundzügen der Rationalität ihrer Urteile, ihrer Argumente und - nicht zu vergessen - des moralischen Handelns.

Deshalb ist auch z.B. ein Trennungsdenken der früher beschriebenen Art oder ein konsequenter Utilitarismus, der die moralische Rationalität schon im Ansatz und erwartungsgemäß in den Folgen ignoriert, als *Deutung* der Moral nicht akzeptabel.

Ebensowenig aber ist es ein Gebot der Vernunft, die moralische durch eine utilitaristische - oder sonstige alternative - Orientierung des Lebens zu *ersetzen*. Denn wenn die beschriebene komplexe Begrifflichkeit für einen unabhängigen und zugleich integrierten Rationalitätsbereich konstitutiv ist: *auf welcher Basis* will man sie dann der Moral als *Einwand* entgegenhalten?

Woher auch immer man die Maßstäbe nehmen mag, um die skizzierten Aspekte moralischer Rationalität zu kritisieren: die *Autorität dieser Maßstäbe* ist letzten Endes eine Frage ihrer Gewißheit. Und solange die nicht größer ist als die Gewißheit der Angelpunkte unseres moralischen Denkens, hat das Festhalten an diesen nichts mit Irrationalität zu tun.

Wie aber, wenn es uns an der völlig fraglosen Überzeugung von der Notwendigkeit, ohne Heuchelei und Betrug zu leben, Freunde nicht zu verraten, auf andere Rücksicht zu nehmen usw. usw., einmal fehlen sollte? - Dann wäre dies der Grund und nicht die Folge eines Abschieds von spezifisch moralischer Rationalität. Es wäre auch keineswegs der Ausgangspunkt einer Revision, sondern schlicht das Ende der Moral.

5.8 Wie kommt man zur Moral?

Unsere Überlegungen in diesem Buch scheinen auf ein Dilemma hinzuweisen: Auf der einen Seite scheint Moralbejahung heute weniger selbstverständlich als früher; groß ist jedenfalls das Angebot an praktischen und theoretischen Verlockungen, zu einem *Bereich* oder aber zur *Unbedingtheit* moralischer Forderungen auf skeptische Distanz zu gehen. Auf der anderen Seite ist die Philosophie unseren eigenen Ausführungen zufolge nicht in der Lage, Moral zu begründen. Wie also soll jemand zu einer Entscheidung zugunsten der Moral finden, der sich ihrer Unbegründbarkeit bewußt geworden ist oder, wie auch immer, dazu gekommen ist, sie abzulehnen?

Wir wollen es gleich ohne Umschweife sagen: Da es eine eigentliche Begründung der Moral nicht gibt, läßt sich auch die fragliche Entscheidung - sofern es denn wirklich um eine *Entscheidung* geht - nicht allgemein begründen. Denn um Angelpunkte der moralischen Handlungsorientierung oder diese Orientierung als ganze zu begründen, müßte man sich auf noch gewissere moral-externe Angelpunkte stützen; und mit denen scheint unsere Rationalität nicht ausgestattet zu sein.

Allerdings wollen wir auch gleich hinzufügen, daß die Unmöglichkeit, eine Entscheidung für die Moral allgemein zu begründen, uns nicht beunruhigen sollte. Zwei Überlegungen mögen in den folgenden Abschnitten der Beruhigung dienen: 1. In gewisser Weise ist die Entscheidung zugunsten der Moral mit unserem Menschsein bereits gefallen. 2. Verzicht auf Begründung bedeutet nicht Verzicht auf Argumentation und Motivation.

Natur, Erziehung, Argument

Wie kommt man zur Moral? Auf diese Frage hat Aristoteles eine dreiteilige Antwort gegeben, die bis heute nicht überholt ist: Durch Natur, Gewöhnung und Wort.

Es ist *nicht leicht*, die möglichen Anteile dieser drei Einflüsse auf die Handlungsorientierung eines Heranwachsenden voneinander abzugrenzen. Wie *wichtig* es ist, sollten vielleicht in erster Linie Pädagogen entscheiden. Jedenfalls dürften sich heute die Erforscher des menschlichen Verhaltens darin einig sein, daß *sowohl* ererbte *als auch* erworbene Verhaltensdispositionen in die moralischen Überzeugungen des einzelnen eingehen.

Aristoteles denkt bei »Natur« an *ererbte* Dispositionen. Freilich gehört es auch zur »Natur des Menschen«, Gemeinschaften anzugehören und im Hinblick auf diese Zugehörigkeit unter tradierte Normen gestellt und entsprechend sozialisiert zu werden, also Moral zu *erwerben*. Aber für den einzelnen ist das eben »Gewöhnung und Wort«: Erzieher und Gleichaltrige, aber auch sonstige Personen und Institutionen um ihn herum bewirken durch non-verbale und verbale Anleitung, daß er ihre Kultur und damit die Moral weitgehend übernimmt.

Nicht Gründe, sondern durch Natur und Gesellschaft bewirkte Ausstattung stehen unweigerlich am Anfang der Moral - wie jeder Rationalität. Was unserem späteren Denken als Angelpunkt dient, ist »Rationalisierung« einer vorrationalen Mitgift an fraglosen Mustern des Umgangs mit unserer Umgebung - Rationalisierung allerdings nicht im Sinne interessengesteuerter nachträglicher Begründung, sondern eher im Sinne einer Umsetzung impliziter in explizite Überzeugungen und Folgerungsmuster.

Auf dem Hintergrund dieser Feststellungen erhält moralische Erziehung eine große Bedeutung. Aristoteles war nüchtern genug, zu sehen, daß deshalb der gute Charakter teilweise Glückssache ist. Teilweise. Denn zur eigenen »Gewöhnung« an gutes Verhalten kann man selber beitragen; und auch das rechte »Wort« ist nicht mehr Sache der Umgebung allein, sobald man in der Lage ist zu reflektieren.

Freilich steht das motivierende oder argumentierende Wort, vor allem die eigenständige Überlegung, nicht am Anfang der Rationalität. Und besonders bedeutsam ist die vorangehende anerzogene Ausstattung im Falle der Moral. Denn die Verhaltensdispositionen, in denen unsere grundlegenden moralischen Überzeugungen verankert und auf die sie angewiesen sind, müssen sich gegen den Widerstand von weniger kultivierten Tendenzen etablieren und behaupten.

Man könnte meinen: Erziehung ist eine Praxis, die auch unabhängig von guten Absichten, allein auf der Grundlage spontaner Impulse und Interessen der Erzieher, die Moral befördert. So schlecht die Erziehung eines Menschen auch sein mag: sie wird sein Verhalten doch immer so gut disponieren, daß Moralbejahung mit-vermittelt und der Weg in ein anständiges Leben nicht verbaut wird. Mit Moralverneinung ist erst zu rechnen, wo Argumente »von außen« moralische Labilität in Immoralität verwandeln.

Vielleicht ist das so. Wir wollen dennoch prüfen, wie die Aussichten für jemand stehen, dem die Moral gewissermaßen vorenthalten worden oder - auf welchem Wege immer - abhanden gekommen ist.

Läßt sich Moralverneinung überwinden?

Ist also einer grundsätzlichen Moralverneinung mit Argumenten beizukommen? - Wenn damit nach einer *Begründung von Moralbejahung* gefragt ist: Nein. Aber *Argumente* für Moral müssen nicht *Begründungen* liefern. Und Moralverneinung ist ihrerseits nicht in dem Sinn *unumstößlich und grundsätzlich*, daß sie bzw. ihre Stützen nicht unter dem Druck von Gegenargumenten nachgeben könnten.

Kapitel 4 hat bereits gezeigt, wie man gängigen Formen der Ablehnung von Moral mit Argumenten entgegentreten kann. Diese Argumente entkräften scheinbare Gründe, die Moral zu verwerfen, und greifen insofern Stützen der Moralverneinung an.

Freilich, so schlüssig diese Argumente auch sein mögen: sie sind *keine Begründungen der Moral*, sondern Widerlegungen von Widerlegungsversuchen. Sie können, so scheint es, ein Denken, das *vor* allem Für und Wider die Normen der Moral mit derselben Fraglosigkeit und Selbstverständlichkeit ablehnt, wie andere sie akzeptieren, nicht aus den Angeln heben. Sie können seine Angelpunkte bestenfalls erschüttern (5.6).

Es ist aber sehr die Frage, unter welchen Umständen denn ein solches »Denken« mehr ist als sich selbst betrügende, sich selbst gefallende *show*. Wie käme auch ein Mensch dazu, in einer

menschlichen Gemeinschaft sozusagen moralverneinend auf-
zuwachsen?

Und verfängt sich der Vertreter moralverneinenden Denkens
nicht in Widersprüchen, sobald er seine Position *verteidigen* will
- ganz wie der programmatische Egoist (4.4)? Erkennt er nicht
implizit verbindende Maßstäbe einer *vernünftigen Auseinandersetzung* an - und damit z.B. Regeln der Achtung und der Fair-
neß? Praktiziert er nicht faktisch, um überhaupt zu überleben
und *irgendwelche* Ziele zu verfolgen, Elemente einer moralischen
Lebensorientierung?

Alle diese Fragen weisen auf Anhaltspunkte, auf Hebel hin, an
denen eine Argumentation zugunsten moralischer Überzeugungen ansetzen kann - eine Argumentation, deren Bedingungen
und Chancen wir in anderen Zusammenhängen (unter 4.3, 4.4
und 5.6) erörtert haben.

Ein hartnäckiger Theoretiker mag - auf der Basis unserer eigenen Überlegungen zu Begründung und Gewißheit - dagegen-
halten: Das alles mag sein. Aber warum sollte der Moralverneiner
sein Denken überhaupt verteidigen, warum in Auseinandersetzungen eintreten, gar noch in ehrliche - er als Verächter aller Moral? Selbst alle Nachweise von Inkonsistenzen in seinem Denken
bestätigen *unser* Bewußtsein, daß nicht Moralverneinung, sondern Moral - wie in Kapitel 4 exemplifiziert - mit anderen *uns*
selbstverständlichen Angelpunkten des Denkens und Handelns
harmoniert. Für den *Moralverneiner* indessen wären solche
Nachweise nur dann überzeugend, wenn ihre Ausgangspunkte
und Folgerungsmethoden *ihm selbstverständlicher gewiß wären
als seine Position.* Sind sie das nicht, ist seine Moralverneinung
nicht widerlegt.

Richtig. Aber warum sollte uns das beunruhigen? Sollten wir
uns nicht sagen: Wenn wir einem Moralverneiner begegnen, sind
wir darauf vorbereitet, auf die Kosten seiner Lebensführung hinzuweisen; in seinem Reden und Handeln Maßstäbe und Ziele zu
entdecken, an denen Argumente für Gerechtigkeit, Treue, Wahrhaftigkeit usw. ansetzen können; mit Hilfe von Beispielen an ver-
schüttete Reaktionen zu appellieren, in denen sich moralische
Überzeugungen zeigen?

Warum sollte uns das nicht genügen - zumal sich die Rationalität der eigenen Position ja verteidigen läßt? Wir beklagen uns
nicht darüber, daß jemand, der die Leugnung grundlegender
Überzeugungen und Verfahrensregeln der Wissenschaft zu
einem Angelpunkt seines Denkens und Handelns macht, wis-
senschaftlichen Begründungen oder gar einer »Begründung der
Wissenschaft« nicht zugänglich ist. Was fehlt uns also, wenn
philosophische Theorie nicht ausschließen kann, daß ein bedau-
ernswerter Mensch sein Denken und Handeln tatsächlich an

moralverneinenden Grundüberzeugungen festmacht, an denen er alles *Begründen* mißt? Das heißt ja nicht, daß seine Position nicht durch vernünftige Argumente (wie die in Kapitel 4 entwickelten) zu *erschüttern* wäre. Aber warum sollte es auch noch ein Rezept geben müssen, dessen Befolgung diese Erschütterung *garantiert*?

Wir müssen - und dürfen - Abschied nehmen von der Vorstellung, *nur dann sei Moral rational, wenn ihre Rationalität für jeden beweisbar sei*. Warum fällt das so schwer - vor allem den Philosophen? Sehen wir - irrtümlich - unsere Position durch den fraglosen Moralverneiner infrage gestellt? Oder erliegen wir der rationalistischen Versuchung, zu meinen, wenn Moralverneinung ein Fehler sei, müsse man sie widerlegen können - während sie doch eher eine fundamentale Verirrung in den Maßstäben des Begründens und Widerlegens ist?

Moral im weiteren Sinnzusammenhang

Vielleicht aber plagt uns angesichts der Möglichkeit, Moral zu verneinen, insgeheim eine andere, sehr alte und naheliegende Frage: Geht Moralbejahung auf? Setzt uns moralischer Anstand oder gar Einsatz nicht doch auch Nachteilen aus? Und, unberührt von aller fraglosen Gewißheit grundlegender moralischer Überzeugungen, scheint ebenso unübergehbar die Frage fortzubestehen: Warum, wozu moralisch handeln?

Es ist, als bliebe hier doch noch etwas zu fragen, auch wenn Moral u.a. *darin besteht*, die Frage »Warum soll ich mich so verhalten?« nicht weiter zu verfolgen, sobald man die Auskunft »Das ist ein Gebot der Gerechtigkeit« o.ä. als Antwort akzeptiert hat. Anders gesagt: Wir sehen zwar ein, daß moralische Begründungen eines Verhaltens letzte Begründungen sind. Daß aber der damit gegebene moralische Sinn des Verhaltens (z.B.: Gerechtigkeit) auch alles weitere Fragen nach Sinn abschneidet, will nicht so recht einleuchten. Moralbejahung verträgt keine Begründung, vielleicht aber *Sinngebung* und *Motivation*: Was soll die Moral in meinem Leben? Was spricht dafür, sie zu praktizieren?

Zur *Sinnfrage* äußern sich Moralphilosophen, wenn sie die Moral zu deuten und ihre Normen zu erklären suchen. Ob Antworten auf diese Frage auch angemessen dazu *motivieren* können, sich von einer unbedingten Forderung bestimmen zu lassen, ist strittig - zumal sich bei diesem Thema auch Theologen zu Wort melden. Wir selbst begnügen uns hier damit, die Richtung einer denkbaren Antwort anzudeuten.

Zum moralischen Verhalten ist man motiviert, solange man den Praxis-Kontext Moral als notwendige Komponente eines noch weiteren Zusammenhangs erlebt, den man unter keine weitere Sinnfrage stellt. Einen solchen Zusammenhang bot für viele Menschen unserer Breiten jahrhundertelang die christliche Religion; für die Vollbürger einer griechischen Polis das politische Leben; für Nomaden in unwirtlichen Gebieten die überschaubare Überlebensgemeinschaft; für Teilnehmer an Expeditionen das geteilte Risiko und das außergewöhnliche Ziel. Die Beispiele ließen sich fortsetzen - wenn auch vielleicht nicht sehr weit.

Man könnte meinen, durch die sinngebende Kraft eines solchen Zusammenhangs werde die einzig mögliche Motivation zu gutem Handeln - Pflicht oder Achtung vor dem Sittengesetz o.ä - eher verunreinigt, zumindest bedroht.

Diese Sicht ist aber fragwürdig. Vor allem ignoriert sie die *Verflochtenheit* aller unserer Überzeugungen und Verhaltenstendenzen. Die Bejahung grundlegender moralischer Normen ist in ein Netz von stützenden Überzeugungen eingespannt, ohne aufzuhören, die Anwendungen dieser Normen letztlich zu begründen. Insofern gehen in unser moralisch motiviertes Verhalten mehr oder weniger bewußt auch andere Gesichtspunkte ein, die für dieses Verhalten sprechen, ohne doch das Motiv der Gerechtigkeit oder der Nächstenliebe oder einer anderen moralischen Haltung aus seiner ausschlaggebenden Rolle zu verdrängen.

Daß außermoralische Motive mit unserem moralischen Handeln legitimerweise in Verbindung stehen, läßt sich zeigen: Die Vorstellung einer Moral, deren Befolgung im Normalfall unglücklich macht, ist absurd. Aus diesem Grund sind die in Kapitel 1 beschriebenen »Symptome« für unsere Gesellschaft gefährlich: Je mehr Unmoral praktiziert wird, desto weniger Stütze erfährt eine moralische Lebensführung durch gegenseitige Rücksicht, Gerechtigkeit usw. Zwar bejahen wir die Moral nicht *unter der Bedingung*, daß sie uns kein Unglück beschert. Aber die Erwartung, daß sie dazu nicht im allgemeinen und nicht von sich aus tendiert, ist eine selbstverständliche Komponente moralischer Motivation. Denn auch wenn es schwer ist, den Sinn der Moral genauer zu bestimmen, gehört doch ein Wissen, daß sie Bedürfnissen und Interessen dient und individuelle Entfaltung nicht verhindert, zur Rationalität dieser Lebensorientierung.

Zur Reinheit der moralischen Motivation gehört und genügt, daß man die gebotene Verhaltensweise in der jeweiligen Situation auch dann praktizieren würde, wenn *in dieser Situation* alle unterstützenden Gesichtspunkte wegfielen.

Demnach läßt sich Moral durchaus in einen weiteren Sinnzusammenhang einordnen. Nur scheint unsere Zeit an solchen Sinnzusammenhängen eher arm zu sein. Und von *diesem* Mangel geht sicher eine sehr reale Bedrohung der Moral aus. Ihm entgegenzuwirken, wäre, wie das zweite Kapitel verdeutlicht, eine

Aufgabe für Erzieher, Politiker, Seelsorger, Therapeuten und Publizisten unserer Zeit.

Sinnzusammenhänge stampft man nicht aus dem Boden. Aber ganz untätig müssen wir auch nicht sein. Wir deuten abschließend die Richtung an, in die entsprechende Bemühungen führen könnten.

Integrierte Moral

Unbedingt fordernde Normen bleiben Fremdkörper im Leben des Individuums, solange es ihre Bejahung nicht in die Einheit eigener Zielvorstellungen integriert, sondern bei Zugeständnissen an die Erfordernisse des Zusammenlebens stehen bleibt. Praktische Philosophie und Pädagogik dürfen daher die Moral im engeren Sinne nicht isolieren vom Ideal eines guten Lebens, zu dem mehr gehört als die Einschränkung eigener Interessen zugunsten anderer. Was könnte dazu gehören?

Zunächst einmal: Auch die Moral im engeren Sinne müßte gar nicht einseitig unter dem Vorzeichen einschränkender Normen vermittelt werden. Kapitel 4 hat daran erinnert, daß sie sich, wie in der Tradition der Tugend-Ethik, primär als *Qualifikation* des Menschen darstellen könnte: als Qualifikation für ein grundsätzlich bereicherndes Mitleben in der Gesellschaft, für Familienbeziehungen und Freundschaften; als eine Qualifikation, die Lebensmöglichkeiten eröffnet und - vor allem, wenn man die Zähmung der eigenen Antriebe einbezieht - Freiheit und Stabilität einer selbständigen Lebensgestaltung sichert.

Was diese Lebensgestaltung wertvoll macht, ist eine Frage der Moral im weiteren Sinne. Wir müssen sie hier auf sich beruhen lassen. Immerhin dürfte so viel feststehen: Wir haben und vermitteln keine attraktive Vorstellung vom menschlichen Leben, solange - um nur einige Beispiele zu nennen - bei uns die Sucht, nichts zu verpassen, den Platz von Freundschaft und Lebensgemeinschaft einnimmt; solange wir uns etwas leisten wollen, statt etwas leisten zu wollen; solange wir Ansehen auf Beliebtheit und Genuß auf Annehmlichkeit reduzieren. Vor allem aber müßten Kinder von den Erwachsenen lernen können, in ihrem Leben »etwas erreichen« zu wollen - allerdings nicht etwas, das durch Vermögen und Status zu haben ist, sondern Erfüllung durch charakteristische eigene Tätigkeit im Beruf oder privat, im kleinen oder im großen Maßstab, in irgendeinem Kulturbereich zwischen Gemeinschaftsbildung und künstlerischem Ausdruck, zwischen Daseinssicherung und Besinnung.

Ein solches Lebensziel kann dann auch einem moralischen Impuls entspringen - etwa als aufgegebene Verantwortung, als freiwillige Hilfeleistung, als couragierter Einsatz für Gerechtigkeit. Aber die moralische Orientierung erfüllt hier zugleich den Anspruch, dem eigenen Leben eine lebenswerte Gestalt zu geben.

Etwas davon, das Ideal harmonischer *Integration* der Moral, empfiehlt sich für *jeden* Menschen, unabhängig von seinem besonderen Lebensentwurf: Solange er nämlich auf die Erfordernisse der Moral bloß *Rücksicht* nimmt, erlebt er sie als Fremdbestimmung, als Einschränkung seiner eigentlichen Ziele. Diesem Zwiespalt entgeht er in dem Maß, in dem er die Zwecke und Ideale der Moral in die Zwecke und Ideale seines Lebensentwurfs aufnimmt und integriert. Auf diese Weise tragen schließlich die um ihrer selbst willen verfolgten moralischen Werte zur lebenswerten Gestalt des eigenen Lebens bei.

Klugheit im Sinne der Orientierung am eigenen Interesse spricht zwar nach unserer Auffassung für eine moralische Lebensorientierung (ohne sie freilich zu begründen). Sie selbst spricht aber zugleich dagegen, die moralische Orientierung einer »klugen« Motivation in diesem Sinne zu überlassen. Zwei Gesichtspunkte seien genannt: 1. Aus Selbstinteresse als bloßes Mittel eingesetzt, treibt moralisches Verhalten nicht die Wurzeln der Tugend. Daher wird es unter diesen Umständen noch nicht einmal zum zuverlässigen Mittel. 2. Erst wenn moralische Forderungen den Charakter des »notwendigen Übels« ablegen, sind auch Nachteile, die wir mit ihrer Befolgung riskieren, »integriert« - ähnlich wie Sportverletzungen, die man anders in Kauf nimmt, wenn man aus Freude am Sport trainiert, als wenn dies ausgerechnet der Gesundheit dienen soll!

Wie dem auch sei: Um Ideale des erfüllten Lebens im angedeuteten Sinne zu vermitteln, müssen insbesondere Erzieher den Blick der Heranwachsenden auf erstrebbare und zugleich erlebbare Lebensmuster lenken, also auch auf »Heldinnen und Helden in der Wirklichkeit und in der Dichtung«, auf Menschen, die menschlich Großartiges vollbracht haben.

Allerdings neigt unsere Zeit dazu, solche Größe nicht zu bewundern, sondern mit Verdacht zu belegen. Zusammen mit suspekten Auszeichnungen nach Stand und Herkunft hat sie prophylaktisch auch unzweifelhafte Ideale wie Tugend und Lauterkeit eingemottet. Die Bedeutung der wirklich - sprich: aus dem Fernsehen - bekannten Persönlichkeiten erschöpft sich oft, aus einigem Abstand betrachtet, in flüchtigem Glanz. Und ansonsten dominiert die stillschweigende Übereinkunft, das Mittelmaß zur Norm zu nehmen, so daß man jeden zu allem beglückwünschen kann.

Wo sich Wege auftun, diesem Trend zu entkommen, werden sich auch solide *und attraktive* Ideale der Lebensführung einstellen. In solche Ideale können und sollten wir die Forderungen der Moral aufnehmen, ohne die Anerkennung ihrer eigenständigen Geltung preiszugeben. Weder theoretische Infragestellung noch das Risiko, sich durch moralisches Verhalten Nachteile einzuhandeln, gefährden eine Moral, die sich als Bestandteil einer erstrebenswerten Lebensweise präsentiert.